수능시작

중학 비문학
영어 독해

기본

수능시작

중학 비문학 영어 독해 기본

| 수능에 잘 나오는 비문학 분야의 지문만 엄선해서 주제별로 제시
| 비문학 분야에 자주 나오는 주제별 필수 어휘 집중 학습
| 신지문＋중학 수준에 맞는 기출 변형 지문 제공

학습자의 마음을 읽는 동아영어콘텐츠연구팀

동아영어콘텐츠연구팀은 동아출판의 영어 개발 연구원, 현장 선생님, 그리고 전문 원고 집필자들이
공동연구를 통해 최적의 콘텐츠를 개발하는 연구조직입니다.

원고 개발에 참여하신 분들

강남숙 김지현 김진경 안태윤 이윤희 차호윤 홍미정

수능시작

중학 비문학
영어 독해

기본

왜 비문학 영어 독해인가?

📖 비문학 영어 독해가 무엇일까요?

우리가 글을 읽는 이유는 여러가지이지만 지식이나 정보를 얻기 위해서 혹은 글쓴이의 생각이나 주장을 파악하기 위해 읽는 경우가 많습니다. 소설이나 이야기글이 아닌 지식 정보를 전달하는 글들이 비문학 분야에 속하는 글들입니다. 주로 과학, 기술, 사회, 심리, 역사 등의 분야를 다루는 글들이 여기에 해당합니다.

📖 비문학 영어 독해, 왜 해야 할까요?

학년이 올라갈수록 문학 분야보다는 설명문이나 논설문과 같은 비문학 분야의 글의 비중이 높아집니다. 이런 글들은 사실적 정보나 필자의 의견을 전달하는 특성이 있기 때문에 전체 글의 핵심 주제나 글쓴이의 관점을 이해하며 읽는 훈련을 해야 합니다. 게다가 비문학에 해당하는 설명문이나 논설문은 수능 독해 지문에서도 70~80%에 해당하는 큰 비중을 가지고 있습니다. 고등학교에 입학해서 보게 될 모의고사와 수능 형식의 지문에 당황하지 않기 위해서는 중등 단계부터 차근차근 비문학 독해 훈련이 필요합니다.

수능 영어 독해 지문 구성(총 28문항)

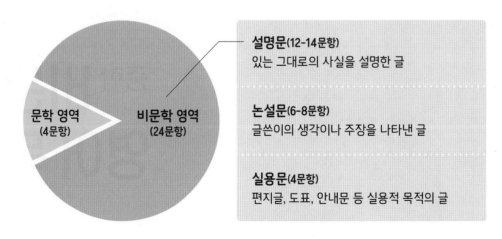

문학 영역
(4문항)

비문학 영역
(24문항)

설명문(12-14문항)
있는 그대로의 사실을 설명한 글

논설문(6-8문항)
글쓴이의 생각이나 주장을 나타낸 글

실용문(4문항)
편지글, 도표, 안내문 등 실용적 목적의 글

비문학 주요 문제 유형	비문학 주요 소재
대의 파악 ┃ 글의 주제, 제목, 주장, 요지, 목적 등 **문맥 파악** ┃ 글의 순서, 관계 없는 문장, 문장 삽입, 요약, 빈칸 등	인문, 사회, 경제, 과학, 기술, 심리, 의학, 예술, 역사, 환경 등

📖 비문학 영어 독해, 어떻게 공부해야 할까요?

1 비문학 영어 지문의 소재와 글의 구조에 대한 적응력을 높여라!

수능과 모의고사에서 다루는 소재들에 익숙해질 필요가 있습니다. 수능에는 사회에서 일어나는 여러 현상이나 과학 개념, 경제 현상, 기후 환경 문제 등 우리가 살아가고 있는 이 사회에 대한 여러 이슈들이 소재로 나옵니다. 이 모든 내용을 미리 알고 대비할 수는 없지만 최소한 이런 비문학 분야의 글을 많이 접하다 보면 다양한 지식과 정보를 쌓게 되고 비문학 글의 구조에도 익숙해집니다.

2 비문학 영어 지문에 자주 나오는 분야별 어휘 학습에 충실하라!

concentrate는 흔히 '집중하다'라는 의미로 쓰이지만 과학적 지문에는 '농축시키다'라는 의미로 쓰일 때가 많습니다. key는 '열쇠'를 의미하지만 piano key로 쓰이면 '피아노 건반'을 의미합니다. 이렇듯 비문학 지문에는 어휘의 첫 번째 뜻이 아닌 두 번째, 세 번째 의미로 쓰이는 경우가 많습니다. 이는 어휘책만 암기해서는 파악하기 힘든 부분입니다. 즉, 비문학 지문을 통해 학습해야 자연스럽게 글에 맞는 의미를 추론할 수 있게 됩니다.

3 지문을 읽고 전달하고자 하는 핵심 내용을 먼저 파악하라!

비문학 지문은 정보 전달이 목적이기 때문에 어떤 내용을 설명하는지, 글쓴이가 이 글을 쓴 의도는 무엇인지를 간단명료하게 파악할 필요가 있습니다. 문제를 풀기 전에 지문에서 중심 소재 찾기부터 주제문 찾기, 요지 파악하기 등을 먼저 연습하는 것이 좋습니다.

4 기출 지문에서 실제로 어떻게 출제되는지 미리 체험해 보라!

중학 단계에서는 일부 쉬운 모의고사 기출 지문이나 쉽게 변형된 기출 지문을 접해보는 것이 도움이 됩니다. 실제로 어떤 지문들이 출제되는지 먼저 확인할 수 있고, 미리 이런 비문학 지문들에 익숙해질 수 있기 때문에 좀 더 자신있게 모의고사나 수능에 대비할 수 있습니다.

구성과 특징 STRUCTURES

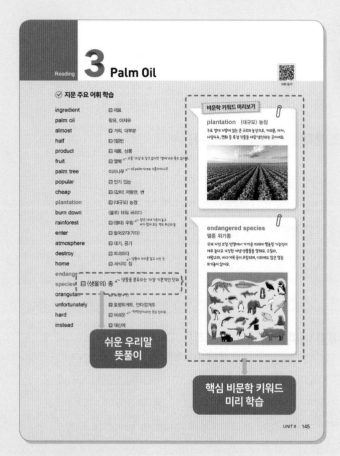

수능 시작
START

▶ POINT 1
주요 어휘 & 비문학 키워드 학습

❶ 지문에 나온 주요 어휘를 미리 학습합니다.
어려운 용어의 우리말 풀이, 유의어 및 반의어, 관련 표현 등 친절한 해설을 통해 어휘를 보다 확실하게 학습할 수 있습니다.

❷ 핵심 비문학 키워드를 더 자세히 알아봅니다.
수능 비문학에서 자주 쓰이는 단어의 정확한 의미나 쓰임, 또는 알아 두면 좋을 단어 관련 지식을 미리 익힐 수 있습니다.

▶ POINT 2
비문학 지문 읽기

❸ 수능에서 출제되는 다양한 분야의 비문학 지문을 읽어봅니다.
수능에서 출제되는 다양한 분야의 비문학 지문을 읽어보고, 중학 수준에 맞춘 기출 변형 지문을 통해 수능에 익숙해지는 연습을 할 수 있습니다.

❹ 읽기 전 비문학 퀴즈와 읽은 후 핵심 정리를 통해 지문을 더 쉽게 읽어봅니다.
지문을 읽기 전 간단한 상식 퀴즈를 통해 읽게 될 내용을 파악하고, 지문을 읽은 후에는 중심 소재나 주제문을 찾으며 핵심 내용을 파악할 수 있습니다.

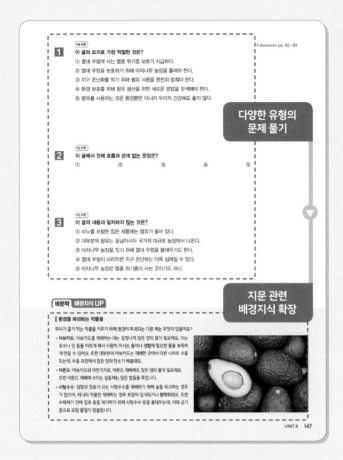
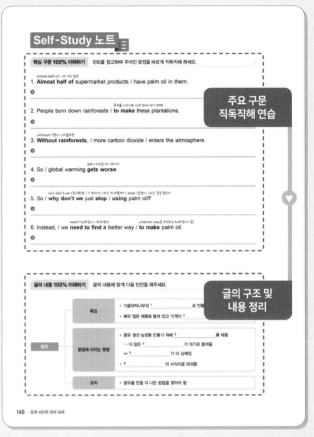

FINISH

▶ POINT 3
문제 풀기 & 비문학 배경지식 UP

❺ **다양한 유형으로 구성된 문제를 풀어 봅니다.**
수능 유형, 내신 유형, 서술형으로 구성된 문제들을
풀어보며 문제 해결력을 키울 수 있습니다.

❻ **지문과 관련된 배경지식을 알아봅니다.**
흥미롭고 유용한 배경지식을 읽어보며 지문의 내용을
더 깊이 이해하고 관련 배경지식을 확장할 수 있습니다.

▶ POINT 4
스스로 정리하는 Self-Study

❼ **지문에 나온 주요 구문을 해석해 봅니다.**
주어진 힌트를 활용하여 주요 구문을 직독직해하며
필수 표현과 구문을 완벽하게 학습할 수 있습니다.

❽ **지문의 내용을 정리하며 완벽하게 마무리 합니다.**
읽었던 내용을 다시 한 번 정리하고 요약해 보며
글의 구조와 내용을 확실하게 이해할 수 있습니다.

목차 CONTENTS

UNIT **1**

Food & Health 식품·건강

식품·건강
비문학 글 읽기

1 Food and Stress

✅ 지문 주요 어휘 학습

sometimes	📄 때때로, 가끔
reduce	📄 줄이다
stress	📄 스트레스 ← stressed 📄 스트레스를 받은
anxiety	📄 걱정, 불안 ← anxious 📄 불안해 하는
comfort	📄 위안, 편안함
emotional	📄 감정적인 ← emotion 📄 감정
better	📄 나은, 더 좋은 ← good(좋은)의 비교급
need	📄 필요로 하다, (~이) 필요하다
every time	~할 때마다, 매번
lonely	📄 외로운
problem	📄 문제
for a moment	잠시 동안 ← moment 📄 순간, 잠깐
feeling	📄 기분, 느낌 ← feel 📄 느끼다
still	📄 여전히, 아직도
worse	📄 더 나쁜 ← bad(나쁜)의 비교급
happen	📄 (일·사건이) 일어나다
even	📄 심지어
hunger	📄 배고픔 ← hungry 📄 배고픈
in order to-v	~하기 위해
find	📄 찾다
fill	📄 채우다
emotionally	📄 감정적으로
go for a walk	산책하러 가다
favorite	📄 (다른 것보다) 좋아하는
close	📄 친한, (사이가) 가까운
chat	📄 수다를 떨다, 이야기를 나누다

비문학 키워드 미리보기

stress ┃ 스트레스

적응하기 어려운 환경에서 느끼는 심리적·신체적 긴장을 말해요. 심해지면 여러 가지 병의 원인이 될 수 있어요.

stressed ┃ 스트레스를 받은

• I'm feeling **stressed** now.
  나는 지금 스트레스를 받고 있다.

close ┃ 친한, (사이가) 가까운

close는 '닫다'라는 동사의 의미도 있지만, 형용사로 쓰이면 '친한', '(사이가) 가까운'이라는 의미를 나타내요. 동사와 형용사로 쓰일 때 각각 발음이 달라지니 주의하세요.

• Please **close** the door. 문을 닫아 주세요.
• We are **close** friends. 우리는 친한 친구이다.

1

지문 듣기

#식습관

Do you eat potato chips or ice cream when you're feeling stressed? Sometimes we use food to reduce our stress or anxiety. Eating food for comfort like this is called "emotional eating."

When people feel bad, eating can make them feel better. But if you need food every time you're stressed, angry, or lonely, it can be a problem. 5 Eating may feel good for a moment. But the bad feelings are still there. That makes you feel worse.

Emotional eating happens even when you're not hungry. This is because you feel emotional hunger. So, in order to stop it, you have to find other ways to fill yourself emotionally. For example, you can go for a walk, 10 listen to your favorite music, or call a close friend to chat. These things

can help you stop and think before you

_____.

읽은 후 **핵심 정리**

이 글의 중심 소재로 알맞은 것은 무엇일까요?

☐ reducing stress　　　　　☐ emotional eating

1 수능 유형

이 글의 요지로 가장 적절한 것은?

① 건강을 위해 과식을 하면 안 된다.

② 불필요한 스트레스와 걱정을 줄여야 한다.

③ 안 좋은 감정은 가급적 빨리 털어내야 한다.

④ 좋아하는 음식을 먹어서 감정을 조절해야 한다.

⑤ 안 좋은 감정을 먹는 것으로 없애려고 해서는 안 된다.

2 서술형

이 글에서 자신을 감정적으로 채우는 방법으로 제시된 세 가지 예시를 우리말로 쓰시오.

(1) _____

(2) _____

(3) _____

3 수능 유형

빈칸에 들어갈 말로 가장 적절한 것은?

① stop eating   ② get hungry

③ feel stressed   ④ reduce your anxiety

⑤ eat emotionally

비문학 배경지식 UP

▌스트레스 해소에 도움이 되는 음식

스트레스를 자주 받나요? 그렇다면 스트레스를 줄여 줄 수 있는 다음 음식을 먹어 보는 건 어떤가요?

• **오렌지**: 오렌지에 풍부하게 들어 있는 비타민 C는 스트레스를 받았을 때 나오는 호르몬을 줄여 주고, 면역 체계를 강화시켜 스트레스로 지친 몸이 기운을 찾게 도와줍니다.

• **블루베리**: 블루베리에는 비타민 C와 세포를 회복시키고 보호하는 성분이 많이 들어 있어요. 또한 식이 섬유가 풍부하고 칼로리가 낮아 살찔 걱정을 하지 않고 먹을 수 있습니다.

• **우유**: 잠들기 전에 마시는 따뜻한 우유 한 잔은 불면증에 도움이 됩니다. 또한 우유에는 혈압을 낮춰 주는 성분이 들어 있어서 마음을 차분하게 해 줍니다.

Self-Study 노트

힌트를 참고하여 주어진 문장을 바르게 직독직해 하세요.

make + 목적어 + 목적격보어(동사원형): ~가 …하게 하다 / better: 나은
1. When people feel bad, / eating can **make them feel better**.

⟫ _____

if + 주어 + 동사: 만약 ~가 …한다면 / every time + 주어 + 동사: ~가 …할 때마다
2. But **if you need** food / **every time you're** stressed, angry, or lonely, / it can be a problem.

⟫ _____

This is because + 주어 + 동사 ~.: 이것은 …가 ~하기 때문이다.
3. **This is / because you feel** emotional hunger.

⟫ _____

in order to + 동사원형: ~하기 위해   have to + 동사원형: ~해야 한다   other ways를 수식하는 to부정사(~할)
4. So, / **in order to stop** it, / you **have to find** other ways / **to fill** yourself emotionally.

⟫ _____

help + 목적어 + 목적격보어(동사원형) : ~가 …하도록 돕다 / before + 주어 + 동사: ~가 …하기 전에
5. These things can **help you stop** and **think** / **before you eat** emotionally.

⟫ _____

글의 내용에 맞게 빈칸을 채우거나 맞는 것을 고르세요.

감정적인 식사

정의	1 _____ 나 2 _____ 을 줄이기 위해서 음식을 먹는 것
감정적인 식사를 하는 이유	① 먹는 것은 기분이 나아지게 할 수 있기 때문에 → 기분이 나쁠 때 먹으면 기분이 3(잠시 동안 / 오랫동안) 좋아짐 ② 4 _____ 배고픔을 느끼기 때문에 → 배고프지 않을 때도 먹게 됨
감정적인 식사를 막는 방법	① 산책하기 ② 좋아하는 5 _____ 듣기 ③ 친한 6 _____ 에게 전화해 수다 떨기

2 Plant-Based Milk

✅ 지문 주요 어휘 학습

mostly	🖳 주로, 일반적으로 ← most(대부분)+ly
option	몡 선택(지)
plant-based	혱 식물성의, 식물을 기본 재료로 한 ↔ animal-based (동물성의)
soy	몡 콩
nut	몡 견과류 ← 땅콩, 아몬드 등
grain	몡 곡물 ← 쌀, 보리, 콩 등
several	혱 몇몇의
allergic	혱 알레르기가 있는
digest	동 (음식을) 소화시키다
vegetarian	몡 채식주의자
prefer	동 ~을 선호하다(더 좋아하다)
come from	~에서 나오다(생겨나다)
health	몡 건강 ← healthy 혱 건강한, 건강에 좋은
less	혱 (양이) 더 적은 ← little(적은)의 비교급
fat	몡 지방 ← 혱 뚱뚱한
fewer	혱 (수가) 더 적은 ← few(적은)의 비교급
calorie	몡 칼로리, 열량
heart	몡 심장
contain	동 ~이 들어 있다
hormone	몡 호르몬
harm	동 (건강·사람 등을) 해치다
level	몡 (숫자로 계산한) 수치, 수준
increase	동 증가하다
wise	혱 현명한
choice	몡 선택
stay	동 (어떤 상태를) 유지하다
try	동 시도해 보다 ← 음식을 먹어 보거나 물건을 써 보는 경우에도 사용해요.

비문학 키워드 미리보기

allergic | 알레르기가 있는

알레르기는 어떤 물질이 몸속에 들어갔을 때 거부 반응이 일어나는 증상이에요. 통증이 있거나 재채기, 두드러기 등을 겪을 수 있어요. 알레르기를 일으키는 대상을 말할 때는 be allergic to를 씁니다.

- I'm allergic to peanuts.
  나는 땅콩 알레르기가 있다.

hormone | 호르몬

동물이나 사람의 몸 안에서 생성되는 화학 물질을 말합니다. 보통 혈관을 통해 몸 안의 여러 기관으로 이동한 뒤, 그곳에서 성장, 소화, 임신 등을 돕거나 기분을 조절하는 등 다양한 역할을 해요.

#식품

Where do we get milk? Mostly from cows. But there are other options. These days, we can enjoy plant-based milk made from soy, nuts, or grains.

Plant-based milk is becoming popular for several reasons. First, more people can enjoy it. Some people are allergic to cows' milk or can't digest it. Plant-based milk is a good option for them. Many vegetarians also prefer 5 plant-based milk because it doesn't come from animals. Second, it is better for your health. Plant-based milk has less fat and fewer calories. And lots of nut milk has healthy fats that are good for your heart. Also, it contains no hormones that can harm your health. When cows are *pregnant, their hormone levels increase. These hormones can be found in their milk. 10

Plant-based milk can be a wise choice for everyone. If you want to _____, why don't you try it?

* pregnant 임신한

읽은 후 | **핵심 정리**

이 글의 중심 소재로 알맞은 것을 찾아 두 단어로 쓰세요.

❯ _____ _____

수능유형

1 이 글의 주제로 가장 적절한 것은?

① 식물성 우유의 종류

② 식물성 우유의 장점

③ 동물성 우유의 문제점

④ 우유가 건강에 좋은 이유

⑤ 식물성 우유를 만드는 방법

수능유형

2 식물성 우유에 관한 설명 중 이 글의 내용과 일치하지 <u>않는</u> 것은?

① 콩이나 곡물 등으로 만들어진다.

② 채식주의자들에게 인기 있다.

③ 우유 알레르기 치료에 좋다.

④ 상대적으로 칼로리가 더 낮고 지방이 더 적다.

⑤ 동물의 호르몬이 들어 있지 않다.

수능유형

3 빈칸에 들어갈 말로 가장 적절한 것은?

① grow plants　　　　　　　② stay healthy

③ be a vegetarian　　　　　④ enjoy cows' milk

⑤ make plant-based milk

비문학 배경지식 UP

우유를 마시면 배가 아픈가요?

만약 그렇다면 '유당불내증'일 수 있어요. 유당불내증은 동물의 젖에 들어 있는 유당 성분을 분해하고 소화시키지 못하는 증상을 말합니다. 그렇기 때문에 유당불내증이 있는 사람은 우유나 산양유를 먹은 뒤 배가 아프거나, 구역질 혹은 설사 등의 증상을 겪을 수 있어요. 이는 인간을 포함한 포유류가 어렸을 때는 생존을 위해 엄마의 젖을 먹지만, 성장 후에는 다른 음식에서 영양분을 얻을 수 있어서 유당을 분해하는 효소가 자연스레 사라지기 때문이에요. 세계 인구의 70%가 어린 시절이 지난 후에는 유당 분해 효소를 만들어 낼 수 없다는 통계도 있습니다. 유당불내증은 중앙아시아, 북미, 유럽 일부 지역을 제외하고는 전 세계 지역의 사람들에게서 흔하게 나타납니다.

Self-Study 노트

핵심 구문 100% 이해하기   힌트를 참고하여 주어진 문장을 바르게 직독직해 하세요.

made from: ~로 만들어진

1. These days, / we can enjoy plant-based milk / **made from** soy, nuts, or grains.

❯ _____

be allergic to: ~에 알레르기가 있다   *are와 can't digest가 or로 연결*

2. Some people **are allergic to** cows' milk / **or can't digest** it.

❯ _____

come from: ~에서 나오다

3. Many vegetarians / also prefer plant-based milk / because it doesn't **come from** animals.

❯ _____

that ~ heart가 healthy fats를 수식함

4. And / lots of nut milk has healthy fats / **that are good for your heart**.

❯ _____

if + 주어 + 동사: 만약 ~가 …한다면   *why don't you ~?: ~하는 게 어떨까?*

5. **If you want** to stay healthy, / **why don't you** try it?

❯ _____

글의 내용 100% 이해하기   글의 내용에 맞게 다음 빈칸을 채우세요.

식물 기반 우유

식물 기반 우유의 재료	콩, 견과류, 1 _____
식물 기반 우유가 인기 있는 이유 1	◆ 식물 기반 우유가 필요한 사람들이 있음 ① 일반 우유에 2 _____ 가 있는 사람들 ② 일반 우유를 소화시킬 수 없는 사람들 ③ 3 _____
식물 기반 우유가 인기 있는 이유 2	◆ 건강에 좋음 ① 4 _____ 이 더 적고 5 _____ 가 더 낮음 ② 견과류 우유의 지방은 심장에 좋음 ③ 6 _____ 이 들어있지 않음

3 Cooking and the Brain

✓ 지문 주요 어휘 학습

meal	명 식사, 끼니
energy	명 에너지(기운)
cook	통 요리하다 ← cooking 명 요리(하는 것)
keep	통 (어떤 상태를) 유지하다
brain	명 (두)뇌
chop	통 (재료를) 썰다, 다지다
mix	통 섞다
ingredient	명 재료
muscle	명 근육
part	명 부분, 일부
control	통 통제하다
sense	명 감각 ← five senses(오감): 시각, 청각, 후각, 미각, 촉각
sight	명 시각
hearing	명 청각
plus	부 게다가, 더욱이 ← 명 덧셈 부호(플러스)(+)
plan	통 계획하다
remember	통 기억하다
process	명 과정
solve	통 (일·문제 등을) 해결하다, 풀다
condition	명 (건강) 상태
amazing	형 놀라운
improve	통 더 좋게 하다, 개선하다
activity	명 활동
prevent	통 예방하다, 막다
age-related	형 나이와 관련이 있는
disease	명 질환, 질병
hobby	명 취미

비문학 키워드 미리보기

chop | (재료를) 썰다, 다지다

음식 재료를 토막 내어 썰거나 잘게 다지는 것을 말해요.

sense | 감각

외부의 자극을 눈, 귀, 코 등의 감각 기관을 통해 느껴서 알 수 있는 능력을 말해요.

five senses | 오감

시각(sight), 청각(hearing), 후각(smell), 미각(taste), 촉각(touch)의 다섯 가지의 감각을 말해요.

FIVE SENSES

#건강

When we eat meals, our bodies get energy. But did you know that cooking can keep our brains healthy?

When we cook, we chop and mix ingredients. So we use many small muscles in our hands and fingers. This *stimulates the part of the brain that controls our muscles. We also use our five senses while cooking—sight, 5 hearing, smell, taste, and touch. Plus, we must plan and remember the cooking process. We sometimes need to solve problems too. For example, when we don't have an ingredient, we need to find another one. All of these things keep our brains in good condition.

Isn't it amazing that cooking can improve our brains? This 10 fun activity can even prevent **Alzheimer's disease and other age-related brain diseases. So let's make cooking our hobby!

*stimulate 자극하다 **Alzheimer's (disease) 알츠하이머병(치매를 일으키는 뇌 질환)

읽은 후 **핵심 정리**

이 글의 내용을 바탕으로 알맞은 것을 고르세요.

▶ (식사를 하는 것은 / 요리를 하는 것은) 두뇌 건강에 좋다.

1 수능유형

이 글의 제목으로 가장 적절한 것은?

① The Power of Muscles

② Five Senses in Cooking

③ Let's Cook to Help Our Brains!

④ Exercise Your Memory Skills!   *exercise 훈련하다

⑤ Hobbies That Fight Brain Diseases   *fight (~와) 싸우다

2 내신유형

이 글에서 요리할 때 쓰이는 것으로 언급되지 <u>않은</u> 것은?

① 손의 근육   ② 손목의 유연성

③ 시각과 미각   ④ 후각과 청각

⑤ 문제 해결력

3 내신유형

이 글의 내용을 잘못 이해한 사람은?

① 수진: 손으로 반죽하면 뇌를 자극할 수 있어.

② 정우: 요리할 때 냄새를 맡는 것도 우리 뇌에 좋겠어.

③ 민재: 요리 과정을 기억하면 뇌 건강에 도움이 되겠어.

④ 지은: 요리를 하기 전에 재료가 다 있는지 꼭 확인해야겠어.

⑤ 영호: 요리를 하면 치매를 예방할 수 있겠어.

비문학 배경지식 UP

음식을 씹는 것의 효과

음식을 꼭꼭 씹어 먹으면 소화도 잘 되지만 두뇌 건강에도 좋아요. 음식을 씹어서 잘게 부수기 위해 턱을 움직이면 혈액 순환이 잘 되면서 뇌로 가는 피의 양이 늘어나고, 그 결과 많은 양의 산소가 뇌에 공급됩니다. 풍부한 산소 공급은 뇌 기능이 활성화되게 도와주기 때문에 기억력과 집중력이 향상되고 치매 예방에도 효과가 있어요. 또한 음식을 씹으면 노화 방지 호르몬인 '파로틴'이 많이 분비돼요. 이 호르몬은 뇌의 노화를 막고, 혈관의 신축성을 높여 혈관 건강에 도움을 주기 때문에 혈관성 치매 같은 질환도 예방할 수 있습니다.

Self-Study 노트

힌트를 참고하여 주어진 문장을 바르게 직독직해 하세요.

keep + 목적어 + 목적격보어(형용사): ~을 …한 상태로 유지하다
1. But did you know / that cooking can **keep our brains healthy**?

◎ _____

Plus: 게다가   must + 동사원형: ~해야 한다 / must plan과 (must) remember가 and로 연결
2. **Plus**, / we **must plan and remember** / the cooking process.

◎ _____

need + to부정사: ~할 필요가 있다 / one = ingredient
3. For example, / when we don't have an ingredient, / we **need to find** another **one**.

◎ _____

keep + 목적어 + in good condition: ~을 좋은 상태로 유지하다
4. All of these things / **keep our brains** / **in good condition**.

◎ _____

it: 가주어   that ~ brains: 진주어
5. Isn't **it** amazing / **that cooking can improve our brains**?

◎ _____

let's + 동사원형: ~하자 / make + 목적어 + 목적격보어(명사): ~을 …로 만들다
6. So / **let's make cooking our hobby**!

◎ _____

글의 내용에 맞게 다음 빈칸을 채우세요.

요리가 뇌를 건강하게 유지시키는 이유

① 근육을 사용하게 됨	◆ 손과 1_____의 작은 많은 근육들을 사용 → 2_____을 통제하는 뇌 부분을 자극
② 3_____을 사용하게 됨	시각, 청각, 후각, 미각, 촉각 사용
③ 기억력을 사용하게 됨	4_____을 계획하고 기억해야 함
④ 5_____ 해결력을 키움	6_____ 하나가 없을 때 다른 것을 찾아야 함

4 Food Supplements

어휘 듣기

✅ 지문 주요 어휘 학습

vitamin	명 비타민
protein	명 단백질 ⟜ protein shake 단백질 셰이크
supplement	명 보충(제), 보조 식품 ⟜ food supplement 건강 보조 식품
according to	~에 따르면
replace	동 대체하다 ⟜ 다른 사람이나 사물을 대신하다
balanced	형 균형 잡힌, 안정된 ⟜ balance 동 균형을 잡다
diet	명 식사
nutrient	명 영양소
consider	동 ~로 여기다(생각하다)
drug	명 의약품, 약(물)
almost	부 거의
from A to B	A부터 B까지
quality	명 품질
marketing	명 마케팅
treat	동 취급하다, 다루다 ⟜ (물건을) 처리하다
label	명 라벨, 상표
dangerous	형 위험한
although	접 비록 ~이긴 하지만
helpful	형 도움이 되는 ⟜ help(돕다) + ful
mainly	부 주로, 대부분
meat	명 고기(육류)
dairy food	유제품 ⟜ 우유, 치즈, 버터 등 우유로 만들어진 식품

비문학 키워드 미리보기

food supplement
건강 보조 식품

food(식품) + supplement(보충제)
= 건강 보조 식품

약은 아니지만 건강 유지 및 질병 예방에 도움이 될 수 있는
성분이 들어 있는 보조 식품 또는 영양제를 말해요.

nutrient | 영양소

식품에 들어 있으며 우리 몸 안에서 작용하는 효과적인
성분이에요. 우리의 몸을 만들고, 에너지를 제공하며, 생체
기능을 조절하는 역할을 해요. 탄수화물, 단백질, 지방을
3대 영양소라고 부르며, 여기에 비타민, 무기질을 더해 5대
영양소라고도 합니다.

읽기 전 **비문학 사고력 UP**

137 words

다음 중 건강 보조 식품에 해당되는 것을 모두 고르세요.

☐ 비타민　　　　　☐ 홍삼　　　　　☐ 딸기 주스

지문 듣기

#식품

고1 11월 기출 변형

Many people take vitamins or drink protein shakes for their health. These food supplements may make you feel healthier. But do you really need them? According to many ⁵ doctors, supplements can never replace a balanced diet. You can get most of the nutrients you need by eating healthy foods.

There is also another problem with supplements. The *FDA considers (a) them food, not drugs. The FDA controls almost everything about drugs, ¹⁰ from their quality to marketing, but food is treated differently. Because of this, some ingredients are not even on the label. This can be dangerous.

Although it is best to get your nutrients from food, some supplements can be helpful. For example, vitamin B12 comes mainly from meat, fish, and dairy foods. So a vitamin B12 supplement can be helpful for people ¹⁵ who don't eat (b) these foods.

*FDA 미국 식품의약국(Food and Drug Administration: 식품과 의약품의 효능 및 안전성을 관리하는 미국 정부 기관)

읽은 후 **핵심 정리**

이 글의 중심 소재로 알맞은 것을 찾아 쓰세요.

❯ food _____

_____

1 수능 유형

이 글의 주제로 가장 적절한 것은?

① 건강 보조 식품의 역할
② 건강 보조 식품의 종류
③ 건강 보조 식품의 위험성
④ 건강 보조 식품의 필요성
⑤ 건강 보조 식품의 장점과 단점

2 서술형

밑줄 친 (a), (b)가 가리키는 것을 각각 이 글에서 찾아 쓰시오.

(a) _____

(b) _____

3 내신 유형

이 글의 내용으로 보아, 빈칸 (A), (B)에 들어갈 말로 알맞게 짝지어진 것은?

Eating a _____(A)_____ diet is better than taking _____(B)_____.

(A)	(B)		(A)	(B)
① balanced	····· drugs		② delicious	····· supplements
③ vegetarian	····· drugs		④ balanced	····· supplements
⑤ vegetarian	····· vitamins			

비문학 배경지식 UP

▌우리나라와 미국의 식품 및 의약품 관리 기관

우리가 먹는 식품과 의약품은 안전을 위해 국가 기관에 의해 관리되고 있습니다. 우리나라와 미국에서는 어떤 기관이 그 역할을 하고 있는지 살펴볼까요?

• **우리나라의 식품의약품안전처**: 우리나라의 식품 및 의약품의 안전을 관리하고 통제하는 국가 기관으로, 줄여서 '식약처'라고도 합니다. 식약처는 판매되는 식품의 안전성뿐만 아니라 그것의 생산 및 유통 과정도 관리해요. 또한 국민의 건강한 식생활을 위해 적절한 영양소 섭취 방법 등의 정보를 공유하기도 합니다. 의약품의 경우, 먹는 약을 포함하여 보청기 같은 의료기기까지 엄격하고 철저한 절차를 통해 관리하고 있어요.

• **미국의 식품의약국 (FDA)**: 미국에서 생산되는 모든 제품을 통제하고 관리하는 미국 정부 소속 기관입니다. 식품, 의약품, 화장품 및 의료기기의 안전성과 위생을 확인하고 관리하며, 전자제품 중에서 전자레인지 같이 인간의 건강에 영향을 미치는 방사선 사용 기기도 관리해요. 또한 동물의 사료도 식품의약국 담당이죠. 굉장히 엄격하고 신중한 절차에 따라 제품의 판매 및 유통을 승인하기 때문에 세계적으로 믿을 수 있는 기관으로 인정받고 있습니다.

Self-Study 노트

make + 목적어 + 목적격보어(동사원형): ~이 …하게 하다

1. These food supplements / may **make you feel** healthier.

◉ _____

most of ~: 대부분의 ~ / you need가 most ~ nutrients를 수식함 / by + 동명사: ~함으로써

2. You can get / **most of** the nutrients **you need** / **by eating** healthy foods.

◉ _____

there + be동사: ~이 있다

3. **There is** also another problem / with supplements.

◉ _____

consider + 목적어 + 목적격보어(명사): ~을 …라고 여기다

4. The FDA **considers them food**, / not drugs.

◉ _____

although + 주어 + 동사: 비록 ~가 …하긴 하지만 / it: 가주어 / to get ~ food: 진주어

5. **Although it is** best / **to get** your nutrients from food, / some supplements can be helpful.

◉ _____

<table>
<tr><td colspan="2" align="center">1 _____의 단점과 장점</td></tr>
<tr>
<td rowspan="4">단점</td>
<td>① 2 _____ 식사를 대체할 수 없음</td>
</tr>
<tr>
<td>② 미국 식품의약국(FDA)은 건강 보조 식품을 식품으로 여김</td>
</tr>
<tr>
<td>→ 3 _____ 에 대해서는 거의 모든 것을 통제하지만 식품은 다르게 취급함</td>
</tr>
<tr>
<td>⇒ 몇몇 4 _____은 라벨에 표시되지 않아 위험할 수 있음</td>
</tr>
<tr>
<td rowspan="3">장점</td>
<td>◆ 특정 사람들에게 도움이 될 수 있음</td>
</tr>
<tr>
<td>◆ 예: 5 _____ B12 보조 식품</td>
</tr>
<tr>
<td>⇒ 해당 성분이 들어있는 고기, 생선, 6 _____을 못 먹는 사람들에게 도움이 됨</td>
</tr>
</table>

Economy 경제

경제
비문학
글 읽기

1 Sonic Branding

✅ 지문 주요 어휘 학습

be familiar with	~에 친숙하다 ← familiar 형 친숙한, 익숙한
intro	명 (음악·글의) 도입부
brand	명 브랜드, 상표 ← branding 명 브랜딩
unique	형 고유의, 독특한
sonic	형 소리의
focus on	~에 집중하다
melody	명 멜로디, 선율
catch	통 (관심을) 사로잡다, (주의를) 끌다
attention	명 관심, 주의
memorable	형 기억할 만한 ← memor(y)(기억) + able(할 수 있는)
many times	여러 번
stay	통 머무르다, 계속 있다
memory	명 기억
remind A of B	A에게 B를 떠올리게 하다
right away	곧바로, 즉시
reason	명 이유 ← for these reasons 이러한 이유로
affect	통 영향을 미치다
decision	명 결정 ← decide 통 결정하다
imagine	통 상상하다
probably	부 아마
pick	통 고르다
increase	통 증가시키다
sales	명 매출

비문학 키워드 미리보기

brand ┃ 브랜드, 상표

어떤 상품이나 회사를 나타내는 상표를 말해요.

branding ┃ 브랜딩

브랜드에 고유의 이미지를 부여하는 작업이에요. 회사의 가치를 높이고, 장기적으로는 고객들이 그 브랜드를 좋아해서 계속 구매하게 하는 것을 목표로 합니다.

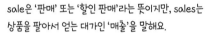

sales ┃ 매출

sale은 '판매' 또는 '할인 판매'라는 뜻이지만, sales는 상품을 팔아서 얻는 대가인 '매출'을 말해요.

#마케팅

You may be familiar with the intro sound of Netflix. And you might know the famous McDonald's *jingle: "ba-da-ba-BA-ba." Many other brands also have unique sounds. This is part of sonic branding.

So why do brands use sonic branding? First, people often focus on sounds. Even a short melody can catch people's attention. Also, good sonic branding makes brands memorable. When people hear a brand's sound many times, they become familiar with it. The sound stays in their memory and reminds them of the brand right away.

For these reasons, sonic branding can affect your decisions when you're shopping. Imagine you're at the supermarket. You probably don't know every brand. So you just pick the most _____ one. This is how sonic branding increases sales.

*jingle (라디오, 텔레비전 등에 나오는) 광고 음악

읽은 후 ‖ **핵심 정리**

이 글의 중심 소재로 알맞은 것은 무엇일까요?

☐ famous jingles ☐ familiar brands ☐ sonic branding

1 수능 유형

이 글의 주제로 가장 적절한 것은?

① 다양한 브랜딩 방법
② 소리와 기억력의 관계
③ 브랜드 매출의 중요성
④ 소리를 이용한 브랜딩 전략
⑤ 짧은 길이의 음악이 인기 있는 이유

2 수능 유형

빈칸에 들어갈 말로 가장 적절한 것은?

① unique
② colorful
③ familiar
④ beautiful
⑤ expensive

3 수능 유형

sonic branding에 관한 설명 중 이 글의 내용과 일치하지 않는 것은?

① 브랜드만의 고유의 소리를 활용한다.
② 대부분 노래 한 곡 전체를 사용한다.
③ 사람들의 관심을 사로잡을 수 있다.
④ 브랜드에 친숙해지게 한다.
⑤ 즉각적으로 브랜드를 떠올리게 한다.

비문학 배경지식 UP

▌영화에서 확인할 수 있는 소닉 브랜딩

영화 시작 전에는 각 영화사가 자신들의 회사를 상징하는 로고와 음악으로 영화의 시작을 알려요. 이것도 소닉 브랜딩을 활용한 좋은 예시입니다.

- **디즈니(Disney):** 디즈니 영화 시작 전에는 아름다운 디즈니 성의 모습과 함께 음악이 흐르는데, 이 음악은 1940년에 개봉했던 애니메이션 '피노키오'의 OST인 '별에게 소원을(When You Wish Upon a Star)'이에요. 이 음악은 많은 디즈니 영화와 디즈니랜드에서 사용되며 디즈니를 상징하는 음악이 되었어요.
- **20세기 스튜디오(20th Century Studio):** 20세기 스튜디오의 영화는 웅장한 팡파르와 함께 20세기 스튜디오 기념비에 조명이 비춰지면서 시작됩니다. 이 팡파르는 뮤지컬 감독인 앨프리드 뉴먼이 1933년에 작곡했으며, 각 영화에 맞춰 조금씩 수정한 다양한 버전을 사용하고 있어요.
- **MGM(Metro-Goldwyn-Mayer):** MGM사의 영화 시작 전에는 사자가 등장하여 울부짖어요. 실제 사자를 촬영하여 영상으로 제작한 것으로, 사자가 처음 등장한 것은 1916년부터지만 사자의 울음소리는 1928년부터 삽입되었어요. 가장 오랫동안 등장한 사자는 '레오'로, 1957년부터 2020년까지 등장했어요. 현재는 컴퓨터 그래픽으로 만든 사자가 사용되고 있습니다.

Self-Study 노트

핵심 구문 100% 이해하기 힌트를 참고하여 주어진 문장을 바르게 직독직해 하세요.

be familiar with: ~에 친숙하다
1. You may **be familiar** / **with** the intro sound of Netflix.

❯ _____

focus on: ~에 집중하다
2. First, / people often **focus on** sounds.

❯ _____

catch one's attention: ~의 관심을 사로잡다
3. Even a short melody can **catch** / **people's attention**.

❯ _____

make + 목적어 + 목적격보어(형용사): ~을 …하게 만들다
4. Also, / good sonic branding **makes** / **brands** / **memorable**.

❯ _____

remind A of B: A에게 B를 떠올리게 하다   right away: 곧바로
5. The sound stays in their memory / and **reminds** them **of** the brand / **right away**.

❯ _____

the most familiar: familiar의 최상급 표현(가장 친숙한) / one = brand
6. So / you just pick **the most familiar one**.

❯ _____

글의 내용 100% 이해하기 글의 내용에 맞게 다음 빈칸을 채우세요.

소닉 브랜딩

효과	① 사람들의 1_____ 을 사로잡을 수 있음
	② 2_____ 를 기억할 만하게 함
	→ 어떤 브랜드의 소리를 여러 번 듣고 그 브랜드에 친숙해짐
	→ 소리가 3_____ 속에 머무름 → 사람들에게 그 브랜드를 곧바로 떠올리게 함
구매 결정에 미치는 영향	◆ 슈퍼마켓의 모든 브랜드를 알지는 못함 → 가장 4_____ 것을 고름
	⇒ 이러한 방법으로 5_____ 을 증가시킴

2 The Value of Gold

✓ 지문 주요 어휘 학습

valuable	형 가치 있는, 귀중한
metal	명 금속
thousands of	수천의
symbol	명 상징
power	명 권력, 힘
wealth	명 부, 부유함 ← 넉넉한 재산
expensive	형 비싼
rare	형 희귀한, 드문
amount	명 양
mine	통 채굴하다, (광물을) 캐다 ← 명 광산
cost	통 (비용·값이) 들다 ← 명 비용
as much as	~만큼 많이
useful	형 유용한 ← 사용하는 데 도움이 되는
melt	통 녹다
be made into	~로 만들어지다
form	명 형태
jewelry	명 (보석으로 만든) 장신구 ← jewel 명 보석
spaceship	명 우주선
lastly	부 마지막으로
value	명 가치
stable	형 안정적인
always	부 항상, 언제나
economic	형 경제의
condition	명 상황, 상태
economy	명 경제

비문학 키워드 미리보기

mine | 채굴하다, (광물을) 캐다

mine에는 석탄이나 금을 캐내는 장소인 '광산'이라는 뜻이 있어요. 그래서 동사로는 '채굴하다', '광물을 캐다'라는 뜻으로 쓰여요. '나의 것'을 의미하는 mine과 철자가 같으니 주의하세요.

• They **mined** gold in Africa.
  그들은 아프리카에서 금을 캤다.

cost | (비용·값이) 들다

cost는 명사일 때는 '비용'이라는 뜻으로 쓰이지만 동사일 때는 '비용이 들다'라는 뜻으로 쓰여요.

• These shoes **cost** a lot.
  이 신발은 비용이 많이 든다(=비싸다).

#자원

Gold is a valuable metal. It has been important for a long time. People have used it as money for thousands of years. So it has been a symbol of power and wealth.

So why is gold valuable and expensive? First of all, it is rare. The amount of mined gold is small. And mining gold costs a lot, so we can't 5 mine as much as we want. Also, gold is useful. It melts easily, so it can be made into different forms. We use it in jewelry, cars, and even spaceships. Lastly, its value is stable. The value of money is always changing. It is greatly affected by economic conditions. But the value of gold doesn't change much. This is why people buy gold when the economy is not stable. 10

읽은 후 | **핵심 정리**

이 글에 언급된 금과 돈의 가치에 대한 내용으로 알맞은 것을 고르세요.

▶ (돈의 / 금의) 가치는 항상 변하지만, (돈의 / 금의) 가치는 많이 변화하지 않는다.

≫ Answers pp. 12~13

1 수능 유형

이 글의 제목으로 가장 적절한 것은?

① Why Is Gold Valuable?

② Reasons for Mining Jewels

③ The Power of the Economy

④ Gold and Wealth in History

⑤ How Do Gold Prices Change?

2 서술형

이 글에 나타난 금이 상징하는 것 두 가지를 우리말로 쓰시오.

(1) _____

(2) _____

3 수능 유형

이 글의 내용과 일치하지 <u>않는</u> 것은?

① 오랜 시간 금은 돈으로 사용됐다.

② 우리가 원하는 만큼 금을 캘 수 없다.

③ 금은 녹이기 매우 어렵다.

④ 금은 우주선에도 사용된다.

⑤ 경제가 불안정하면 금 판매가 늘어난다.

비문학 배경지식 UP

▌14k, 18k, 24k 금의 의미

금이나 금으로 만든 물건들을 말할 때는 흔히 14k, 18k, 24k 같은 설명이 붙죠. 이때 숫자는 금이 들어간 비율을, k는 금의 무게, 즉 금의 순도를 나타내는 단위 '캐럿(karat)'을 가리킵니다.

우리가 보통 순금이라고 말하는 것은 순도 99.99%의 금으로 이루어진 24k를 뜻해요. 100%가 아닌 이유는 아무리 금에서 불순물을 제거해도 완벽하게 제거할 수는 없고 조금씩은 남아 있기 때문이에요. 순금은 귀하고 가격이 비싸기도 하지만 무른 성질을 가지고 있어서 귀금속을 만들거나 산업용으로 사용하기에는 적합하지 않아요. 그래서 은, 동과 같은 다른 금속과 섞어서 단단하고 오래가도록 만듭니다. 이때 금이 들어간 비율에 따라 14k, 18k 등으로 표기하며 숫자가 높을수록 금이 많이 들어 있다는 뜻이에요. 14k는 금 58.3%와 기타 금속 41.7%, 18k는 금 75%와 기타 금속 25%로 이루어져 있다는 것을 의미합니다.

Self-Study 노트

힌트를 참고하여 주어진 문장을 바르게 직독직해 하세요.

use A as B: A를 B로 사용하다　　thousands of: 수천의 ~
1. People have **used** it **as** money / for **thousands of** years.

❯ _____

동명사구 주어(~하는 것)　　　　　　　　　　as much as: ~만큼 많이
2. And **mining gold** costs a lot, / so we can't mine / **as much as** we want.

❯ _____

be made into: ~로 만들어지다
3. It melts easily, / so it can **be made** / **into** different forms.

❯ _____

be동사 현재형 + v-ing(현재진행형: ~하고 있다)
4. The value of money / **is** always **changing**.

❯ _____

be affected by: ~에 영향을 받다
5. It **is** greatly **affected** / **by** economic conditions.

❯ _____

글의 내용 100% 이해하기 글의 내용에 맞게 다음 보기에서 알맞은 말을 골라 빈칸에 쓰세요.

보기

rare	valuable	money	different	mined	stable

Why is gold 1_____ and expensive?	It is 2_____.	◆ The amount of 3_____ gold is small. ◆ Mining gold costs a lot.
	It is useful.	◆ Gold melts easily and can be made into 4_____ forms. ◆ It is used in jewelry, cars, and spaceships.
	Its value is 5_____.	◆ The value of 6_____ is always changing. ↔ The value of gold doesn't change much.

3 Animals in the Stock Market

✓ 지문 주요 어휘 학습

bull	명 황소
stock	명 주식
market	명 시장 ↗ stock market 주식 시장
type	명 종류
investor	명 투자자 ↗ invest 통 투자하다
positive	형 긍정적인
believe	통 생각하다, 믿다
price	명 가격 ↗ stock prices 주식 가격(주가)
rise	통 오르다 ↗ rise-rose-risen
expect to-v	~할 것이라고 기대하다
opposite	명 반대 ↗ 형 반대의
negative	형 부정적인
fall	통 떨어지다
scared	형 겁먹은
take a risk	위험을 감수하다 ↗ risk 명 위험
try to-v	~하려고 노력하다
safe	형 안전한
huge	형 막대한, 큰
profit	명 이익
look for	~을 찾다
tip	명 팁, 정보
analyze	통 분석하다
in detail	상세하게, 자세히
loser	명 패배자 ↗ lose 통 패배하다
behavior	명 태도, 행동

비문학 키워드 미리보기

stock | 주식

회사들이 원활한 사업 운영을 하는 데 필요한 돈을 마련하기 위해 발행하는 일종의 증서예요. 회사가 주식을 발행하면 투자자들이 이것을 주식 시장(stock market)을 통해 사고, 회사는 주식을 팔아 투자자들에게 받은 돈으로 사업을 하죠. 주식의 가격(stock prices)은 회사의 가치와 수익성에 따라 계속 변화해요.

market | 시장

시장은 단순히 물건을 사고파는 실제 공간만을 가리키진 않아요. 주식 시장(stock market)처럼 눈에는 보이지 않는 서비스나 돈이 거래되는 추상적인 영역도 '시장'이라고 해요.

#경제 용어

Did you know that there are bulls and bears in the stock market? What about chickens and pigs? In the world of *finance, we use animal names for different types of investors.

Bulls are positive investors. They believe that stock prices will rise. So they expect to sell the stocks at a higher price. Bears are the opposite of the 5 bulls. They feel negative about the market. They think that stock prices are going to fall.

Chickens are easily scared. They don't want to take risks, so they try to invest in safer ways. _____, pigs usually take high risks. They want huge profits. But they just look for tips and don't analyze the market 10 in detail. That's why they are the biggest losers in the stock market.

These animal names may sound funny, but they tell us a lot about investing behavior.

* finance 금융(돈을 빌리거나 빌려주는 일)

읽은 후 **핵심 정리**

이 글의 중심 소재로 알맞은 것은 무엇일까요?

□ stock prices in the stock market □ animal names in the stock market

수능 유형

1 **이 글의 주제로 가장 적절한 것은?**

① 안전한 주식 투자의 중요성

② 부정적인 의미를 가진 동물들

③ 투자자의 태도와 주식 가격의 관계

④ 주식 시장에서 쓰이는 동물 이름의 의미

⑤ 동물의 행동이 주식 가격에 미치는 영향

내신 유형

2 **빈칸에 들어갈 말로 가장 적절한 것은?**

① Also

② First of all

③ For example

④ As a result

⑤ On the other hand

서술형

3 **각 설명에 해당하는 투자자 유형을 나타내는 동물을 보기에서 골라 쓰시오.**

보기

bulls   bears   chickens   pigs

(1) 높은 위험을 감수하는 투자자: _____

(2) 더 안전한 투자를 선호하는 투자자: _____

(3) 주가가 떨어질 것이라고 생각하는 투자자: _____

비문학 **배경지식 UP**

┃월 스트리트(Wall Street)의 황소상

미국 뉴욕시 맨해튼 남부에 위치한 '월 스트리트(Wall Street)'는 미국 금융 시장의 중심이자 세계 금융 시장의 핵심이에요. 이곳에는 미국의 뉴욕 증권 거래소와 거대 금융사들이 모여 있습니다. 이 월 스트리트에서 유명한 볼거리 중 하나가 바로 '돌진하는 황소(Charging Bull)' 동상이에요. 주식 시장에서 황소는 주가가 오르는 것을 의미하는데, 황소가 뿔을 밑에서 위로 확 들어 올리는 것이 주식 가격이 오르는 것과 비슷하다고 여기기 때문이죠. 이 동상은 1989년 아르투로 디 모디카라는 이탈리아 출신 예술가가 뉴욕 증권 거래소 앞에 설치했으며 이후 몇 번 자리가 옮겨진 뒤 현재는 뉴욕 증권 거래소를 바라보는 곳에 위치하고 있어요. 이 황소상의 뿔을 만지면 큰 부자가 된다는 속설이 있어서 많은 사람들이 만지는 바람에 뿔이 항상 반질반질하게 빛나고 있답니다.

Self-Study 노트

expect + to부정사: ~할 것이라고 기대하다

1. So they **expect** / **to sell** the stocks / at a higher price.

❯ _____

목적어 that절(~라고)   be going to + 동사원형: ~할 것이다

2. They think / **that** stock prices **are going to fall**.

❯ _____

take a risk: 위험을 감수하다   try + to부정사: ~하려고 노력하다

3. They don't want to **take risks**, / so they **try to invest** / in safer ways.

❯ _____

look for: ~을 찾다   in detail: 상세하게

4. But they just **look for** tips / and don't analyze the market / **in detail**.

❯ _____

sound + 형용사: ~하게 들리다   tell + 간접목적어 + 직접목적어: ~에게 …을 말해 주다 / a lot: 많은 것

5. These animal names may **sound funny**, / but they **tell us a lot** / about investing behavior.

❯ _____

1 _____ 시장의 투자자를 나타내는 동물 이름

2 _____		곰
◆ 긍정적인 투자자		◆ 3 _____ 투자자
◆ 주식을 더 높은 가격에 팔 것이라고 기대함	⟨⟩	◆ 주식 가격이 떨어질 것이라고 생각함

닭		5 _____
◆ 4 _____ 을 감수하지 않음		◆ 높은 위험을 감수함
◆ 더 안전한 방법으로 투자하려고 노력함	⟨⟩	◆ 시장을 상세하게 분석하지 않음

4 The Diderot Effect

✅ 지문 주요 어휘 학습

be called	~라고 불리다 ← call 통 부르다
effect	명 효과, 영향
term	명 용어
come from	~에서 유래하다(나오다) ← 어떤 것이 생겨나다
receive	통 받다
robe	명 로브 ← 무릎 아래까지 오는 길이의 헐렁한 가운
find	통 알게 되다; 찾다, 발견하다
match	통 (스타일이) 어울리다
replace A with B	A를 B로 대체하다(바꾸다)
one by one	하나씩
item	명 물건, 제품
be gone	없어지다, 가 버리다 ← go(가다)-went-gone
occur	통 (일이) 발생하다
daily life	일상생활 ← daily 형 매일의
realize	통 깨닫다
jacket	명 재킷, 웃옷
pattern	명 패턴, 양식 ← 오랜 시간이 지나면서 자연히 정해진 방식
action	명 행동
alone	부 단독으로, 혼자서
each	형 각각의
lead to	~로 이어지다

비문학 키워드 미리보기

match | (스타일이) 어울리다

match는 동사로 색깔, 무늬 등의 스타일이 서로 잘 맞는다, 즉 '어울리다'라는 의미로 쓰여요. 또한 '어울리는 물건'을 말할 때도 명사로 match를 쓸 수 있어요.

- These pants **match** my shirt.
  이 바지는 내 셔츠와 어울린다.

- These chairs and table are a good **match**.
  이 의자들과 탁자는 아주 잘 어울리는 물건이다.

replace | 대체하다

re(다시) + place(놓다) = 대체하다

'대체하다'는 '다른 것으로 대신한다'라는 뜻이며, 'A를 B로 대체하다'라는 영어 표현은 replace A with B로 써요.

- I **replaced** my old jacket **with** a new one.
  나는 내 낡은 재킷을 새것으로 대체했다.

#경제 효과

고2 6월 기출 소재

When you buy one thing, it often makes you buy more things. This is called the Diderot effect. The term comes from the *philosopher Denis Diderot. One day, he received a beautiful red robe. But he found that his old things didn't match the new robe. So he replaced them with new things one by one. He bought new chairs, a new table, and other new items. Soon most of his money was gone.

5

The Diderot effect can occur in our daily lives. Let's say that you buy new shoes. And then you realize that you don't have any pants that match them. So you buy new pants too. Now you don't like your jacket. You think that it is too old for your new items. So you buy a new jacket too! This pattern occurs because no action happens alone. Each action leads to the next action.

10

*philosopher 철학자

읽은 후 **핵심 정리**

이 글에서 Diderot가 빨간색 로브를 받은 후 알게 된 점에 해당하는 문장을 찾아 밑줄 치세요.

1 수능유형

이 글의 주제로 가장 적절한 것은?

① the Diderot effect의 장점과 단점

② the Diderot effect의 유래와 예시

③ the Diderot effect의 긍정적인 측면

④ the Diderot effect를 예방하는 방법

⑤ the Diderot effect가 자주 발생하는 이유

2 내신유형

the Diderot effect의 예시에 해당하지 <u>않는</u> 사람은?

① 예지: 휴대전화를 새로 바꿔서 케이스도 새로 살 거야.

② 건우: 평소 신는 축구화가 작아져서 새로 사야겠어.

③ 소라: 선물 받은 신발에 어울리는 양말이 없어서 몇 켤레 샀어.

④ 정우: 새로 산 모자와 지금 머리 모양이 안 어울려서 파마를 할 거야.

⑤ 민재: 스마트워치를 선물 받아서 어울릴만한 시곗줄을 여러 개 샀어.

3 내신유형

이 글의 내용으로 보아, 빈칸 (A), (B)에 들어갈 말로 알맞게 짝지어진 것은?

> The Diderot effect occurs when you buy one thing and then buy _____(A)_____
> items that _____(B)_____ it.

	(A)	(B)		(A)	(B)
①	old	⋯⋯ use	②	new	⋯⋯ look like
③	a lot of	⋯⋯ break	④	other	⋯⋯ match
⑤	famous	⋯⋯ replace			

비문학 배경지식 UP

▌디드로 효과를 이용한 마케팅

많은 기업들은 디드로 효과를 마케팅 수단으로 이용하고 있어요.

• **관련 제품 개발**: 같은 스타일을 가진 관련 제품들을 개발하는 것을 말해요. 예를 들면, 특정 무늬를 가진 가방을 출시할 때 같은 무늬의 열쇠고리, 지갑도 함께 출시하는 거죠. 이는 하나의 제품을 구매한 소비자가 이와 어울리는 다른 제품도 함께 구매하게 하려는 목적입니다.

• **제품 전시장 운영**: 브랜드들은 종종 '쇼룸(showroom)'이라고 불리는 제품 전시장을 운영합니다. 쇼룸에는 같은 브랜드의 제품만을 전시하기 때문에 하나를 살 때 어울리는 다른 제품들도 같이 구매하게 만드는 효과를 기대할 수 있죠. 특히 가구 전시장의 경우 모든 제품을 해당 브랜드로 통일하도록 인테리어를 제안할 수 있어요.

한편으로는 디드로 효과가 과소비를 조장하고, 불필요한 물건에 대한 지나친 욕심을 부추겨서 환경에 좋지 않은 영향을 끼친다는 비판적인 의견도 있습니다.

Self-Study 노트

힌트를 참고하여 주어진 문장을 바르게 직독직해 하세요.

make + 목적어 + 목적격보어(동사원형): ~가 ···하게 하다
1. When you buy one thing, / it often **makes you buy** more things.

◈ _____

come from: ~에서 유래하다
2. The term **comes** / **from** the philosopher Denis Diderot.

◈ _____

replace A with B: A를 B로 대체하다   one by one: 하나씩
3. So / he **replaced** them **with** new things / **one by one**.

◈ _____

Let's say that ~.: ~라고 가정해 보자.
4. **Let's say** / **that** you buy new shoes.

◈ _____

too + 형용사 + for + 명사: ~에게는 매우 ···한
5. You think / that it is **too old** / **for your new items**.

◈ _____

글의 내용 100% 이해하기 글의 내용에 맞게 다음 보기에서 알맞은 말을 골라 빈칸에 쓰세요.

┌ 보기 ┐

| received | action | robe | replaced | match | leads |

디드로 효과

디드로 효과의 유래와 배경	◆ The term comes from the philosopher Denis Diderot. ◆ Diderot의 경험: → Denis Diderot [1] _____ a new robe. → His old things didn't [2] _____ the new [3] _____. → He [4] _____ his old things with new items.
일상 생활에서의 예시	◆ You buy new shoes. → You may also buy new pants that match them. → You may also buy a new jacket.
디드로 효과에서 발견된 현상	Each action [5] _____ to the next [6] _____.

UNIT **3**

Science 과학

과학
비문학 글 읽기

1 Food and Chemicals

✅ 지문 주요 어휘 학습

chemical	명 화학 물질 · 형 화학의
preserve	동 (식품 등을 썩지 않게) 보존하다
keep A from v-ing	A가 ~하지 못하게 하다
go bad	(음식이) 상하다
store	동 보관하다, 저장하다 · 명 상점
past	명 과거
natural	동 저절로 이루어진 자연 그대로의 상태인 형 천연의, 자연적인
vinegar	명 식초
vegetable	명 채소
bacteria	명 박테리아
need	동 (~이) 필요하다
grow	동 자라다
take A out of B	B에서 A를 빼내다
add	동 첨가하다, 더하다
mix	동 섞이다
space	명 공간
kill	동 죽이다
sour	형 신, 시큼한
work	동 작용하다 · 명 일
same	형 같은
as well as	~만큼 잘
still	부 여전히, 아직도

비문학 키워드 미리보기

chemical ㅣ 화학 물질

화학 반응을 통해 만들어진 모든 물질을 화학 물질이라고 해요. 실험을 통해 인공적으로 만들어진 물질들을 주로 인공 화학 물질이라고 합니다.

bacteria ㅣ 박테리아

매우 작은 생명체로, 땅, 물, 공기 등의 외부 환경은 물론 생물의 몸속까지 지구 환경 어디에서나 살고 있어요. 박테리아는 발효 또는 부패 등 여러 작용을 하며, 해로운 박테리아는 병을 일으키기도 해요.

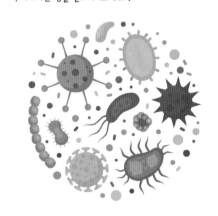

#화학

Today, we use chemicals to preserve food. They keep it from going bad, so we can store it longer.

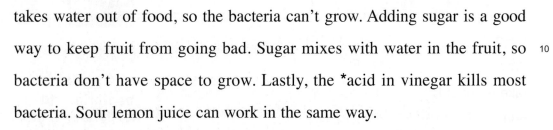

But in the past, people didn't know about these chemicals. So how did people preserve food? They used natural things like salt, sugar, and vinegar. Salt was used for vegetables, fish, and meat. Bacteria can make food go bad, but they need water to grow. Salt takes water out of food, so the bacteria can't grow. Adding sugar is a good way to keep fruit from going bad. Sugar mixes with water in the fruit, so 10 bacteria don't have space to grow. Lastly, the *acid in vinegar kills most bacteria. Sour lemon juice can work in the same way.

Of course, these natural things don't work as well as chemicals. But many people still use them to make bacon, jam, and pickles.

*acid 산(신맛이 나고 다른 물질을 녹이는 성질을 가진 물질)　15

읽은 후 **핵심 정리**

이 글에 언급된 소금, 설탕, 식초의 공통점으로 알맞은 것은 무엇일까요?

☐ 인공 물질이다.　　　　　　☐ 천연 물질이다.

1 〔수능 유형〕

이 글의 제목으로 가장 적절한 것은?

① How to Store Fresh Fruit

② The History of Chemicals

③ What Makes Food Go Bad?

④ Natural Ways to Preserve Food

⑤ Powerful Acid That Kills Bacteria

2 〔수능 유형〕

이 글의 내용과 일치하지 않는 것은?

① 음식을 보존하기 위해 인공 화학 물질이 사용된다.

② 소금은 과거에도 생선을 저장하는 데 사용되었다.

③ 과일을 오래 보관하려면 설탕을 사용하는 것이 좋다.

④ 레몬즙은 박테리아를 죽이는 데 효과적이다.

⑤ 식초는 인공 화학 물질만큼 뛰어난 식품 보존 작용을 한다.

3 〔서술형〕

음식을 상하게 하는 것을 이 글에서 찾아 쓰시오.

_____

〔비문학〕 〔배경지식 **UP**〕

▌다양한 식품 보관법

사람들은 오랜 옛날부터 다양한 방식으로 식품을 보관해 왔어요. 다음은 현재에도 많이 사용되고 있는 식품 보존법들이에요.

▲ 훈제

• **훈제**: 나무를 태울 때 나오는 연기로 고기나 생선 등의 음식을 익혀 건조시키는 식품 가공법이에요. 연기에서 나오는 향을 음식에 입혀 풍미를 더하고 오래 보존할 수 있어요.

• **건조**: 식품을 건조하면 수분이 제거되어 딱딱해져요. 이러면 미생물이 단단해진 식품 표면을 뚫고 들어가기 어렵고, 수분이 없어 번식하기도 어렵기 때문에 식품을 오래 보관할 수 있어요.

• **발효**: 대부분의 식품 보관법은 미생물의 성장이나 번식을 막는 방식이지만, 발효는 미생물이 침투하기 전에 유산균 같이 좋은 균을 먼저 번식시키는 원리예요. 균이 번식해서 결과물이 인간의 건강에 이로우면 발효, 해롭거나 이로운 점이 없으면 부패로 분류해요.

Self-Study 노트

make+목적어+목적격보어(동사원형): ~이 …하게 하다 / go bad: (음식이) 상하다

1. Bacteria can **make food go bad**, / but they need water / to grow.

⊙ _____

take A out of B: B에서 A를 빼내다

2. Salt **takes** water **out of** food, / so the bacteria can't grow.

⊙ _____

동명사구 주어(~하는 것)　　　　　　　keep + 목적어 + from + 동명사: ~가 …하지 못하게 하다

3. **Adding sugar** is a good way / to **keep fruit from going** bad.

⊙ _____

work: 작용하다 / in the same way: 같은 방식으로

4. Sour lemon juice can **work** / **in the same way**.

⊙ _____

as well as: ~만큼 잘

5. Of course, / these natural things don't work / **as well as** chemicals.

⊙ _____

목적을 나타내는 to부정사(~하기 위해)

6. But / many people still use them / **to make** bacon, jam, and pickles.

⊙ _____

1 _____ 보존에 사용되는 천연 물질들		
① 2 _____	② 설탕	③ 식초
◆ 채소, 생선, 고기에 사용됨 ◆ 음식에서 3 _____ 을 빼내 박테리아가 자랄 수 없음	◆ 4 _____ 보관에 좋은 방법 ◆ 과일 속 수분과 섞여 박테리아가 자랄 공간이 없음	◆ 식초에 있는 산이 5 _____ 를 죽임 ◆ 신 레몬즙 → 식초와 같은 방식으로 작용함

2 Miracle Planet

어휘 듣기

✓ 지문 주요 어휘 학습

as far as	~하는 한 ⌐ far 휑 (거리가) 먼
Earth	몡 지구
planet	몡 (우주의) 행성
life	몡 생명체
distance	몡 거리
close	휑 가까운 ⌐ 통 닫다
mean	통 의미하다
right	휑 알맞은 ⌐ 몡 오른쪽
temperature	몡 온도
atmosphere	몡 대기
consist of	~로 구성되다(이루어지다)
breathe	통 숨을 쉬다
protect	통 보호하다, 지키다
harmful	휑 해로운 ⌐ harm(해) + ful
sun ray	태양 광선
survive	통 살아남다, 생존하다
essential	휑 필수적인, 꼭 필요한
cell	몡 세포 ⌐ 생명체를 이루는 기본 단위
blood	몡 혈액, 피
muscle	몡 근육
organ	몡 (몸의) 장기(기관)
condition	몡 조건
besides	젼 ~ 외에
meet	통 충족시키다 ⌐ 필요한 조건을 충분히 만족시키다
miracle	몡 기적

비문학 키워드 미리보기

planet | 행성

타원의 궤도를 그리며 중심 별의 주위를 도는 천체를 말해요. 예를 들어 지구(Earth)는 태양계의 행성으로, 중심 별인 태양의 주위를 타원을 그리며 돌고 있어요. 태양계에는 지구 외에도 수성, 금성, 화성, 목성, 토성, 천왕성, 해왕성을 포함한 총 여덟 개의 행성이 있어요.

organ | (몸의) 장기(기관)

심장, 폐, 위, 신장 등 우리 몸 안에 있는 여러 기관들을 말하며, 우리 몸의 호흡, 소화 등 매우 중요한 일을 담당해요.

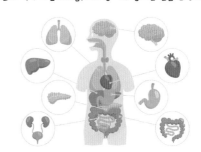

#천문

As far as we know, Earth is the only planet with life. But why? There are a few reasons for this.

One reason is its distance from the Sun. Earth is not too far from the Sun, and it is not too close. This means that Earth is not too hot and it is not too cold. It has just the right temperature for life. Another reason is the ₅ atmosphere. It consists of 21% *oxygen. Because of this, we can breathe. The atmosphere also protects us from harmful sun rays. The third reason is water. As we all know, we can't survive without water. It is essential for the cells, blood, muscles, and organs in our bodies.

There are other conditions needed for life besides these, but Earth meets ₁₀ them all. It's almost a miracle!

* oxygen 산소

읽은 후 | **핵심 정리**

이 글의 중심 소재로 알맞은 것을 찾아 한 단어로 쓰세요.

> _____

1 수능 유형

이 글의 제목으로 가장 적절한 것은?

① Different Life on Earth

② How Far Are We from the Sun?

③ Earth: The Perfect Place for Life

④ How Does Water Affect Our Bodies?

⑤ The Importance of Temperature for Life *importance 중요성

2 수능 유형

밑줄 친 a miracle이 의미하는 바로 가장 적절한 것은?

① 지구가 태양 주위를 돌고 있는 것

② 지구의 온도가 적당하게 유지되는 것

③ 깨끗한 물이 지구에 계속 공급되는 것

④ 가장 많은 생명체가 지구에 살고 있는 것

⑤ 생명체가 사는 데 필요한 조건을 지구가 모두 갖춘 것

3 서술형

이 글에 언급된 대기의 역할 두 가지를 우리말로 쓰시오.

(1) _____

(2) _____

비문학 배경지식 UP

▌다른 행성에도 생명체가 있을까?

과학자들은 태양계의 다른 행성에도 생명체가 살 수 있을지 계속 연구해 왔으며, 그나마 가능성이 있는 행성을 알아냈어요. 그곳은 바로 화성이에요. 태양계의 행성들 중 지구와 가장 비슷한 환경을 가지고 있는 화성은 현재 생명체가 존재할 가능성이 제일 높은 행성으로 꼽히고 있습니다. 그에 대한 근거로는 예전에 남극에서 발견된 운석을 들 수 있어요. 이 운석의 겉에 난 자국과 운석에 포함된 대기 성분을 분석하여 이것을 화성에서 온 운석으로 추정하였는데, 내부에 36억년 전 미생물이 존재했던 증거가 발견되었던 거죠. 다만, 화성의 대기가 지구의 대기와 비슷한 성분을 가지고 있기 때문에 이 운석이 화성에서 온 것이 아닐 수도 있다는 의견도 있어요.

Self-Study 노트

as far as: ~하는 한
1. **As far as** we know, / Earth is the only planet / with life.

❯ _____

consist of: ~로 구성되다
2. It **consists of** 21% oxygen.

❯ _____

protect A from B: A를 B로부터 보호하다
3. The atmosphere also **protects** us / **from** harmful sun rays.

❯ _____

as: ~하듯이   without + 명사: ~ 없이
4. **As** we all know, / we can't survive / **without water**.

❯ _____

be essential for: ~에 필수적이다
5. It **is essential** / **for** the cells, blood, muscles, and organs / in our bodies.

❯ _____

there+be동사: ~이 있다   needed for: ~에게 필요한   besides: ~외에
6. **There are** other conditions **needed for** life / **besides** these, / but Earth meets them all.

❯ _____

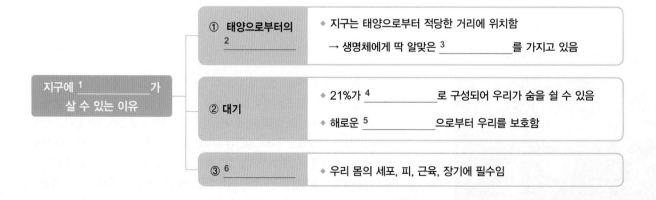

3 Frankenfood

✅ 지문 주요 어휘 학습

novel	명 소설
monster	명 괴물
create	동 만들어 내다
body part	신체 부위
scientist	명 과학자
gene	명 유전자
remove	동 제거하다, 없애다
trait	명 특성 ⌐ 일정 사물이 가진 특수한 성질
taste	동 (맛이) ~하다
last	동 (기능이) 지속되다, 오래가다
original	명 원래의 것 ⌐ 형 원래의
peel	동 껍질을 벗기다
turn	동 (어떤 상태로) 변하다 ⌐ 동 돌다
brown	형 갈색의 동 갈색이 되다 ⌐ browning: 갈변(어떤 물질이 갈색으로 변색되는 현상)
cause	동 (문제 등을) 일으키다
however	부 하지만, 그러나
issue	명 (걱정거리가 되는) 문제
worry	동 걱정하다
impact	명 (강력한) 영향, 충격 동 영향을 주다
health	명 건강
unnatural	형 자연적이지 않은 ⌐ un + natural(자연적인)
safety	명 안전 ⌐ safe 형 안전한
test	동 검사(테스트)를 하다 ⌐ tested 형 검사를 거친
sell	동 판매하다, 팔다 ⌐ sell-sold-sold

비문학 키워드 미리보기

gene | 유전자

자식은 부모의 얼굴이나 피부색, 키, 머리색 등을 닮아요. 이처럼 부모가 가지고 있는 특성(trait)이 자식에게 전해지는 현상을 유전이라고 하는데, 이런 특성이 나타나게 하는 물질이 바로 유전자예요. 유전자는 생물체의 가장 작은 기본 단위인 세포 속에 존재하며, 자식은 부모의 유전자를 물려받기 때문에 부모와 닮게 되는 것이에요.

3

#생물

In the novel *Frankenstein*, a monster is created from different body parts. But have you ever heard of "Frankenfood"?

Scientists create Frankenfood by changing genes in food. They remove bad traits or ⓐ | add / destroy | good ones. So Frankenfood often tastes better, looks better, or lasts longer than the original. For example, when we peel ⁵ apples, they soon turn brown. To stop this, scientists found the gene that causes browning. They changed that gene and created apples that don't become brown. So even after we peel them, their ⓑ | gene / color | doesn't change.

However, Frankenfood has some issues. Many people worry about its ¹⁰ impact on our health because it is ⓒ | natural / unnatural |. Also, changing one gene in food might impact the other genes. For our safety, only tested Frankenfoods are sold to us. But we still don't know everything about their effects.

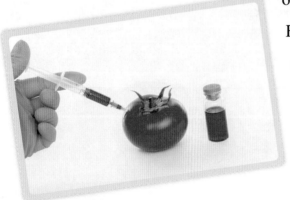

읽은 후 │ **핵심 정리**

과학자들이 Frankenfood를 만들기 위해 무엇을 하는지 이 글에서 찾아 쓰세요.

❯ They change _____ in food.

1 수능유형

1 이 글의 주제로 가장 적절한 것은?

① Frankenfood의 유래

② Frankenfood의 예시

③ Frankenfood를 만드는 법

④ Frankenfood의 특성과 문제점

⑤ Frankenfood가 음식 맛에 일으키는 변화

내신유형

2 이 글의 ⓐ~ⓒ에 들어갈 말로 문맥상 알맞게 짝지어진 것은?

	ⓐ		ⓑ		ⓒ
①	add	·····	color	·····	natural
②	add	·····	gene	·····	unnatural
③	add	·····	color	·····	unnatural
④	destroy	·····	gene	·····	natural
⑤	destroy	·····	color	·····	unnatural

서술형

3 밑줄 친 some issues에 관한 내용을 다음과 같이 설명할 때, 빈칸에 알맞은 우리말을 쓰시오.

(1) 많은 사람들이 프랑켄푸드가 우리의 _____에 미칠 _____에 대해 걱정한다.

(2) 식품 속 하나의 _____를 바꾸는 것은 나머지 _____에 영향을 줄 수도 있다.

비문학 배경지식 UP

■ 우리가 먹는 음식에도 유전자 변형 농작물이 사용될까?

유전자 변형 농작물, 낯설게 들리시나요? 그러나 사실 우리가 먹고 있는 식품에도 유전자 변형 농작물이 포함되어 있을 수 있어요. 이에 우리나라는 소비자의 알 권리를 보장하기 위해 2001년부터 유전자 변형 작물이 사용된 경우 반드시 표시하도록 법으로 규제하고 있어요. 이는 단순히 농작물 자체뿐만 아니라 해당 농작물을 이용해 제조되었거나 그것이 포함된 식품이면 모두 해당돼요. 예를 들어 유전자 변형 옥수수로 만든 전분이나 유전자 변형 콩으로 만든 콩기름도 포함되는 것이죠.

내가 먹는 음식에도 유전자 변형 작물이 들어 있는지 궁금하다면 식품에 붙어 있는 라벨을 확인해 보세요. 원료명에 '유전자 변형 ○○ 포함'과 같은 말이 쓰여 있다면 유전자 변형 작물을 사용한 것이에요. 만일 유전자 변형 콩기름으로 튀긴 과자라면 '유전자 변형 콩 포함' 또는 '유전자 변형 콩 포함 가능성 있음'과 같이 표기해요.

Self-Study 노트

힌트를 참고하여 주어진 문장을 바르게 직독직해 하세요.

have you ever + 과거분사?: 당신은 ~해 본 적 있는가?
1. But **have you ever heard** / of "Frankenfood"**?**

◉ _____

by + 동명사: ~함으로써
2. Scientists create Frankenfood / **by changing** genes in food.

◉ _____

remove와 add가 or로 연결   ones = traits
3. They **remove** bad traits / **or add** good **ones**.

◉ _____

형용사/부사 비교급 + than: ~보다 더 ···한/하게
4. So / Frankenfood often tastes **better**, looks **better**, or lasts **longer** / **than** the original.

◉ _____

worry about: ~에 대해 걱정하다 / its impact on + 명사: ~에 미치는 그것의 영향
5. Many people **worry** / **about its impact on** our health / because it is unnatural.

◉ _____

글의 내용 100% 이해하기 글의 내용에 맞게 다음 보기에서 알맞은 말을 골라 빈칸에 쓰세요.

보기

| scientists | created | unnatural | lasts | original | impact |

Frankenfood

프랑켄푸드를 만드는 방법	◆ Frankenfood is ¹_____ by changing genes in food. ◆ ²_____ remove bad traits or add good ones.
프랑켄푸드의 특성	◆ It tastes better, looks better, or ³_____ longer than the ⁴_____.
프랑켄푸드의 문제점	◆ People worry about its impact on our health because it's ⁵_____. ◆ Changing one gene in food might ⁶_____ the other genes.

4 The Red-Eye Effect

✅ 지문 주요 어휘 학습

ask A to-v	A에게 ~해 달라고 부탁(요청)하다
picture	명 사진 ⟋ take a picture 사진을 찍다
grab	통 잡다
point	통 (어떤 방향으로) 향하게 하다; 가리키다
flash	명 (카메라의) 플래시
go off	터지다, 발사되다
enough	형 충분한
light	명 빛
common	형 흔한
known as	~로 알려진 ⟋ known: 동사 know의 과거분사
pass through	~을 통과하다
reflect off	~에 부딪혀 반사되다
back	명 뒤쪽
sometimes	부 가끔, 때때로
appear	통 보이게 되다, 나타나다
usually	부 보통, 대개
let in	~이 들어오게 하다
as a result	결과적으로 ⟋ result 명 결과

비문학 키워드 미리보기

pass through | ~을 통과하다

pass(지나가다) + through(~을 통해)

= ~을 통과하다

· The sunlight **passes through** the window.
  햇빛이 창문을 통과한다.

reflect off | ~에 부딪혀 반사되다

reflect(반사되다) + off(~에서 떨어져)

= ~에 부딪혀 반사되다

· The sunlight **reflects off** the mirror.
  햇빛이 거울에 부딪혀 반사된다.

4

#물리

고1 11월 기출 변형

Imagine you are at a party with your friends. It is dark, and they ask you to take a picture of them. You grab your camera, point it at your friends, and take a picture.

The camera's flash goes off because there is not enough light. But in the picture, some of your friends' eyes look red.

5

This is a common problem known as *the red-eye effect. It occurs when the light from a flash passes through the **pupils and reflects off the back of our eyes. There is a lot of blood at the back of our eyes. Because of this blood, our eyes sometimes appear red in photos.

The red-eye effect usually happens when _____. 10 This is because our pupils become bigger to let in more light. As a result, the red-eye effect becomes more ***noticeable.

*the red-eye effect 적목(赤目) 현상(붉은=적, 눈=목) **pupil (사람 눈의) 동공 ***noticeable 뚜렷하게 나타나는, 눈에 띄는

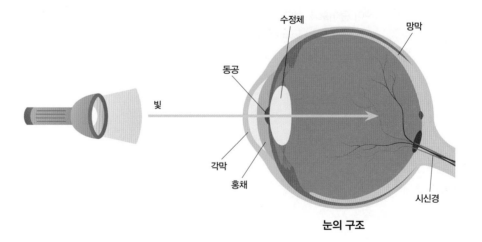

눈의 구조

읽은 후 **핵심 정리**

이 글의 중심 소재로 알맞은 것은 무엇일까요?

☐ a camera's flash　　☐ the red-eye effect　　☐ blood in our eyes

1 수능 유형

빈칸에 들어갈 말로 가장 적절한 것은?

① you are crying

② your eyes are red

③ the room is bright

④ there is not much light

⑤ the camera's flash doesn't go off

2 서술형

질문에 대한 답이 되도록 빈칸에 들어갈 말을 이 글에서 찾아 쓰시오.

Q When the red-eye effect occurs, why do our eyes appear red?

A It's because of the (1) _____ at the (2) _____ of our eyes.

3 내신 유형

다음 빈칸에 공통으로 들어갈 말로 알맞은 것은?

> • The storm will _____ our town tonight.
>
> • A lot of cars _____ this tunnel every day.

① let in   ② go off   ③ point at

④ reflect off   ⑤ pass through

비문학 배경지식 UP

▌카메라와 비슷한 우리의 눈

우리가 세상을 볼 수 있게 해 주는 소중한 눈은 카메라와 비슷한 구조를 가지고 있어요.

• **각막 → 렌즈**: 눈 앞부분의 가장 바깥쪽 표면인 각막은 빛을 굴절시켜 모아 주는 볼록렌즈 역할을 해요.

• **홍채 → 조리개**: 각막과 수정체 사이에 있는 홍채는 동공의 크기를 조절하여 빛의 양을 조절해요. 동공이 커지면 빛이 더 들어오고, 작아지면 빛이 적게 들어와요. 이것은 카메라의 조리개와 같은 역할을 합니다.

• **눈꺼풀 → 셔터**: 눈꺼풀은 카메라 셔터와 마찬가지로 빛을 들어오게 했다가 차단하는 역할을 해요.

• **수정체 → 렌즈**: 수정체는 각막을 통과한 빛을 모아 초점을 맞춰서 망막에 이미지가 맺히게 해요. 이것은 카메라 렌즈와 같은 역할을 해요.

• **망막 → 필름**: 망막에 이미지가 맺히게 되면 이것이 시신경을 통해 뇌로 전달되어 우리가 본 것을 인지하게 됩니다. 이것은 카메라 렌즈를 통해 본 이미지가 필름에 기록되는 과정과 같아요. 디지털 카메라에서는 필름 대신 이미지 센서에 이미지가 기록됩니다.

Self-Study 노트

핵심 구문 100% 이해하기 힌트를 참고하여 주어진 문장을 바르게 직독직해 하세요.

ask + 목적어 + to부정사: ~에게 …해 달라고 부탁하다
1. It is dark, / and they **ask you** / **to take** a picture of them.

> _____

go off: (플래시가) 터지다   there + be동사 + not: ~이 없다
2. The camera's flash **goes off** / because **there is not** enough light.

> _____

known as: ~로 알려진
3. This is a common problem / **known as** the red-eye effect.

> _____

pass through: ~을 통과하다   reflect off: ~에 부딪혀 반사되다
4. It occurs / when the light from a flash **passes through** the pupils / and **reflects off** the back of our eyes.

> _____

because of + 명사: ~ 때문에   appear + 형용사: ~하게 보이게 되다
5. **Because of this blood**, / our eyes sometimes **appear red** / in photos.

> _____

This is because + 주어 + 동사 ~.: 이것은 …가 ~하기 때문이다.   let in: ~이 들어오게 하다
6. **This is** / **because our pupils become** bigger / to **let in** more light.

> _____

글의 내용 100% 이해하기 글의 내용에 맞게 다음 빈칸을 채우세요.

적목 현상	발생 과정	◆ 카메라 1_____에서 나온 빛 → 동공 통과 → 눈 뒤쪽에 부딪혀 2_____됨 ⇒ 사진에서 눈이 빨갛게 보임
	발생 원인	◆ 눈 뒤쪽에 있는 많은 3_____
	발생 환경	◆ 보통 4_____이 많지 않을 때 발생 → 더 많은 빛이 들어오게 하기 위해 5_____이 더 커짐

UNIT 4

Nature 자연

1 Colorful Leaves

어휘 듣기

✓ 지문 주요 어휘 학습

colorful	형 알록달록한 ⌐ color(색) + ful
autumn	명 가을
leaf	명 (나뭇)잎, 잎사귀 ⌐ autumn leaves 단풍잎
during	전 ~ 동안
absorb	동 (액체 등을) 흡수하다, 빨아들이다
sunlight	명 햇빛
turn A into B	A를 B로 바꾸다
sugars	명 당(분)
feed	동 (식물에) 영양분을 주다, 먹이를 주다
season	명 계절
change	동 바꾸다 명 변화
day	명 낮; 하루
break down	분해되다
cause A to-v	A가 ~하게 하다
pigment	명 색소 ⌐ 색깔이 나타나게 해 주는 성분
disappear	동 사라지다
already	부 이미, 벌써
cover up	~을 가리다[덮다]
on the other hand	반면에
produce	동 만들어 내다, 생산하다
chemical	형 화학적인
both	형 둘 다의, 양쪽의
amazing	형 놀라운

비문학 키워드 미리보기

sunlight | 햇빛

햇빛은 식물에게 아주 중요합니다. 이것은 식물이 햇빛을 이용하여 영양분을 스스로 만들어 내는 **광합성(photosynthesis)**을 하기 때문이에요. 광합성을 담당하는 잎(leaf) 안의 녹색 색소인 **엽록소(chlorophyll)**가 빛을 흡수하여 식물이 생존하는 데 필요한 양분을 만들어요.

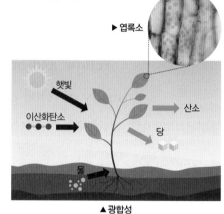

▶ 엽록소

햇빛

이산화탄소

산소

당

물

▲ 광합성

sugars | 당(분)

sugar는 '설탕'이지만, sugars처럼 복수형일 때는 단 맛을 내는 탄수화물을 의미하는 '당분'이란 뜻이 됩니다. 비문학 지문에서는 이처럼 '설탕'보다는 '당분'의 의미로 쓰인 경우를 많이 볼 수 있어요.

#식물

Colorful autumn leaves are beautiful. But these leaves are also important for the trees. During summer, leaves are green because of *chlorophyll. Chlorophyll absorbs energy from sunlight. The leaves turn the energy into sugars to feed the tree. This is called **photosynthesis.

As the seasons change, the days get shorter and colder. Trees get less 5 sunlight, and the chlorophyll in the leaves breaks down. This causes the green pigment to disappear. As this happens, we can see other colors.

Yellow and orange pigments are already in the leaves. But they are usually covered up by chlorophyll in spring and summer. Red and purple

pigments, on the other hand, are produced 10 in autumn because of chemical changes in the leaves. Both types of pigments give leaves their amazing colors.

* chlorophyll 엽록소   ** photosynthesis 광합성

15

읽은 후 **핵심 정리**

이 글에 언급된 엽록소의 역할은 무엇일까요?

☐ 햇빛으로부터 에너지를 흡수한다.　　☐ 햇빛으로부터 나무를 보호한다.

≫Answers pp. 26~27

1 이 글의 제목으로 가장 적절한 것은?

① Beautiful Leaves

② The Growth of Leaves

③ Leaves without Pigments

④ Different Types of Leaves

⑤ Changes in Leaves' Colors

2 이 글의 내용과 일치하지 <u>않는</u> 것은?

① 여름에 나뭇잎은 초록색이다.

② 날이 추워지면 잎 속의 엽록소가 분해된다.

③ 햇빛이 적어지면 다른 색의 나뭇잎을 볼 수 있다.

④ 주황색 색소는 가을이 되면 잎에서 생겨난다.

⑤ 보라색 나뭇잎은 화학적 변화로 인해 생겨난다.

3 질문에 대한 답이 되도록 빈칸에 들어갈 말을 이 글에서 찾아 쓰시오.

Q What do leaves do during photosynthesis?

A They turn (1) _____ from sunlight into (2) _____.

비문학 배경지식 UP

겨울을 버티기 위한 나무의 전략, 낙엽

나무는 추운 겨울이 되면 잎을 다 떨어뜨립니다. 겨울에는 햇빛의 양이 적어 양분을 만들기 어렵고, 잎을 통해 많은 수분이 빠져나가기 때문이에요. 게다가 겨울이 되면 추운 날씨 때문에 뿌리에서 수분이 잘 공급되지 않죠. 따라서 나무는 최소한의 에너지로 겨울을 버티기 위해 초가을부터 잎을 떨어뜨리고, 이 낙엽들은 뿌리 주변에 쌓여 뿌리를 보호해 줘요.

낙엽을 만드는 방식은 나무마다 다른데, 어떤 나무들은 '떨켜'라고 불리는 특별한 세포층을 만들어요. 떨켜는 잎과 줄기 사이에 물과 양분을 이동시키는 통로를 막기 때문에 떨켜가 한꺼번에 만들어지는 은행나무나 단풍나무는 잎이 한꺼번에 떨어지죠. 그러나 떨켜를 만들지 않는 밤나무나 떡갈나무는 잎이 줄기에 붙은 채로 말라붙어 겨울바람이 불면 자연스럽게 떨어져요.

Self-Study 노트

핵심 구문 100% 이해하기　　힌트를 참고하여 주어진 문장을 바르게 직독직해 하세요.

turn A into B: A를 B로 바꾸다　　　　　　　　　　　　목적을 나타내는 to부정사(~하기 위해)
1. The leaves **turn** the energy **into** sugars / **to feed** the tree.

> _____

as: ~함에 따라　　　　　　　　　　　　　get+비교급: (점점) 더 ~해지다
2. **As** the seasons change, / the days **get shorter** and **colder**.

> _____

cause + 목적어 + to부정사: ~가 …하게 하다
3. This **causes** / **the green pigment** / **to disappear**.

> _____

be covered up by: ~에 가려지다
4. But / they **are** usually **covered up by** chlorophyll / in spring and summer.

> _____

on the other hand: 반면에　　　　　　　　　　　　　　　　　because of + 명사: ~ 때문에
5. Red and purple pigments, / **on the other hand**, / are produced in autumn / **because of chemical changes in the leaves**.

> _____

give + 간접목적어 + 직접목적어: ~에게 …을 주다
6. Both types of pigments / **give leaves their amazing colors**.

> _____

글의 내용 100% 이해하기　　글의 내용에 맞게 다음 빈칸을 채우세요.

잎의 색 변화

계절	여름	가을
잎의 색	초록색	노란색, 주황색, 빨간색, 보라색
잎에서 일어나는 변화	◆ 1 _____: 잎 안의 초록색 색소 ◆ 2 _____: 엽록소가 3 _____으로부터 에너지를 흡수하여 그 에너지를 4 _____으로 바꾸는 과정	◆ 엽록소가 5 _____되고 사라지면서 다른 색을 볼 수 있음 ① 노란색과 주황색 색소 　→ 이미 잎 속에 있음 ② 빨간색과 보라색 색소: 　→ 잎 속의 6 _____로 만들어짐

2 Food of the Future

어휘 듣기

✅ 지문 주요 어휘 학습

bug	명 벌레, 작은 곤충
surprised	형 놀란
insect	명 곤충
normal	형 평범한, 보통의
diet	명 식사, 식이 요법
in fact	사실은 ⌐ fact 명 사실
perfect	형 완벽한
raise	동 (동물을) 기르다(사육하다)
anywhere	부 어디든지
healthy	형 건강에 좋은, 건강한
be rich in	~이 풍부하다 ⌐ rich 형 풍부한, 부유한
protein	명 단백질
vitamin	명 비타민
nutrient	명 영양소
greenhouse gas	온실가스 ⌐ 지구 대기의 온도를 높여 온실 효과를 일으키는 가스
sound	동 ~하게 들리다
unpleasant	형 불쾌한 ⌐ un + pleasant(기쁜)
interested	형 관심 있는 ⌐ interesting 형 재미있는
snack	명 간식
online	부 온라인으로
try	동 시도해 보다 ⌐ 음식을 먹어 보거나 물건을 써 보는 경우에도 사용해요.
taste like	~ 같은 맛이 나다

비문학 키워드 미리보기

bug | 벌레, 작은 곤충

일반적으로 작은 크기의 곤충이나 작은 생물을 가리키는 말로, 거미나 바퀴벌레 등이 여기에 속해요.

insect | 곤충

주로 과학적인 용어로 사용되며, '곤충 계통의 동물'을 널리 이르는 말입니다. 벌, 파리, 메뚜기, 딱정벌레 등의 일반적인 곤충이 모두 포함돼요.

diet | 식사, 식이 요법

diet는 여러 의미로 사용되는 단어입니다.

• 식사: 평소 일상적으로 먹는 음식물 또는 식사를 말해요.
• 식이 요법: 건강 개선을 위해 음식 섭취를 조절하는 치료 방법을 말해요. 보통 '다이어트를 한다'고 할 때 음식을 조절하는 것이 바로 식이 요법에 해당돼요.

#곤충

Imagine you found a bug in your food. You'd be surprised! But in the future, insects might be a normal part of our diet. This is because we might not have enough food in the future.

In fact, insects can be the perfect food. First of all, they can be raised anywhere, and they eat much less than cows or pigs. Also, they are healthy. 5 Many insects are rich in protein, vitamins, and other nutrients. Finally, they are better for the environment. For example, cows produce much more greenhouse gases than insects.

Right now, (unpleasant, may, eating, insects, sound). But if you're interested, you can find snacks like *cricket chips or **mealworms online. 10 People who have tried them say they taste just like normal snacks.

* cricket 귀뚜라미
** mealworm 밀웜(갈색거저리 애벌레)

읽은 후 | 핵심 정리

이 글의 중심 소재로 알맞은 것은 무엇일까요?

☐ food of insects ☐ cows and insects ☐ eating insects

수능 유형

1 이 글의 주제로 가장 적절한 것은?

① 식용 곤충의 종류

② 식용 곤충을 키우는 방법

③ 곤충을 요리하는 다양한 방법

④ 곤충이 미래의 식량으로 고려되는 이유

⑤ 대부분의 사람들이 곤충을 먹지 않는 이유

수능 유형

2 식용 곤충에 관한 설명 중 이 글의 내용과 일치하지 <u>않는</u> 것은?

① 어디에서나 기를 수 있다.

② 돼지를 먹일 때보다 먹이가 적게 든다.

③ 건강에 좋은 영양분이 많이 들어 있다.

④ 소를 기르는 것보다 환경에 더 좋다.

⑤ 온라인에서는 구매하기 어렵다.

서술형

3 밑줄 친 우리말과 일치하도록 이 글의 괄호 안의 단어를 바르게 배열하시오.

지금 당장은 <u>곤충들을 먹는 것이 불쾌하게 들릴지도 모른다.</u>

Right now, _____.

비문학 배경지식 UP

▎전 세계의 식용 곤충

세계의 많은 곳에서는 이미 곤충을 식용으로 즐기고 있어요. 우리나라에서 먹는 번데기도 식용 곤충에 해당하며, 우리나라 식약처에서는 메뚜기, 누에번데기, 귀뚜라미, 5종의 유충(애벌레) 등 총 8가지를 식품 원료로 인정하고 있습니다. 또한 굼벵이, 매미 허물, 말벌 등 많은 곤충이 예로부터 약의 재료로 쓰였어요. 연구에 따르면 전 세계적으로 2,100종 이상의 식용 곤충이 있다고 해요.

• **중국·일본:** 메뚜기, 귀뚜라미, 누에번데기, 말벌 유충, 매미 등을 튀기거나 볶아서 먹어요.

• **동남아 지역:** 노린재, 번데기, 물장군, 유충 등을 먹으며, 벌레를 튀긴 통조림도 흔해요. 태국에서는 곤충으로 만든 과자나 밀웜 초콜릿 등을 슈퍼마켓에서도 구입할 수 있어요.

• **미국·유럽:** 개미, 메뚜기, 유충 등을 먹으며, 이것들을 사용한 고급 요리를 음식점에서 팔기도 해요.

• **멕시코:** 고대 아즈텍 문명 때부터 개미 유충을 고급 음식으로 먹어 왔어요.

Self-Study 노트

Imagine (that) ~.: (~라고) 상상해 봐라.
1. **Imagine** / you found a bug in your food.

❯ _____

can + be + 과거분사(~될 수 있다)　　　　much: 비교급 less 강조(훨씬)
2. First of all, / they **can be raised** anywhere, / and they eat **much less** than cows or pigs.

❯ _____

be rich in: ~이 풍부하다
3. Many insects **are rich** / **in** protein, vitamins, and other nutrients.

❯ _____

much + 비교급 + than: ~보다 훨씬 더 …한
4. For example, / cows produce **much more** greenhouse gases / **than** insects.

❯ _____

동명사구 주어(~하는 것)　　　　sound + 형용사: ~하게 들리다
5. Right now, / **eating insects** / may **sound unpleasant**.

❯ _____

who ~ them이 people을 수식함　　　　taste just like: ~와 똑같은 맛이 나다
6. People **who have tried them** / say / they **taste just like** normal snacks.

❯ _____

1_____ 이 미래 식량으로 적합한 이유

이유 1	◆ 기르기 쉬움 ① 어디에서든지 기를 수 있음 ② 2_____ 나 3_____ 보다 훨씬 더 적게 먹음
이유 2	◆ 건강에 좋음 → 단백질, 비타민 외에 다른 4_____ 도 풍부함
이유 3	◆ 5_____ 에 더 좋음 → 소보다 훨씬 더 적은 6_____ 를 만들어 냄

3 Giant Pandas and Bamboo

✓ 지문 주요 어휘 학습

instead	🖳 대신 ⌐ instead of ~ 대신에
bamboo	🖳 대나무
digest	🖳 소화시키다
past	🖳 과거
gene	🖳 유전자
researcher	🖳 연구자 ⌐ research 🖳 연구
lose	🖳 잃다 ⌐ lose-lost-lost
ability	🖳 능력
taste	🖳 맛을 느끼다(알아보다)
possible	🖳 가능한
believe	🖳 생각하다, 믿다
need to-v	~할 필요가 있다
fight	🖳 싸우다
choose	🖳 선택하다 ⌐ choose-chose-chosen
fact	🖳 사실
vegetarian	🖳 채식주의자
evolve	🖳 진화시키다
grab	🖳 (손으로) 움켜잡다
extra	⌐ 필요한 것을 제외하고 남은 부분 🖳 여분의, 추가의

비문학 키워드 미리보기

digest ⎮ 소화시키다

먹은 음식을 분해해서 영양분이 잘 흡수되도록 해 주는 것을
말해요. 음식을 씹어서 잘게 부순 뒤 삼키면, 이것을 몸속의
소화 효소가 분해시켜서 흡수를 쉽게 해 줘요.

evolve ⎮ 진화시키다

지구상의 생물들이 살아가면서 환경에 적응하고 발전해
가는 것을 '진화'라고 해요. 생물들은 스스로를 진화시키며
계속해서 바뀌는 환경에 적응하면서 살아남고, 진화에
실패한 생물은 멸종되어 사라지기도 해요.

지문 듣기

#동물

Do you like pandas? The giant panda is a type of bear. But it doesn't eat meat like other bears. Instead, it eats bamboo. But did you know that the giant panda ate meat a long time ago? (a) It can still digest meat. So why does it eat bamboo now?

In the past, one of the giant panda's genes changed. Researchers think 5 that the giant panda lost its ability to taste meat because of this change. There is also another possible reason. Giant pandas live in the mountains of China. Some scientists believe there was a lot of bamboo but not much meat there in the past. So giant pandas didn't need to fight other animals for bamboo. This could be why they chose (b) it instead of meat. 10

Here's another fun fact! After giant pandas became vegetarians, they evolved a sixth finger. They can grab bamboo better with this extra finger.

읽은 후 | **핵심 정리**

이 글의 중심 소재로 알맞은 것은 무엇일까요?

☐ bamboo's taste   ☐ the giant panda's diet   ☐ the giant panda and meat

수능 유형

1 이 글의 주제로 가장 적절한 것은?

① 자이언트판다의 유전자의 특징

② 자이언트판다의 음식 소화 능력

③ 자이언트판다가 산에 살게 된 이유

④ 자이언트판다가 대나무를 먹게 된 이유

⑤ 자이언트판다의 앞발가락이 여섯 개인 이유

서술형

2 밑줄 친 (a), (b)가 가리키는 것을 각각 이 글에서 찾아 쓰시오.

(a) _____

(b) _____

서술형

3 자이언트판다의 유전자 변화로 인해 일어났다고 추정되는 일을 우리말로 쓰시오.

_____

비문학 **배경지식 UP**

▌세계에서 가장 귀여운 외교관, 자이언트판다

귀여운 외모의 자이언트판다는 중국의 외교에 중요한 역할을 하고 있어요. 중국은 좋은 관계를 유지하고 싶은 국가에 자국에서만 서식하는 국보급 동물인 판다를 보내요. 1941년 중일전쟁에서 중국을 지원해 준 미국에 한 쌍의 판다를 보내게 되면서 일명 '판다 외교'가 시작되었고, 1980년대부터는 판다가 멸종 위기 동물로 지정되면서 장기 임대해 주는 방식으로 바뀌었어요. 우리나라에는 1994년에 리리와 밍밍이 왔다가 1998년 중국으로 돌아갔고, 2016년에는 러바오와 아이바오가 왔으며, 둘 사이에서 2020년에 푸바오가, 2023년에는 쌍둥이 루이바오와 후이바오가 태어났어요.

▌자이언트판다에 관한 재미있는 사실들

1. 곰과의 동물이지만 겨울잠을 자지 않아요.

2. 어른 자이언트판다는 매일 30kg의 대나무를 먹어요.

3. 철마다 다른 종류의 대나무나 대나무의 다른 부위를 먹어서 영양소의 균형을 맞춰요.

4. 배설물이 냄새가 나지 않고 열량이 풍부하여 연료로 쓰기 위해 연구되고 있어요.

5. 성별을 알아내는 것이 까다로워 간혹 오류가 생겨요. 1994년 우리나라에 온 밍밍은 우리나라에 머물 당시 수컷으로 알려졌지만 1998년 중국으로 돌아간 뒤에 암컷으로 밝혀졌어요.

Self-Study 노트

one of the + 복수명사: ~들 중 하나
1. In the past, / **one of the giant panda's genes** / changed.

❯ _____

목적어 that절(~라고)   its ability를 수식하는 to부정사(~하는)
2. Researchers think / **that** the giant panda lost its ability **to taste** meat / because of this change.

❯ _____

there + be동사: ~이 있다
3. **There is** also another possible reason.

❯ _____

didn't need to + 동사원형: ~할 필요가 없었다 / fight ~ for: …을 (얻기) 위해 (~와) 싸우다
4. So / giant pandas **didn't need to fight** other animals / **for** bamboo.

❯ _____

This could be why ~.: 이것은 …가 ~하는 이유가 될 수 있었다.   instead of: ~ 대신에
5. **This could be** / **why** they chose it / **instead of** meat.

❯ _____

자이언트판다가 1 _____ 를 먹는 이유	
이유 1	◆ 과거에 2 _____ 중 하나가 바뀜 ⇒ 고기 맛을 느끼는 3 _____ 을 잃음

⌄

이유 2	◆ 4 _____ 가 사는 5 _____ 의 산에는 대나무가 많았음 ◆ 대나무를 얻기 위해 다른 동물들과 싸울 필요가 없었음 ⇒ 6 _____ 대신 대나무를 선택

4 Ideas from Nature

어휘 듣기

☑️ 지문 주요 어휘 학습

nature	명 자연
solution	명 해결책
daily life	일상생활 ⌐ daily 형 매일매일의
special	형 특별한
skin	명 (동물의) 가죽, 피부
scale	명 비늘
designer	명 디자이너, 설계자
copy	동 모방하다, 베끼다
swimsuit	명 수영복
swimmer	명 수영 선수
example	명 예
triangular	형 삼각형의 ⌐ triangle 명 삼각형
hunt	동 사냥하다
quietly	부 조용히 ⌐ quiet(조용한)+ly
quickly	부 빠르게 ⌐ quick(빠른)+ly
engineer	명 기술자, 엔지니어
design	동 설계하다, 디자인하다 ⌐ 명 설계, 디자인
high-speed	형 고속의
shape	동 ~의 모양으로 만들다 ⌐ 명 모양
noise	명 소음
tunnel	명 터널
improve	동 향상시키다, 개선하다

비문학 키워드 미리보기

skin | (동물의) 가죽, 피부

skin은 사람의 피부만을 의미하지 않아요. 동물의 가죽이나 뱀의 허물, 과일이나 채소의 껍질도 모두 skin으로 써요.

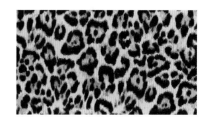

scale | 비늘

어류나 파충류의 표피를 덮고 있는 얇고 단단한 작은 조각으로 생물의 피부를 보호합니다.

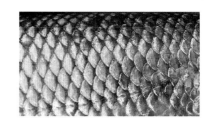

Reading

4

읽기 전 | 비문학 사고력 UP

134 words

지문 듣기

다음 짝지어진 것들 사이의 공통점은 무엇일까요?

☐ 민들레 홀씨 – 낙하산 ☐ 모기의 입 – 주사 바늘

#자연

중3 성취도 기출 변형

When we look at nature, we get many great ideas. With these ideas, we can make new products and find solutions to problems in our daily lives.

For example, sharks have special skin. Because of the scales on their skin, they can swim very fast. Designers copied 5 shark skin to make swimsuits for Olympic swimmers. The swimmers can swim faster in these swimsuits. Another example is *kingfisher birds. These birds have a triangular head. This helps them hunt quietly and move very quickly. Engineers watched <u>them</u> and then designed the first high-speed trains. The trains were shaped like a kingfisher's head, so they were very fast. They also made less noise when they were coming out of a tunnel.

10

As you can see, animals give us many valuable ideas and can improve 15 our lives.

*kingfisher bird 물총새

읽은 후 | 핵심 정리

이 글에서 관찰 대상이 된 두 가지 동물을 찾아 쓰세요.

❯ _____, _____

1 수능 유형

이 글의 요지로 가장 적절한 것은?

① 우리가 쓰는 제품 중에는 동물로 만든 것이 많다.

② 새로운 제품을 사용하면 삶의 질이 높아진다.

③ 일상생활에 유용한 아이디어를 자연에서 얻을 수 있다.

④ 일상생활 속에서 동물을 관찰하고 보호해야 한다.

⑤ 자연 보호를 위한 아이디어 제품들을 개발해야 한다.

2 내신 유형

이 글의 내용과 일치하면 T, 일치하지 않으면 F를 쓰시오.

(1) 상어 가죽은 수영복을 만드는 데 많이 쓰인다. _____

(2) 상어는 가죽의 비늘 덕분에 빠르게 헤엄칠 수 있다. _____

(3) 물총새의 머리 모양을 닮은 고속 열차는 소음이 심하다. _____

3 내신 유형

밑줄 친 them이 가리키는 것은?

① shark scales   ② swimsuits   ③ swimmers

④ kingfisher birds   ⑤ high-speed trains

비문학 배경지식 UP

▌우리를 도와주는 자연의 지혜

• **벨크로:** 일명 '찍찍이'로 불리는 제품으로, 스위스의 한 엔지니어가 사냥을 하고 돌아온 개의 털에 붙어 있는 도꼬마리(산우엉) 씨앗의 가시를 보고 아이디어를 얻어 만들었습니다. 벨크로의 한 면에 있는 갈고리가 반대편에 닿으면 붙었다가 힘을 주면 떨어져요.

• **방수 제품:** 연잎에 떨어진 물방울은 잎을 적시거나 잎에 흡수되지 않고 그대로 흘러내려요. 이는 연잎의 표면이 작은 돌기로 덮여 있어 물과 닿는 면적이 아주 작아지기 때문이에요. 이 효과를 모방하여 방수 원단이나 물을 뿌리면 표면의 먼지가 잘 떨어지게 하는 페인트 등을 만듭니다.

• **프로펠러:** 가을에 단풍나무의 씨앗이 빙글빙글 돌며 떨어지는 것을 본 적이 있나요? 단풍나무 씨앗에는 얇은 날개가 달려 있는데, 이 날개 때문에 단풍나무 씨앗은 멀리까지 날아갈 수 있습니다. 헬리콥터나 드론에 달린 프로펠러는 바로 이것으로부터 아이디어를 얻었어요.

Self-Study 노트

핵심 구문 100% 이해하기 힌트를 참고하여 주어진 문장을 바르게 직독직해 하세요.

목적을 나타내는 to부정사(~하기 위해)
1. Designers copied shark skin / **to make** swimsuits for Olympic swimmers.

❯ _____

help+목적어+목적격보어(동사원형): ~가 …하도록 돕다
2. This **helps** / **them** / **hunt** quietly and **move** very quickly.

❯ _____

be shaped like: ~ 같은 모양으로 만들어지다
3. The trains **were shaped like** a kingfisher's head, / so they were very fast.

❯ _____

come out of: ~에서 빠져나오다
4. They also made less noise / when they were **coming out of** a tunnel.

❯ _____

as: ~하듯이   give+간접목적어+직접목적어: ~에게 …을 주다
5. **As** you can see, / animals **give us many valuable ideas** / and can improve our lives.

❯ _____

글의 내용 100% 이해하기 글의 내용에 맞게 다음 보기에서 알맞은 말을 골라 빈칸에 쓰세요.

보기

| trains | valuable | swimsuits | sharks | triangular | scales |

자연에서 얻은 아이디어

Animals give us many ^{1}_____ ideas.

예시 1: ^{2}_____	예시 2: kingfisher birds
◆ ^{3}_____ on their skin → They can swim fast. ⇒ Designers make ^{4}_____ for Olympic swimmers.	◆ ^{5}_____ heads → They can hunt quietly and move quickly. ⇒ Engineers designed the first high-speed ^{6}_____.

UNIT 5

Art 예술

예술
비문학 글 읽기

1 Curtain Calls

✅ 지문 주요 어휘 학습

theater	명 연극
actor	명 배우 ⌐ act 통 연기하다
interesting	형 흥미로운
performance	명 공연
character	명 등장인물, 캐릭터
play	통 연기하다 ⌐ 명 (연)극
connect with	~와 이어지다(연결하다)
tradition	명 전통
dramatic	형 연극의 ⌐ dramatic arts 극예술
popular	형 인기 있는
audience	명 관객
call for A to-v	A에게 ~할 것을 요청하다
return	통 돌아오다
continue	통 계속되다
modern	형 현대의
stage	명 무대
moment	명 순간 ⌐ a few moments 잠시
thank	통 감사를 표하다(전하다)
cast	명 출연진
crew	명 제작진
reality	명 현실 ⌐ real 형 현실적인
cheer	명 환호

비문학 키워드 미리보기

theater | 연극

theater는 극장뿐만 아니라 연극이라는 예술 장르 자체를 가리키기도 해요.

• a movie **theater** 영화관(극장)
• modern **theater** 현대극(연극)

dramatic arts | 극예술

무대에서 공연하는 예술을 말하며 배우, 무대, 관객, 극 등의 요소로 이루어져요.

cast | 출연진

공연 또는 영화에 출연하는 배우들, 즉 출연진을 말해요. 그래서 출연 배우들을 선정하는 작업을 '캐스팅(casting)' 이라고 해요.

crew | 제작진

공연 또는 영화를 준비하고 제작하는 제작진을 말해요. 또한 배나 항공기의 '승무원'이라는 뜻도 있어요.

#연극

Theater actors have an interesting job. During a performance, actors become the characters they play. They are in a different world from ours. But there is a way for us to connect with (a)them.

A "curtain call" is a special tradition in the dramatic arts. This tradition started about 200 years ago. In the 1800s, theater became popular in 5 Europe. When a performance ended, the audience often wanted to see the actors one more time. So (b)they called for the actors to return. This tradition continued and became the modern curtain call.

On the stage, the curtains close at the end of a performance. A few moments later, (c)they open once again, and the actors return to the stage. 10 Then the audience *applauds to thank the cast and crew. At this moment, the actors come back to reality and enjoy the cheers of the audience.

*applaud 박수를 치다

읽은 후 **핵심 정리**

이 글에 언급된 커튼콜에 대한 설명으로 알맞은 것을 고르세요.

▶ 커튼콜은 (극장과 / 배우와) 관객이 가까워지는 순간이다.

1
수능 유형

이 글의 제목으로 가장 적절한 것은?

① Theater Traditions in Europe

② The History of Modern Theater

③ Curtain Calls: A Special Tradition

④ Why Do Actors Want Curtain Calls?

⑤ An Interesting Job: Acting on the Stage

2
서술형

밑줄 친 (a)~(c)가 가리키는 것을 보기에서 골라 쓰시오. (중복 사용 불가)

보기

actors   the curtains   the crew   the audience   theaters

(a) _____

(b) _____

(c) _____

3
내신 유형

이 글의 내용과 일치하면 T, 일치하지 않으면 F를 쓰시오.

(1) 커튼콜은 주로 연극 시작 전에 한다.   _____

(2) 커튼콜은 약 200년 전에 시작된 전통이다.   _____

(3) 배우들은 커튼콜 순간에도 연기를 멈추지 않는다.   _____

비문학 배경지식 UP

▌가장 많은 커튼콜을 받은 공연

매일 많은 공연들이 무대에 올라가서 관객들의 사랑을 받아요. 그렇다면 지금까지 가장 많은 커튼콜을 받았던 공연은 무엇일까요? 바로 전설적인 테너 루치아노 파바로티의 공연입니다. 그는 1988년 독일 베를린에서 오페라 '사랑의 묘약'의 주인공인 네모리노를 훌륭하게 연기했어요. 공연이 끝난 뒤 그는 무려 165번의 커튼콜 요청을 받았고 총 시간은 1시간 7분에 달했어요. 이 엄청난 기록은 기네스북에도 올라가 있답니다.

▌앵콜? 앙코르!

우리나라에서는 공연이 끝나고 난 뒤 공연자에게 추가로 노래나 연주를 요청할 때 '앵콜'이라는 말을 많이 써요. '앵콜'의 정확한 표기는 '앙코르'로, 이 말은 프랑스어 encore에서 왔어요. 앙코르는 '좀 더, 다시 한번'이라는 뜻이며 현재는 방송, 연주회, 콘서트 등 다양한 분야에서 추가 연주나 공연을 요청할 때 쓰는 굳어진 표현이 되었습니다.

Self-Study 노트

힌트를 참고하여 주어진 문장을 바르게 직독직해 하세요.

during: ~ 동안   they play가 the characters를 수식함
1. **During** a performance, / actors become the characters / **they play**.

❯ _____

for us: to부정사의 의미상 주어(우리에게) / a way를 수식하는 to부정사(~할)
2. But / there is a way **for us** / **to connect** with them.

❯ _____

in the+연도+s: ~년대에
3. **In the 1800s**, / theater became popular / in Europe.

❯ _____

call for + 목적어 + to부정사: ~에게 …할 것을 요청하다
4. So they **called for** the actors / **to return**.

❯ _____

a few moments later: 잠시 후   return to: ~로 돌아오다
5. **A few moments later**, / they open once again, / and the actors **return to** the stage.

❯ _____

목적을 나타내는 to부정사(~하기 위해)
6. Then the audience applauds / **to thank** the cast and crew.

❯ _____

글의 내용에 맞게 다음 빈칸을 채우세요.

| 1 _____ 의 전통 |

시작 시기와 장소	약 200년 전 유럽
시작 계기	2 _____ 이 끝났을 때 관객들이 배우들을 다시 보기 위해 무대로 돌아오라고 요청함
진행 과정	◆ 공연 마지막에 커튼이 닫힘 → 커튼이 다시 열리고 배우들이 3 _____ 로 돌아옴 ⇒ 4 _____ : 출연진과 제작진에게 5 _____ 를 치며 감사를 표함 ⇒ 6 _____ : 현실로 돌아와 관객들의 환호를 즐김

2 Storyboards

✅ 지문 주요 어휘 학습

movie	명 영화 〳 일상에서 film보다 많이 쓰여요.
script	명 대본
film	동 (영화·영상을) 촬영하다 〳 명 필름, 영화
director	명 감독
actual	형 실제의
storyboard	명 스토리보드
act as	~로서의 역할을 하다
guidebook	명 안내서 〳 a travel guidebook 여행 안내서
scene	명 장면
comic book	만화책
information	명 정보
including	전 ~을 포함하여
action	명 (배우의) 동작, 액션
dialogue	명 대화
movement	명 동선, 움직임 〳 move 동 움직이다
save	동 절약하다 〳 '구하다'라는 뜻도 있어요.
allow A to-v	A가 ~할 수 있도록 (허락)하다
position	명 위치
according to	~에 따라
whole	형 전체의
process	명 과정
nowadays	부 요즘에는
commercial	명 광고 〳 형 상업적인
cartoon	명 만화 영화

비문학 키워드 미리보기

film | (영화·영상을) 촬영하다

film은 카메라의 필름을 의미하기도 하지만 '영화' 또는 '촬영하다'라는 뜻도 있어요. 감독(director)은 대본(script)을 가지고 여러 장면(scene)을 촬영하고, 이를 편집하여 영화를 완성해요.

읽기 전 **비문학 사고력 UP**

다음 중 영화를 찍기 전에 준비해야 하는 것을 모두 고르세요.

129 words

□ 촬영 장소 찾기　　　　□ 출연 배우 섭외　　　　□ 상영관 예약

지문 듣기

#영화

Movies are just scripts before they are filmed. Directors turn them into actual movies, but it's not an easy job. So they make storyboards. Storyboards act as guidebooks for making a movie.

Storyboards are a set of drawings that shows different scenes. So they look like comic books. They have important information for filming, 5 including action, dialogue, and camera movements. With storyboards, directors can imagine the scenes before they start filming. This saves time and money. Storyboards also allow the crew to get ready for each scene. For example, the crew can put the cameras in the right positions according to the storyboards. In these ways, storyboards make the whole process 10 easier.

Nowadays, storyboards are also used for commercials, cartoons, and games. So they are becoming more common.

읽은 후 **핵심 정리**

이 글에서 스토리보드가 무엇인지 설명하는 문장을 찾아 밑줄 치세요.

1 수능유형

이 글의 제목으로 가장 적절한 것은?

① Everything about Filming

② A Quick Way to Make Movies

③ Different Types of Storyboards

④ Problems with Making Guidebooks

⑤ The Importance of Storyboards in Filming

2 수능유형

스토리보드에 관한 설명 중 이 글의 내용과 일치하지 <u>않는</u> 것은?

① 만화책처럼 보이기도 한다.

② 카메라 동선은 포함되지 않는다.

③ 시간과 돈을 절약할 수 있게 한다.

④ 영화 제작 과정을 더 쉽게 만든다.

⑤ 광고나 게임을 만들 때도 사용된다.

3 서술형

질문에 대한 답이 되도록 빈칸에 들어갈 말을 이 글에서 찾아 쓰시오.

Q How do storyboards help the crew?

A They allow the crew _____.

비문학 배경지식 UP

▌흥미로운 영화 용어들

- **페르소나(persona):** 그리스어로 '가면'을 뜻하는 말로 '외적 인격' 또는 '가면을 쓴 인격'을 말해요. 페르소나는 심리학에서 일종의 가면으로 사회의 행동 규범이나 역할을 수행하는 존재를 뜻하지만, 영화에서는 영화감독 자신의 분신이자 특정한 상징을 표현하는 배우를 가리켜요. 감독이 배우로 하여금 자신 대신에 일종의 역할극을 하게 만드는 것이죠. 따라서 페르소나는 감독의 자화상과 같은 역할을 합니다. 그래서 감독은 한 배우를 자신의 여러 영화에 잇따라 출연시키며 자신의 페르소나를 표현하기도 해요.

- **클리셰(cliché):** 원래는 인쇄에서 활자를 넣기 좋게 만든 판을 뜻하는 프랑스어였지만, 현대로 오며 판에 박은 듯 쓰이는 문구나 표현을 지칭하는 용어로 변했어요. 영화나 드라마에서도 오랫동안 관습적으로 쓰여 뻔하게 느껴지는 장면이나 진부한 대화, 상투적 줄거리 등을 가리킵니다. 위기에 처해 있는 여자 주인공을 남자 주인공이 구해 주거나 멜로 영화에서 행복한 결혼으로 끝나는 결말 등이 예가 될 수 있습니다.

Self-Study 노트

힌트를 참고하여 주어진 문장을 바르게 직독직해 하세요.

turn A into B: A를 B로 바꾸다
1. Directors **turn** them **into** actual movies, / but it's not an easy job.

❯ _____

act as: ~로서의 역할을 하다
2. Storyboards **act as** guidebooks / for making a movie.

❯ _____

a set of: 한 세트의   that ~ scenes가 a set of drawings를 수식함
3. Storyboards are **a set of** drawings / **that shows different scenes**.

❯ _____

allow + 목적어 + to부정사: ~가 …할 수 있도록 (허락)하다 / get ready for: ~에 대비하다
4. Storyboards also **allow** / **the crew** / **to get ready for** each scene.

❯ _____

make + 목적어 + 목적격보어(형용사): ~을 …하게 만들다
5. In these ways, / storyboards **make the whole process easier**.

❯ _____

글의 내용 100% 이해하기 글의 내용에 맞게 다음 빈칸을 채우세요.

스토리보드

정의	다양한 1_____을 보여 주는 한 세트의 그림
역할	영화를 만들기 위한 2_____ 역할
포함된 내용	영화 3_____을 위한 중요 정보: 동작, 4_____, 카메라 동선 등
장점	① 5_____ : 촬영 전 장면을 미리 상상할 수 있음 → 시간과 6_____을 절약함 ② 제작진: 각 장면에 대비할 수 있음
최근 사용 분야	광고, 만화 영화, 게임 등

3 The Number of Piano Keys

어휘 듣기

✅ 지문 주요 어휘 학습

key	명 (피아노의) 건반 ⌐ '열쇠'라는 뜻도 있어요.
	⌐ 일반적이거나 평균적인 것
standard	형 표준의 명 표준, 기준
invent	동 발명하다
composer	명 작곡가 ⌐ compose 동 작곡하다
musical	형 음악의
instrument	명 기구, 악기 ⌐ musical instrument 악기
technician	명 기술자
thanks to	~ 덕분에
musician	명 음악가
control	동 조절하다
loudness	명 음량, 소리의 세기 ⌐ loud 형 소리가 큰
composition	명 작곡
limit	동 제한하다
manufacturer	명 제조업자 ⌐ manufacture 동 제조하다
late	형 후반의, 말기의 ⌐ '늦은'이라는 뜻도 있어요.
begin	동 시작하다 ⌐ begin-began-begun
model	명 모델, 방식
since then	그때 이후로
human	형 인간의 ⌐ 명 인간, 사람
distinguish	동 구별하다
note	명 (음악의) 음; 음표 ⌐ '메모, 쪽지'라는 뜻도 있어요.

비문학 키워드 미리보기

key | (피아노의) 건반

음악 분야에서 피아노 같은 악기의 '건반'이나 장조 또는 단조의 '조'라는 뜻으로 쓰여요.

• piano keys 피아노 건반
• the major/minor key 장조/단조

note | (음악의) 음; 음표

음악 분야에서 '음' 또는 '음표'라는 뜻으로 쓰여요.

• a high note 높은 음(고음)

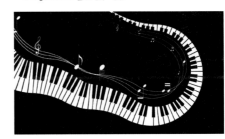

composer | 작곡가

compose는 '구성하다'라는 뜻으로 음악 분야에서는 '작곡하다'라는 뜻으로 쓰여요. 그래서 '작곡가'는 composer, '작곡'은 composition이라고 해요.

#음악

How many keys does a piano have? A standard piano has 88 keys: 52 white keys and 36 black keys. But it wasn't always this way.

Before the piano was invented, composers wrote music for the *harpsichord. The harpsichord has 60 keys. Around the year 1700, Bartolomeo Cristofori, a musical instrument technician, invented the first 5 piano. Thanks to his instrument, musicians could control the loudness, so the piano became popular. Famous composers like Mozart and Haydn wrote music for it. However, their compositions were limited because it had just 54 keys. So piano manufacturers designed new pianos with more keys. In the late 1880s, Steinway created the 88-key piano. After that, other 10 manufacturers began to make pianos with 88 keys. Steinway's model has been the standard since then.

Some pianos have more than 88 keys, but they are not common. That's because the human ear can't distinguish higher or lower notes.

*harpsichord 하프시코드(피아노와 비슷한 중세 악기)

읽은 후 **핵심 정리**

이 글의 내용을 바탕으로 빈칸에 알맞은 숫자를 쓰세요.

▶ The Steinway piano has _____ keys.

1 〔수능 유형〕
이 글의 주제로 가장 적절한 것은?

① 하프시코드의 단점

② 피아노의 발전 과정

③ 피아노가 발명된 계기

④ 과거의 피아노 발명가들

⑤ 유명한 피아노 작곡가들

2 〔내신 유형〕
밑줄 친 the piano에 대한 설명으로 알맞지 않은 것은?

① 1700년 즈음 탄생하였다.

② 최초의 피아노이다.

③ 소리 크기 조절이 가능했다.

④ 당대 유명 작곡가들이 이용했다.

⑤ 건반 개수는 60개이다.

3 〔내신 유형〕
이 글의 내용을 바탕으로 다음 문장의 기호를 시간 순서대로 나열하시오.

ⓐ Haydn wrote music for Bartolomeo's piano.

ⓑ Manufacturers began to make pianos with 88 keys.

ⓒ Composers wrote music for the harpsichord.

(   ) → (   ) → (   )

비문학 배경지식 UP

피아노의 조상 하프시코드(Harpsichord)

▲ 하프시코드

오늘날 많은 사람들이 사랑하는 악기인 피아노에게도 조상이 있어요. 바로 하프시코드(harpsichord), 다른 이름으로는 쳄발로(cembalo)라고 부르는 건반 악기예요.

피아노가 등장하기 전 16세기부터 18세기에 걸쳐 가장 널리 쓰였던 하프시코드는 현대의 그랜드 피아노와 생김새가 비슷하지만 소리를 내는 방식이 달랐어요. 피아노는 해머가 현을 때려서 소리를 내는 반면 하프시코드는 현을 뜯어서 소리를 냅니다. 그래서 피아노와 음색도 많이 다르죠.

하프시코드는 소리의 세기를 조절할 수 없어서 피아노처럼 섬세한 연주를 하는 것은 불가능했어요. 하지만 많은 음을 동시에 낼 수 있었기 때문에 바로크 시대의 대표적인 악기였습니다.

Self-Study 노트

힌트를 참고하여 주어진 문장을 바르게 직독직해 하세요.

like: ~와 같은　　　　　　　　　write music: 음악을 작곡하다
1. Famous composers **like** Mozart and Haydn / **wrote music** for it.

❯ _____

be limited: 제한되다
2. However, / their compositions **were limited** / because it had just 54 keys.

❯ _____

begin + to부정사: ~하기 시작하다
3. After that, / other manufacturers **began** / **to make** pianos with 88 keys.

❯ _____

have been: (계속) ~이었다　　　　　　since then: 그때 이후로
4. Steinway's model **has been** the standard / **since then**.

❯ _____

That's because + 주어 + 동사 ~ : 그것은 …가 ~하기 때문이다.　　　　　　　　　　higher와 lower가 or로 연결
5. **That's / because the human ear can't distinguish / higher or lower** notes.

❯ _____

글의 내용 100% 이해하기　글의 내용에 맞게 다음 보기에서 알맞은 말을 골라 빈칸에 쓰세요.

보기
| 54 | Steinway | composers | 60 | 36 | loudness | 52 |

피아노 건반 수의 변화

종류	건반의 숫자	특징
Harpsichord	1 _____ keys	◆ Before the piano was invented, 2 _____ wrote music for it.
Bartolomeo's Piano (= The First Piano)	3 _____ keys	◆ 발명 시기: around the year 1700 ◆ Musicians can control the 4 _____ of it.
Standard Piano	88 keys: 5 _____ white keys and 6 _____ black keys	◆ 발명 시기: in the late 1880s ◆ 7 _____ created the 88-key piano.

4 Calligraphy

✅ 지문 주요 어휘 학습

writing	명 글씨, 글자 ┌ '글쓰기' 또는 '글' 자체를 말하기도 해요.
cover	명 표지
invitation	명 초대장 ┌ invite 동 초대하다
calligraphy	명 캘리그라피, 서예
Greek	형 그리스(어)의
beauty	명 아름다움
ancient	형 고대의 ┌ 원시 시대부터 중세 시대 사이의 ancient times 고대
symbol	명 기호 ┌ 어떤 뜻을 나타낼 때 쓰는 부호나 문자
decoration	명 장식 ┌ decorate 동 장식하다
Roman	형 로마(자)의
alphabet	명 알파벳, 자음과 모음 ┌ the Korean alphabet 한글
play a role	역할을 하다
Western	형 서양의 ┌ 특히 유럽과 북미에 관련된 것을 말해요.
religious	형 종교적인
document	명 문서
develop	동 발전하다; 발전시키다
art form	예술 형식
poetry	형 시 ┌ poet 명 시인
stroke	명 (글씨·그림의) 획
character	명 문자, 글자
influence	동 영향을 주다 ┌ 명 영향
over time	시간이 흐르면서
calligrapher	명 서예가, 글씨를 잘 쓰는 사람
own	형 자신(만)의
artistic	형 예술적인 ┌ art 명 예술

비문학 키워드 미리보기

stroke | (글씨·그림의) 획

글씨나 그림에서 붓으로 한 번 그은 줄이나 점을 말해요

character | 문자, 글자

만화의 캐릭터나 연극·영화의 등장인물을 나타내는 character에는 '문자'라는 뜻도 있어요. character는 한글이나 알파벳뿐만 아니라 기호 등도 모두 포함하는 넓은 범위의 문자를 가리켜요.

• Chinese characters 한자

Reading

4

읽기 전 **비문학 사고력 UP**

154 words

다음 중 고대 문자는 무엇일까요?

☐ 상형문자   ☐ 영어 알파벳   ☐ 훈민정음

지문 듣기

#미술

Sometimes, you see beautiful writing on book covers and invitations. This is called calligraphy. The word "calligraphy" comes from the Greek words for "beauty" and "to write."

Calligraphy has a long history. Writing began long ago. In ancient times, people in Egypt and China used symbols to write. Later, some people 5 started using writing as decoration. The Greek and Roman alphabets played an important role in Western calligraphy. People in Europe used calligraphy to copy and decorate religious books in *the early Middle Ages. Later, it was also used in other things, such as documents and art. In China, calligraphy developed as an art form, like poetry or painting. Chinese 10 calligraphy focuses on the strokes of the characters. It has also influenced the calligraphy of Korea and Japan.

Over time, many calligraphers have developed their own styles. Today, people don't write by hand as much as before, but calligraphy still has artistic value.

* the Middle Ages 중세 시대

▲ 이집트 문자   ▲ 중세 시대 문서   ▲ 중국 한자

읽은 후 **핵심 정리**

이 글의 내용을 바탕으로 빈칸에 알맞은 말을 쓰세요.

❯ "_____" comes from the _____ words for "beauty" and "to write."

1　 수능 유형

이 글의 주제로 가장 적절한 것은?

① the value of calligraphy

② why writing is important

③ the history of calligraphy

④ a unique form of calligraphy

⑤ how to write beautiful characters

2　수능 유형

이 글의 내용과 일치하지 않는 것은?

① 캘리그라피는 책 표지에서도 볼 수 있다.

② 고대 이집트 사람들은 기호를 사용해 글을 썼다.

③ 초기 중세 시대에는 종교 서적을 장식할 때 캘리그라피가 사용됐다.

④ 서양의 캘리그라피는 글자의 획에 집중한다.

⑤ 중국에서 캘리그라피는 그림 같은 예술 형식으로도 발전했다.

3　내신 유형

다음 질문에 대한 답을 모두 고르면?

> What played an important role in Western calligraphy?

① Egyptian symbols　　　　② the Greek alphabet

③ the Roman alphabet　　　④ Chinese characters

⑤ the Korean alphabet

비문학 배경지식 UP

▌서예의 필수품, 문방사우

서예를 할 때 꼭 필요한 도구 네 가지가 있는데, 바로 붓, 먹, 종이, 그리고 벼루입니다. 이 도구들은 '문방(서재)의 네 친구'라는 의미의 '문방사우(文房四友)'라고 불려요. 이렇게 문방에서 사용되는 도구들을 가리켜 '문방구'라고 부르며, 그 외에 종이를 고정시키는 서진, 벼루에 먹을 갈 때 쓰는 물을 담아 두는 연적 등도 서예를 할 때 필요해요.

▌우리나라의 캘리그라피

우리나라의 글씨를 활용한 예술은 예전에는 먹과 붓을 이용한 서예가 중심이었어요. 하지만 현재의 캘리그라피는 다양한 필기구는 물론이고 심지어 컴퓨터 프로그램을 활용하는 형태로 확장되었고, 영화 포스터 같은 여러 디자인 분야에 사용되고 있습니다. 한글 캘리그라피는 한글을 이해하고 그 아름다움을 깨닫는 좋은 취미가 될 수 있어요.

Self-Study 노트

힌트를 참고하여 주어진 문장을 바르게 직독직해 하세요.

주어: people ~ China   목적을 나타내는 to부정사(~하기 위해)
1. In ancient times, / **people in Egypt and China** / used symbols **to write**.

> _____

start + 동명사: ~하기 시작하다 / use A as B: A를 B로 사용하다
2. Later, / some people **started** / **using** writing **as** decoration.

> _____

play an important role: 중요한 역할을 하다
3. The Greek and Roman alphabets / **played an important role** / in Western calligraphy.

> _____

be used in: ~에 사용되다   such as: ~와 같은
4. Later, / it **was** also **used in** other things, / **such as** documents and art.

> _____

focus on: ~에 집중하다
5. Chinese calligraphy **focuses** / **on** the strokes of the characters.

> _____

over time: 시간이 흐르면서   have developed: 발전시켜 왔다
6. **Over time**, / many calligraphers **have developed** their own styles.

> _____

글의 내용에 맞게 다음 빈칸을 채우세요.

캘리그라피의 역사

어원	'1_____'과 '쓰다'라는 의미의 그리스 단어

⌄

고대 시대	◆ 고대 중국과 이집트: 2_____를 사용해 글을 씀
서양	◆ 그리스의 알파벳과 3_____의 알파벳이 중요한 역할을 함 ◆ 중세 시대 초기의 유럽 사람들 : 4_____을 베껴 쓰고 장식하는 데 사용
동아시아	◆ 중국: 글자의 5_____에 집중 ⇒ 6_____과 일본의 캘리그라피에 영향을 줌

UNIT **6**

Technology **기술**

**이런 내용이
수능·모의고사에
나왔어요!**

[아이콘] 온라인 의사소통에서 유용한 이모티콘_'20 고1 6월

[기술사] QWERTY(쿼티) 자판기의 등장 배경과 대중화된 이유_'22 고2 6월

[인터넷] 작은 취향의 차이로도 크게 달라지는 알고리즘의 추천_'22 고3 9월

　　　　　온라인으로 일하는 것은 개인의 창의성을 제한함_'22 고1 6월

[로봇] 많은 회사들이 사회적으로 상호작용할 수 있는 로봇을 출시함_'21 고3 9월

　　　　우리의 삶을 변화시키고 우리를 위해 많은 일을 하는 로봇_'20 중3 성취도 평가

1 The Hamburger Button

✓ 지문 주요 어휘 학습

app	명 앱(응용 프로그램) *= application*
line	명 줄, 선 *three-line 세 줄의*
icon	명 (컴퓨터 · 앱상의) 아이콘
option	명 옵션(선택)
look like	~처럼 보이다, ~을 닮다
powerful	형 매우 효과적인, 강력한
simple	형 단순한
clear	형 명확한 *clearly 부 명확하게*
list	명 목록
user	명 사용자(유저) *use 동 사용하다*
understand	동 이해하다
meaning	명 의미 *mean 동 의미하다*
answer	명 답 *동 대답하다*
smartphone	명 스마트폰
screen	명 화면(스크린)
hard	형 어려운
show	동 보여 주다
useful	형 유용한 *use(사용하다) + ful*
hide	동 숨기다; 숨다
website	명 웹사이트

비문학 키워드 미리보기

app | 앱(응용 프로그램)

애플리케이션(application)의 줄임말로, 스마트폰(smartphone)이나 태블릿 같은 스마트 기기에서 사용하는 응용 프로그램이에요. 유튜브, 카카오톡 등이 모두 앱에 해당돼요.

icon | (컴퓨터 · 앱상의) 아이콘

컴퓨터와 각종 프로그램이나 스마트 기기의 앱에서 표현하려는 정보의 내용을 한눈에 파악할 수 있도록 사용되는 작은 그림을 말해요. 아이콘을 보면 어떤 기능을 하는지 쉽게 알 수 있습니다.

#아이콘

When you use an app, you can often see a three-line icon for the menu options. This is called the "hamburger button." (a)<u>It</u> got its name because the three lines look like a hamburger.

The icon was designed for computers in 1981. At that time, designers could use only a few *pixels for icons because computers weren't very   5 powerful. So most icons were simple and clear. The three lines look like a list of options, so users can understand the icon's meaning clearly.

But what made (b)<u>it</u> so popular? The answer is smartphones. Smartphones have smaller screens than computers. So (c)<u>it</u> is hard to show every option on the screen. The hamburger button is useful for hiding options. The icon   10 became more popular after Facebook and Google apps started using (d)<u>it</u>. You can see (e)<u>it</u> on many websites and apps today.

*pixel 픽셀(화소: 디지털 이미지를 구성하는 최소 단위)

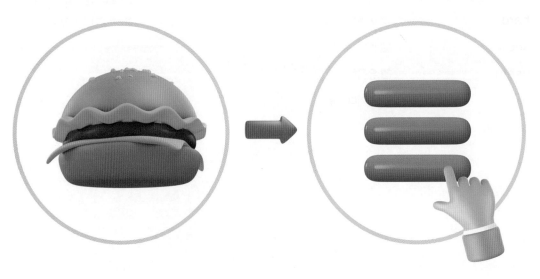

읽은 후 **핵심 정리**

이 글에서 햄버거 버튼이 무엇인지 설명하는 부분을 찾아 밑줄 치세요. (7단어)

1 수능 유형

이 글의 제목으로 가장 적절한 것은?

① How to Design Icons

② A Useful Three-Line Icon

③ The Role of Icon Designers

④ Smartphones Changed Everything

⑤ Ways to Show Every Option on Apps

2 내신 유형

이 글에서 햄버거 버튼에 대해 언급되지 않은 것은?

① 햄버거 버튼의 모양

② 햄버거 버튼이라는 이름의 유래

③ 햄버거 버튼의 장점

④ 햄버거 버튼의 단점

⑤ 햄버거 버튼이 쓰인 앱의 예

3 내신 유형

밑줄 친 (a)~(e) 중 문법상 쓰임이 나머지 넷과 다른 것은?

① (a)　　　② (b)　　　③ (c)　　　④ (d)　　　⑤ (e)

비문학 배경지식 UP

┃음식 이름을 가진 메뉴 아이콘

웹사이트나 앱에는 다양한 아이콘이 쓰여요. 그중에서도 선택 가능한 목록을 보여 주는 메뉴 아이콘들은 유독 음식에서 온 별명이 많습니다.

• **케밥 버튼(kebab button)**: 세 개의 점이 세로로 배치된 메뉴 아이콘으로, 튀르키예의 요리인 '케밥'에서 유래한 별명이에요.

• **미트볼 버튼(meatballs button)**: 세 개의 점이 가로로 배치된 메뉴 아이콘으로, 동그란 점이 미트볼을 닮아서 '미트볼 버튼'이라는 별명으로 불려요.

• **도시락 버튼(bento button)**: 네모난 격자 무늬처럼 생긴 메뉴 아이콘으로, 각각의 칸이 나눠진 도시락처럼 보인다고 하여 얻은 별명이에요. '초콜릿(chocolate)'이라고도 불리며, 각 점의 모양이 동그라미일 때는 '사탕 상자(candy box)'라고도 합니다.

Self-Study 노트

핵심 구문 100% 이해하기   힌트를 참고하여 주어진 문장을 바르게 직독직해 하세요.

look like: ~처럼 보이다

1. It got its name / because the three lines **look like** a hamburger.

➤ _____

a few + 복수명사: 몇 개의 ~

2. At that time, / designers could use only **a few pixels** for icons / because computers weren't very powerful.

➤ _____

비교급 + than: ~보다 더 …한

3. Smartphones have **smaller** screens / **than** computers.

➤ _____

be useful for + 동명사: ~하는 데 유용하다

4. The hamburger button **is useful** / **for hiding** options.

➤ _____

start + 동명사: ~하기 시작하다

5. The icon became more popular / after Facebook and Google apps **started using** it.

➤ _____

글의 내용 100% 이해하기   글의 내용에 맞게 다음 빈칸을 채우세요.

햄버거 버튼	
유래	◆ 1981년 1 _____ 용으로 디자인됨 ◆ 세 줄 모양의 아이콘이 2 _____처럼 생김
장점	◆ 아이콘의 의미를 명확하게 이해할 수 있음 ⇒ 세 줄 모양의 아이콘이 옵션의 3 _____처럼 보임
인기를 얻은 이유	① 옵션들을 숨기는 데 유용함 ⇒ 컴퓨터보다 화면이 더 작은 4 _____에 사용됨 ② 페이스북 앱과 5 _____ 앱이 햄버거 버튼을 사용하기 시작함

2 The Otis Elevator

✅ 지문 주요 어휘 학습

have ~ in common	~라는 공통점이 있다
elevator	명 엘리베이터(승강기)
company	명 회사
found	동 설립하다
inventor	명 발명가
safety	명 안전 ⟵ safe 형 안전한
brake	명 브레이크(제동기) ⟵ break와 철자가 헷갈리지 않도록 주의하세요.
invention	명 발명(품)
accident	명 사고
rope	명 밧줄
part	명 부품, 부분
break	동 고장 나다, 부서지다 ⟵ break-broke-broken
ride	동 (차량·자전거 등을) 타다 ⟵ ride-rode-ridden
passenger	명 승객
system	명 장치, 시스템
stop A from v-ing	A가 ~하는 것을 막다 ⟵ stop 동 막다, 멈추다
ground	명 지면, 땅
decide to-v	~하기로 결심하다(결정하다)
hold	동 지탱하다, 잡고 있다
air	명 공중, 허공
shocked	형 충격 받은 ⟵ shocking 형 충격적인, 충격을 주는
immediately	부 즉시, 곧바로
install	동 설치하다
more than	~ 이상의, ~보다 많은
country	명 나라, 국가

비문학 키워드 미리보기

found | 설립하다

found는 '설립하다'라는 뜻으로, find(찾다)의 과거형 found와 철자가 같으므로 헷갈리지 않도록 주의하세요.

- She **founded** this company.
  그녀가 이 회사를 설립했다.
- I **found** my dog. 나는 개를 찾았다.

invention | 발명(품)

아직까지 세상에 없는 기술이나 물건을 새로 생각하여 만들어 내는 것이나 그 과정을 통해 만들어진 물건을 말해요. '발명가'는 inventor라고 해요.

2

읽기 전 | 비문학 사고력 UP

다음 중 우리의 삶을 안전하게 해 주는 발명품을 모두 고르세요.

□ 안전벨트 □ 자동차의 에어백 □ 전동 킥보드

154 words

지문 듣기

#기술사

What do the Eiffel Tower, the Empire State Building, and the Lotte World Tower have in common? All of these tall buildings have Otis elevators.

The Otis Elevator Company was founded by Elisha Otis, an American inventor. He invented the elevator safety brake in 1852. Before his invention, there were often accidents when ropes or other parts broke. So people didn't want to ride in passenger elevators. But Otis's braking system stopped elevators from falling to the ground.

In 1854, Otis decided to show his invention to the world. He rode an elevator *platform held by a rope. It went up high into the air. Then the rope was cut! Everyone was shocked. But because of his braking system, the platform stopped immediately!

The first Otis passenger elevator was installed in Manhattan in 1857. Over time, Otis became famous for making the safest elevators. Nowadays, there are Otis elevators in more than 200 countries.

* platform 플랫폼(엘리베이터에서 사람이 타는 바닥 부분)

읽은 후 | 핵심 정리

이 글에서 Elisha Otis가 발명한 것을 찾아 쓰세요.

▶ the elevator safety _____

≫ Answers pp. 44~45

1

이 글의 제목으로 가장 적절한 것은?

① The Life of Elisha Otis

② Causes of Elevator Accidents

③ The Elevator: A Great Invention

④ The Invention of a Safer Elevator

⑤ The Importance of Safety Brakes

2

이 글을 통해 알 수 <u>없는</u> 것은?

① Otis 엘리베이터가 설치된 건물들

② Otis 엘리베이터 회사의 설립 연도

③ 승객용 엘리베이터가 선호되지 않았던 이유

④ 승객용 Otis 엘리베이터가 처음 설치된 도시

⑤ Otis 엘리베이터가 설치된 나라의 수

3

질문에 대한 답이 되도록 빈칸에 들어갈 말을 이 글에서 찾아 쓰시오.

Q What did the Otis Elevator Company become famous for?

A It became famous for _____.

비문학 배경지식 UP

▌오티스 엘리베이터가 있는 우리나라의 건물들

우리나라의 첫 번째 오티스 엘리베이터는 1910년 한국은행에 설치되었고, 그 이후로 많은 장소에 설치되었어요. 오티스 엘리베이터가 설치된 대표적인 건물들은 다음과 같아요.

- **롯데월드 타워**: 서울의 잠실에 위치한 총 123층의 555미터 높이를 자랑하는 고층 빌딩이에요. 우리나라에서 제일 높은 건물로 전 세계적으로는 5위의 높이를 기록하고 있으며, 이곳의 오티스 엘리베이터는 두바이의 고층 빌딩인 부르즈 칼리파에 사용된 기술을 적용하여 설치되었어요.
- **남산 서울 타워**: 서울의 남산에 위치한 타워로 서울의 관광 명소로 유명해요. 탑 자체의 높이는 236.7미터이며 남산의 높이까지 합치면 총 479.7미터의 높이를 자랑해요. 오티스 엘리베이터가 이곳을 방문한 사람들을 열심히 실어 나르고 있어요.
- **인천 국제공항**: 거의 모든 국제선 여객기가 이착륙을 하는 우리나라 최대 규모의 공항이에요. 전 세계 국제공항 순위에서 매년 최상위권에 들며 시설과 서비스가 훌륭한 것으로 유명하고, 약 500개의 오티스 엘리베이터와 에스컬레이터, 무빙워크 등이 설치되어 있어요.

Self-Study 노트

be founded by: ~에 의해 설립되다
1. The Otis Elevator Company **was founded** / **by** Elisha Otis, an American inventor.

⊘ _____

stop + 목적어 + from + 동명사: ~을 …로부터 막다(~가 …하는 것을 막다)
2. But Otis's braking system **stopped elevators** / **from falling** to the ground.

⊘ _____

decide + to부정사: ~하기로 결심하다 / show ~ to …: ~에게 …을 보여 주다
3. In 1854, / Otis **decided to show** his invention / **to** the world.

⊘ _____

an elevator platform을 수식하는 held by a rope
4. He rode an elevator platform / **held by a rope**.

⊘ _____

over time: 시간이 흐르면서   become famous for: ~로 유명해지다
5. Over time, / Otis **became famous** / **for** making the safest elevators.

⊘ _____

핵심 구문 100% 이해하기   글의 내용에 맞게 다음 보기에서 알맞은 말을 골라 빈칸에 쓰세요.

보기
| 200 | founded | safety | installed | 1857 | invention |

Otis Elevators

Elisha Otis, an American inventor, ¹_____ the Otis Elevator Company.

⌄

In 1852, Otis invented the elevator ²_____ brake.

⌄

In 1854, Otis showed his ³_____ to the world.

⌄

In ⁴_____, the first Otis passenger elevator was ⁵_____ in Manhattan.

⌄

Nowadays, there are Otis elevators in more than ⁶_____ countries.

3 Internet Cookies

✅ 지문 주요 어휘 학습

favorite	형 (다른 것보다) 좋아하는
seem like	~처럼 보이다, ~인 것 같다
welcome	동 환영하다
search for	~을 검색하다 ← search 동 찾다
ad	명 광고 ← = advertisement
login	명 로그인, (컴퓨터) 접속 개시
detail	명 정보, 세부 사항
activity	명 활동
web browser	웹 브라우저
enter	동 (정보를) 입력하다 ← '들어가다'라는 뜻도 있어요.
every time	~할 때마다, 매번
worry	명 우려, 걱정 ← 동 걱정하다
privacy	명 사생활
issue	명 (걱정거리가 되는) 문제
government	명 정부
collect	동 수집하다, 모으다
personal	형 개인의
security	명 보안
shared	형 공유의 ← share 동 공유하다
hacker	명 (컴퓨터) 해커
be able to-v	~할 수 있다
break into	~에 (몰래) 침입하다

web browser | 웹 브라우저

browse는 '가게 안을 둘러본다'라는 뜻으로, 웹 브라우저는 웹사이트를 둘러볼 수 있게 해주는 프로그램을 말해요. 대표적인 웹 브라우저로는 크롬(Chrome), 사파리(Safari), 엣지(Edge) 등이 있어요.

hacker | 해커

다른 사람이나 회사의 컴퓨터 시스템에 침입하여 개인 정보 또는 데이터를 불법으로 보거나 변조, 파괴하는 사람을 말해요. 이런 불법적인 행위를 하는 해커는 영어로 black hat hacker, 이들의 침입이나 공격에 대응하여 시스템을 보호하는 해커는 영어로 white hat hacker라고 해요.

#인터넷

고2 9월 기출 변형

Our favorite websites sometimes seem like old friends. For example, online bookstores welcome us by name. They also show us books that we might like. And if we search for books, we might see ads for them on other websites later.

How is this possible? It's all because of small data files called cookies. 5
Cookies store user information like login details and online activities in web browsers. Thanks to cookies, we don't have to enter our information every time we shop online.

However, there are some worries about cookies. First, they may create privacy issues. Cookies allow companies and governments to collect 10 personal information. Also, they can cause security problems. They make shared computers less safe. So hackers may be able to break into systems more easily.

읽은 후 **핵심 정리**

이 글의 내용을 바탕으로 빈칸에 알맞은 말을 쓰세요.

❯ Cookies are small _____ _____.

1 수능유형

이 글의 주제로 가장 적절한 것은?

① 쿠키(cookies)라는 용어의 유래

② 쿠키(cookies)를 활용하는 방법

③ 쿠키(cookies)가 수집하는 정보들

④ 쿠키(cookies)의 편리한 점과 문제점

⑤ 쿠키(cookies)의 강력한 보안 기능

2 내신유형

쿠키(cookies)가 사용된 경우에 해당하지 <u>않는</u> 사람은?

① 유준: 내가 검색했던 신발인데, 다른 웹사이트에 광고로 나오네!

② 민서: 로그인할 때 비밀번호가 생각이 안 나서 다시 설정했어.

③ 은수: 온라인 서점에 로그인했는데, 3개월 만에 방문했다고 인사해 주더라.

④ 소윤: 온라인 쇼핑몰은 내가 찾아본 것과 비슷한 옷을 보여 줘서 구매할 때 도움이 돼.

⑤ 영우: 게임하려고 접속할 때 아이디를 매번 치지 않아도 돼서 편해.

3 서술형

질문에 대한 답이 되도록 빈칸에 들어갈 말을 이 글에서 찾아 쓰시오.

Q What are two worries about cookies?

A They are (1) _____ issues and (2) _____ problems.

비문학 배경지식 UP

┃ 웹 브라우저의 데이터 조각, 쿠키(Cookies)

쿠키라는 이름은 파일 용량이 작고 온라인 쇼핑몰 이용자들의 방문 정보가 마치 쿠키를 먹고 나서 남겨지는 과자 부스러기 같다고 해서 붙여졌어요. 인터넷에 쿠키가 처음 등장한 것은 1994년이에요. 그 당시 넷스케이프라는 회사에서 일하던 루 몬툴리는 쇼핑몰 서비스를 개발하면서 방문자의 접속 여부나 로그인 정보 등을 쇼핑몰 서버가 아닌 사용자 컴퓨터에 저장하는 방법을 찾고 있었어요. 이 문제를 해결하기 위해 그가 떠올린 것은 '매직 쿠키'라는 이름의 컴퓨터 프로그램이 보내고 받는 데이터 조각이었죠. 그는 이것을 활용해 웹 브라우저용 쿠키를 개발했고, 이후 쿠키는 널리 쓰이게 되었어요.

대부분의 웹 브라우저는 이 기능을 가지고 있으며, 사용자가 직접 쿠키를 허용할 것인지 아닌지 선택할 수 있어요. 사용자들의 쿠키 정보를 모으면 정확한 사용자 통계를 낼 수 있고, 사용자들이 방문한 웹사이트 등 상세한 정보를 알 수 있어서 효과적인 마케팅이 가능해요. 따라서 웹사이트 운영자들에게 쿠키는 매우 유용한 정보예요.

Self-Study 노트

핵심 구문 100% 이해하기 힌트를 참고하여 주어진 문장을 바르게 직독직해 하세요.

seem like: ~처럼 보이다
1. Our favorite websites / sometimes **seem like** old friends.

◉ _____

show + 간접목적어 + 직접목적어: ~에게 …을 보여 주다 / books를 수식하는 that ~ like
2. They also **show us books** / **that we might like**.

◉ _____

thanks to: ~ 덕분에   don't have to + 동사원형: ~할 필요가 없다   every time + 주어 + 동사: ~가 …할 때마다
3. **Thanks to** cookies, / we **don't have to enter** our information / **every time we shop** online.

◉ _____

allow + 목적어 + to부정사: ~가 …할 수 있도록 (허락)하다
4. Cookies **allow** / **companies and governments** / **to collect** personal information.

◉ _____

make + 목적어 + 목적격보어(형용사): ~을 …하게 만들다 / less: 덜 ~한(하게)
5. They **make** / **shared computers** / **less safe**.

◉ _____

may + be able to + 동사원형: ~할 수 있을지도 모른다 / break into: ~에 (몰래) 침입하다
6. So / hackers **may be able to break into** systems / **more easily**.

◉ _____

글의 내용 100% 이해하기 글의 내용에 맞게 다음 빈칸을 채우세요.

쿠키(cookies)의 편리한 점과 문제점

쿠키의 정의
◆ 작은 1 _____
◆ 2 _____ 에서의 로그인 정보와 온라인 활동 같은 사용자의 정보를 저장함

편리한 점	문제점
① 우리가 관심 있을 수도 있는 상품을 보여줌	① 4 _____ 문제를 일으킬 수 있음
② 3 _____ 으로 쇼핑할 때마다 정보를 입력할 필요가 없음	⇒ 회사와 정부가 5 _____ 를 수집할 수 있음
	② 보안 문제를 일으킬 수 있음
	⇒ 6 _____ 컴퓨터를 덜 안전하게 함

4 AI Robots

✅ 지문 주요 어휘 학습

basic	형 기본적인
difference	명 차이(점) ⤷ different 형 다른
AI	인공지능 ⤷ = Artificial Intelligence
normal	형 일반적인, 평범한
make a decision	결정을 내리다 ⤷ decision 명 결정
learn	통 학습하다, 배우다
adapt to	~에 적응하다
environment	명 환경 ⤷ 자연 환경뿐만 아니라 주변의 환경을 의미하기도 해요.
perform	통 (수)행하다 ⤷ 생각하거나 계획한 대로 일을 해내다
task	명 일, 과제
based on	~에 근거하여 ⤷ base 명 기초, 근거
instruction	명 지시
block	통 (지나가지 못하게) 막다
path	명 진로, 길
follow	통 따르다
whenever	접 ~할 때마다
experience	명 경험 ⤷ 통 경험하다
each time	매번, 언제나
try to-v	~하려고 노력하다 ⤷ try 통 시도하다, 해 보다
goal	명 목적지, 목표

비문학 키워드 미리보기

AI (Artificial Intelligence)
인공지능

컴퓨터가 데이터를 학습해서 인간처럼 스스로 결정을 내리고 문제를 해결하는 기술을 말해요. 구글(Google)에서 개발한 바둑 프로그램 알파고(AlphaGo), 대화형 인공지능 서비스 챗GPT(ChatGPT) 등이 해당돼요.

Reading

4

읽기 전 | **비문학 사고력 UP**

136 words

다음 중 인공지능 로봇에 해당하는 것을 모두 고르세요.

☐ 키오스크　　　☐ 음성 인식 스피커　　　☐ 길 안내 로봇

지문 듣기

#로봇

고1 3월 기출 소재

What is the basic difference between AI robots and normal robots? AI robots can make decisions, learn, and adapt to their environment. However, normal robots can't.

Normal robots perform tasks based only on instructions. When something blocks the path of a normal robot, what happens? It follows its instructions. ₅ If the instructions say it should turn left, it will do so. And this will always happen whenever something is in its path.

On the other hand, AI robots can make decisions and learn from their experiences. They use *sensors to collect information around them. Then they adapt to their environment based on this information. When something ₁₀ blocks an AI robot's path, it may try different things each time. For example, it may try to move it or find a new path. It may even change goals.

* sensor 센서(감지기)

읽은 후 | **핵심 정리**

이 글에 따르면 결정을 내릴 수 있는 로봇은 무엇일까요?

☐ normal robots　　　☐ AI robots

1 수능유형

이 글의 주제로 가장 적절한 것은?

① how robots solve problems

② why AI robots collect information

③ the importance of finding new paths

④ how AI robots are changing our world

⑤ how AI robots are different from normal robots

2 수능유형

AI robots에 관한 설명 중 이 글의 내용과 일치하지 <u>않는</u> 것은?

① 결정을 내릴 수 있다.　　　　② 경험으로부터 학습한다.

③ 정보를 수집하는 센서를 가지고 있다.　　④ 주변 환경에 적응한다.

⑤ 정해진 목적지만 고집한다.

3 서술형

빈칸에 알맞은 말을 이 글에서 찾아 쓰시오.

Normal robots will always do the same thing based on their (1)_____, *while

AI robots may try (2)_____ _____ each time.　　* while 접 ~인 데 반하여

비문학 배경지식 UP

▎머신 러닝(Machine Learning)과 딥 러닝(Deep Learning)

미래의 핵심 기술 중 하나인 인공지능(AI)은 머신 러닝 단계에서 딥 러닝 단계를 거쳐 발전해 왔습니다.

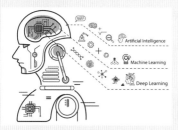

- **머신 러닝(Machine Learning):** 초기 버전의 인공지능은 단순한 규칙을 컴퓨터에게 입력하는 방식이었지만, 1990년대 중반 이후로 인터넷이 등장하면서 큰 변화가 일어났어요. 인터넷 덕분에 방대한 데이터를 수집할 수 있게 되었기 때문이죠. 그래서 인공지능은 이렇게 수집한 데이터를 분석해서 나타난 패턴을 통해 결론을 내리는 기계 학습, 즉 머신 러닝(Machine Learning) 방식으로 발전되었습니다.

- **딥 러닝(Deep Learning):** 컴퓨터가 데이터를 스스로 분석할 수 있게 되었지만, 가지고 있는 데이터 이상의 일은 할 수 없었어요. 이를 해결하기 위해 발전된 것이 딥 러닝(Deep Learning) 기술입니다.

딥 러닝 기술은 사람의 두뇌가 가진 뛰어난 정보 처리 방식을 모방하기 위해 인공 신경망 네트워크를 활용했어요. 머신 러닝과 달리, 딥 러닝은 데이터를 분석하는 데 그치지 않고 그것을 통해 추가 학습을 하고, 상황에 맞는 최적의 결론을 내릴 수 있죠. 인공지능 분야에서 유명한 알파고, 챗GPT 등이 바로 딥 러닝에 해당됩니다.

Self-Study 노트

based on: ~에 근거하여
1. Normal robots perform tasks / **based** only **on** instructions.

❯ _____

whenever + 주어 + 동사: ~가 …할 때마다
2. And this will always happen / **whenever something is** in its path.

❯ _____

make a decision: 결정을 내리다   learn from: ~로부터 배우다
3. On the other hand, / AI robots can **make decisions** / and **learn from** their experiences.

❯ _____

목적을 나타내는 to부정사(~하기 위해)
4. They use sensors / **to collect** information around them.

❯ _____

adapt to: ~에 적응하다
5. Then they **adapt to** their environment / based on this information.

❯ _____

try + to부정사: ~하려고 노력하다 / to move와 (to) find가 or로 연결
6. For example, / it may **try to move** it **or find** a new path.

❯ _____

일반적인 로봇과 인공지능 로봇의 차이점

일반적인 로봇	인공지능 로봇
◆ 오직 1_____에 근거하여 일을 수행함	◆ 2_____을 내릴 수 있음 ◆ 3_____으로부터 학습할 수 있음 ◆ 정보를 수집하여 주변 4_____에 적응함

어떤 것이 진로를 막는다면?

지시에 따라 같은 행동을 반복함	방해물을 옮기거나 새로운 5_____를 찾으려 하고, 6_____를 바꿀 수도 있음

UNIT **7**

Humanities & Social Studies 인문·사회

1 The First Penguin

☑ 지문 주요 어휘 학습

gather	통 모이다
hesitate	통 망설이다
take a risk	위험을 감수하다 ⌐ risk 명 위험
dive in	(물속으로) 뛰어들다, 다이빙하다
rest	명 나머지 ⌐ 통 쉬다
follow	통 따라가다
brave	형 용감한 ⌐ bravely 부 용감하게
be known as	~로 알려져 있다
professor	명 교수
term	명 용어 ⌐ 특정 분야에서 주로 사용하는 말
lecture	명 강의
reward	명 보상, 상
fail	통 실패하다
award	명 상
encourage A to-v	A가 ~하도록 격려하다
business	명 비즈니스, 사업
develop	통 개발하다
market	명 시장
tend to-v	~하는 경향이 있다 ⌐ 주로 ~하는 마음을 가지다
fear	통 두려워하다 ⌐ 명 두려움
challenge	명 도전
failure	명 실패
result	명 결과
afraid	형 두려워하는, 겁내는

비문학 키워드 미리보기

take a risk ┃ 위험을 감수하다

'감수하다'라는 말은 '책임이나 괴로움 등을 기꺼이 받아들이다'라는 의미에요. take는 '받아들이다'라는 의미를 가지고 있기 때문에 take a risk는 '위험을 받아들이다', 즉 '위험을 감수하다'라는 의미가 됩니다.

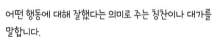

reward ┃ 보상, 상

어떤 행동에 대해 잘했다는 의미로 주는 칭찬이나 대가를 말합니다.

award ┃ 상

성과에 대한 보상으로 대회나 행사에서 받는 '상'을 말합니다.

• the Academy Awards 아카데미상

지문 듣기

#철학

A group of penguins has gathered to hunt for fish. They hesitate before jumping into the water. This is because sharks or *killer whales may be waiting for them. Finally, one penguin takes the risk and dives in first. After that, the rest of them follow.

This brave penguin is known as "the first penguin." A professor named 5 Randy Pausch made the term famous. During his lectures, (his students, reward, special, he, a, gave). If they bravely took a risk but failed, they got a "First Penguin Award." This encouraged his students to try harder. We often see "first penguins" in the business world. (a) They take a risk and develop a new market or product. 10

We tend to fear challenges and failure. But (b) they can lead to great results. If you have a dream, don't be afraid. Be the first penguin and take a risk!

* killer whale 범고래

읽은 후 **핵심 정리**

이 글에서 '위험을 감수하는 용감한 사람'을 뜻하는 용어를 찾아 밑줄 치세요. (3단어)

1 수능 유형

이 글의 요지로 가장 적절한 것은?

① 새로운 도전은 실패하기 쉽다.

② 보상을 받기 위해서는 위험을 감수해야 한다.

③ 실패를 두려워하지 말고 용감하게 먼저 도전해야 한다.

④ 도전과 실패에는 적절한 보상이 이루어져야 한다.

⑤ 새로운 상품을 개발할 때는 주위 사람들의 격려가 필요하다.

2 서술형

밑줄 친 우리말과 일치하도록 이 글의 괄호 안의 단어를 바르게 배열하시오.

> 그의 강의 중에, 그는 그의 학생들에게 특별한 보상을 주었다.

During his lectures, _____.

3 서술형

밑줄 친 (a), (b)가 가리키는 것을 각각 이 글에서 찾아 쓰시오.

(a) _____

(b) _____

비문학 **배경지식 UP**

▌랜디 파우쉬(Randy Pausch) 교수의 책 〈마지막 강의〉

미국의 카네기 멜런 대학교(Carnegie Mellon University)의 컴퓨터공학과 교수였던 랜디 파우쉬는 췌장암으로 시한부 선고를 받아 학교를 떠나게 되었어요. 이후 그는 학교의 초청을 받아 '어린 시절의 꿈을 진짜로 이루기'라는 주제로 2007년 9월 18일에 자신의 인생 마지막 강의를 했어요. 그는 그 강의에서 디즈니랜드에서 일하기, 미식축구 선수되기 같은 어릴 적 꿈들을 실제로 이뤄 온 자신의 경험과 과감히 도전하는 학생들에게 주었던 '퍼스트 펭귄 상'에 대해 들려 주었고, 이를 통해 계속해서 꿈을 추구하고 도전해야 한다는 메시지를 전달했어요. 그의 감동적인 강의는 많은 사람들에게 희망과 용기를 주었고 〈마지막 강의(The Last Lecture)〉라는 제목의 책으로까지 출간되었어요. 시간이 흐른 지금도 그의 강의는 여전히 많은 사람들에게 희망적인 메시지를 전달하고 있습니다.

Self-Study 노트

This is because + 주어 + 동사 ~.: 이것은 …가 ~하기 때문이다.   *wait for: ~을 기다리다*

1. **This is / because** sharks or killer whales may be **waiting for** them.

▷ _____

be known as: ~로 알려져 있다

2. This brave penguin / **is known as** "the first penguin."

▷ _____

named: ~라는 이름의   *make + 목적어 + 목적격보어(형용사): ~을 …하게 만들다*

3. A professor / **named** Randy Pausch / **made the term famous**.

▷ _____

give + 간접목적어 + 직접목적어: ~에게 …을 주다

4. During his lectures, / he **gave his students a special reward**.

▷ _____

encourage + 목적어 + to부정사: ~가 …하도록 격려하다

5. This **encouraged** / **his students** / **to try** harder.

▷ _____

tend + to부정사: ~하는 경향이 있다

6. We **tend to fear** / challenges and failure.

▷ _____

┌─ 보기 ───┐
| risk   develop   the first penguin   reward   afraid   encourage |
└──┘

The First Penguin

What is [1] _____?	◆ It is a penguin that takes a risk and dives in first when hunting.
First Penguin Award	Professor Randy Pausch gave his students this [2] _____ to [3] _____ them.
First penguins in the business world	They [4] _____ a new market or product.

If you have a dream, don't be [5] _____ and take a [6] _____ !

2 Time Zones

✅ 지문 주요 어휘 학습

imagine	통 상상하다
idea	명 생각, 아이디어
zone	명 (지)대, 구역 ⌐ time zone (표준)시간대
across the globe	전 세계에 ⌐ the globe 명 세계, 지구
spin around	(제자리에서) 돌다
once	부 한 번
divide A into B	A를 B로 나누다
planet	명 행성 ⌐ the planet 지구
equal	형 (수·양이) 같은, 동일한
each	형 각각의
apart	부 (거리·시간이) 떨어져
imaginary	형 가상의, 상상의
the Prime Meridian	본초 자오선 ⌐ meridian 명 자오선
pass through	~을 통과하다
standard	명 기준, 표준
east	부 동쪽으로 명 동쪽
gain	통 얻다
west	부 서쪽으로 명 서쪽
lose	통 잃다
noon	명 정오 ⌐ 낮 12시
be located	(어떤 곳에) 위치하다 ⌐ locate 통 (어떤 위치에) 두다, 위치시키다

비문학 키워드 미리보기

meridian | 자오선

지구상에서 북극과 남극을 세로로 이은 가상의 선으로, '자'는 북쪽을, '오'는 남쪽을 의미해요. 지구상에서 위치를 나타낼 때는 세로선인 경도와 가로선인 위도를 사용하는데, 이때 자오선은 세로선, 즉 경도와 일치합니다.

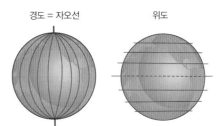

경도 = 자오선   위도

the Prime Meridian | 본초 자오선

'본초'는 '맨 처음'이라는 의미로, 본초 자오선은 지구상의 자오선 중에서 시작 기준이 되는 선이에요.

#지리

Imagine it's 10 a.m. in Seoul and you want to call your friend in London. Is this a bad idea? Yes, it's 1 a.m. there! This is because Seoul and London are in different time zones.

There are 24 time zones across the globe. The Earth takes 24 hours to spin around once. So we divided the planet into 24 equal parts. Each zone is one hour apart. The time zones start at an imaginary line known as the Prime Meridian. It is also called the Greenwich Meridian because it passes through Greenwich, England.

The time at the Greenwich Meridian is the standard of world time. When you move east from the Greenwich Meridian, you gain time. When you move west, you lose time. For example, if it is noon in Greenwich, it is only 7 a.m. in New York. That's because it is located west of the Greenwich Meridian.

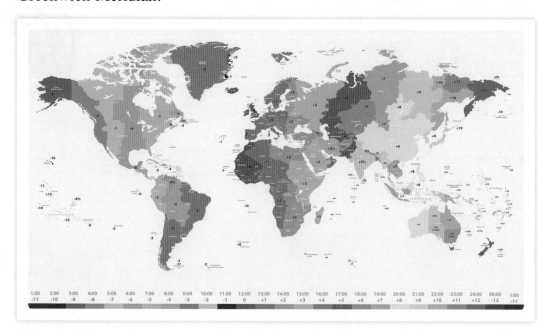

읽은 후 **핵심 정리**

이 글에서 세계 시간의 기준이 되는 선을 나타내는 말을 찾아 밑줄 치세요. (3단어)

수능 유형

1 이 글의 제목으로 가장 적절한 것은?

① How to Save Time

② A Chance to Gain Time

③ Understanding Time Zones

④ Where Is the Prime Meridian?

⑤ The History of the Greenwich Meridian

수능 유형

2 이 글의 내용과 일치하지 <u>않는</u> 것은?

① 전 세계에는 24개의 시간대가 있다.

② Prime Meridian은 Greenwich Meridian이라고도 불린다.

③ 본초 자오선은 영국의 Greenwich 지역을 통과한다.

④ 런던과 뉴욕은 다른 시간대에 있다.

⑤ 뉴욕은 Greenwich Meridian의 동쪽에 위치한다.

내신 유형

3 이 글의 내용을 바탕으로 ⓐ~ⓒ에 들어갈 알맞은 말을 고르시오.

> Seoul and London are in ⓐ the same time zone / different time zones . If it's ⓑ noon /
> 6 a.m. in London, it's 9 p.m. in Seoul. That's because Seoul is located ⓒ east / west of
> London.

비문학 배경지식 UP

런던에 위치한 특별한 천문대

영국 런던의 그리니치 공원 안에는 세계에서 가장 유명한 천문대 중 하나인 그리니치 천문대가 있어요. 그렇다면 이 천문대는 왜 유명해졌을까요? 바로 이 천문대의 바닥에 표시되어 있는 특별한 선 때문입니다.

옛날에는 북극과 남극을 연결하는 자오선에 맞춰 지도를 그렸어요. 문제는 각 나라가 자기 나라를 지나는 자오선을 기준으로 지도를 그렸기 때문에, 기준선이 달라져 나라별 지도를 연결할 수 없게 된다는 것이었습니다. 이를 해결하고자 1884년 미국 워싱턴에서 국제 자오선 회의가 열렸어요. 이 회의를 통해 그리니치 천문대를 지나는 선을 기준으로 삼기로 결정했고, 이 선이 경도의 기준인 동시에 시간의 기준선이 되었습니다.

▲ 그리니치 천문대의 자오선

Self-Study 노트

힌트를 참고하여 주어진 문장을 바르게 직독직해 하세요.

take + 시간 + to부정사: ~하는 데 (…만큼의 시간)이 걸리다 / spin around: 제자리에서 돌다

1. The Earth **takes 24 hours** / **to spin around** once.

⊘ _____

divide A into B: A를 B로 나누다 / the planet: 지구

2. So we **divided the planet** / **into** 24 equal parts.

⊘ _____

known as: ~로 알려진

3. The time zones start at an imaginary line / **known as** the Prime Meridian.

⊘ _____

be called: ~라고 불리다   pass through: ~을 통과하다

4. It **is** also **called** the Greenwich Meridian / because it **passes through** Greenwich, England.

⊘ _____

That's because + 주어 + 동사 ~.: 그것은 …가 ~하기 때문이다. / be located: 위치하다

5. **That's** / **because it is located** / west of the Greenwich Meridian.

⊘ _____

글의 내용에 맞게 빈칸을 채우거나 맞는 것을 고르세요.

Time Zones	
Time Zone의 개수와 시차	◆ 전 세계에는 총 [1](24개 / 1개)의 시간대가 있음 ◆ 각 시간대는 [2](24시간 / 1시간) 간격으로 있음
Time Zone의 시작점	◆ [3]_____ : 시간대가 시작되는 가상의 선 ◆ 영국의 그리니치 지역을 통과 → 그리니치 자오선이라고도 불림 ⇒ 그리니치 자오선의 시간 = 세계 시간의 [4]_____
이동 방향과 시차	본초 자오선을 기준으로 ◆ [5]_____으로 이동 → 시간을 얻음 (시간이 더 빠름) ◆ [6]_____으로 이동 → 시간을 잃음 (시간이 더 느림)

3 Mug Shots

✓ 지문 주요 어휘 학습

ID card	신분증 ← = identification card
passport	명 여권
driver's license	운전면허증 ← license 명 면허(증), 자격(증)
portrait	명 인물 사진, 초상화
identify	동 (신원을) 확인하다
criminal	명 범죄자 ← crime 명 범죄
French	형 프랑스의, 프랑스인의 ← 명 프랑스어
process	명 과정, 절차
consist of	~로 이루어지다(구성되다)
front view	정면 ← front 형 앞면(쪽)의
side view	옆면 ← side 형 옆면(쪽)의
visual	형 시각의 ← 눈으로 보는
record	명 기록
measure	동 (양·크기 등을) 측정하다(재다)
include	동 포함시키다 ← including 전 ~을 포함하여
detail	명 세부 사항
add	동 추가하다, 더하다
address	명 주소
fingerprint	동 지문을 채취하다 명 지문
forget	동 잊다 ← forget-forgot-forgotten(forgot)

비문학 키워드 미리보기

identify | (신원을) 확인하다

'신원'이란 신분, 직업, 나이, 지문 등의 개인 정보를 말해요. 따라서 신원을 확인한다는 것은 이러한 정보들을 통해 그 사람이 누구인지 알아보고 확인한다는 뜻이에요. 그 밖에도 신분은 identity, 주민등록증이나 여권 같은 '신분증'은 ID card(identification card)라고 합니다.

fingerprint | 지문을 채취하다; 지문

finger(손가락) + **print**(자국) = 지문

fingerprint는 손의 지문을 의미하고, footprint는 발자국을 의미해요. fingerprint는 '지문을 채취하다'라는 동사로 쓰이기도 합니다.

Reading

3

읽기 전 **비문학 사고력 UP**

다음 중 사람의 신원을 가장 잘 확인할 수 있는 수단은 무엇일까요?

☐ 졸업 사진   ☐ 초상화   ☐ 운전면허증

158 words

지문 듣기

#법

ID cards, passports, and driver's licenses all have portrait photographs on them. These photos are useful for identifying people. For this reason, police started taking portrait photos of criminals. These photos are called "mug shots." "Mug" is English *slang for "face."

Police photographs began in the 1840s. In the 1880s, Alphonse Bertillon, 5 a French police officer, made some changes to the process. Bertillon's mug shot consisted of two photos of the face, a front view and a side view. He used the two photos as a visual record, but he worried that they weren't enough. So he also measured nine body parts, including the head, ears, and feet. Then he included these details with the mug shot. 10 He also added information such as the person's hair color, eye color, and address. He wanted to use this information to _____ criminals.

As fingerprinting became more common, Bertillon's name was forgotten. But police still 15 use his style of taking mug shots.

60
55
50
I chewed the internet cable
45

* slang 속어(표준어는 아니지만 보통 사람들이 널리 쓰는 말)

읽은 후 **핵심 정리**

이 글의 중심 소재로 알맞은 것을 찾아 두 단어로 쓰세요.

▶ _____ _____

1 수능유형

이 글의 제목으로 가장 적절한 것은?

① How to Get an ID Card
② The History of Mug Shots
③ The Life of Alphonse Bertillon
④ Why Do Police Take Mug Shots?
⑤ Why Is Fingerprinting Important?

2 수능유형

이 글의 내용과 일치하는 것은?

① 'mug'는 영어 속어로 '사진'이라는 의미이다.
② 경찰의 범죄자 구별용 사진은 1880년대에 시작됐다.
③ Bertillon은 머그샷으로 범죄자의 측면 사진만 찍었다.
④ Bertillon은 범죄자의 신체 치수를 머그샷과 함께 기록했다.
⑤ 현재 경찰은 더 이상 머그샷을 사용하지 않는다.

3 수능유형

빈칸에 들어갈 말로 가장 적절한 것은?

① help
② call
③ imagine
④ measure
⑤ identify

비문학 배경지식 UP

▌범죄자를 잡는 과학 수사 CSI(Crime Scene Investigation)

범죄 현장에 남겨진 증거와 정보를 수집하여 분석하는 수사 방식을 과학 수사라고 해요. 과학 수사는 단순히 지문, 혈액 등의 유전적인 증거에만 제한되지 않고, 부검, 필적 감정, 거짓말 탐지기 등 모든 분야의 과학 기술을 활용한 수사 기법을 포함하죠. 그렇다면 과학 수사를 하기 위해 가장 중요한 것은 무엇일까요? 바로 범죄 현장을 그대로 보존하는 것입니다. 현장에 남아 있는 증거들이 훼손되지 않아야 정확한 수사를 할 수 있어요. 최근에는 인공지능과 빅데이터 활용 기술이 발달하면서 수사 관련 자료를 보존하고 분석하는 것이 쉬워졌기 때문에, 과학 수사도 나날이 발전하고 있습니다.

Self-Study 노트

힌트를 참고하여 주어진 문장을 바르게 직독직해 하세요.

be useful for + 동명사: ~하는 데 유용하다
1. These photos **are useful** / **for identifying** people.

❯ _____

start + 동명사: ~하기 시작하다
2. For this reason, / police **started** / **taking** portrait photos of criminals.

❯ _____

consist of: ~로 이루어지다
3. Bertillon's mug shot **consisted of** / two photos of the face, / a front view and a side view.

❯ _____

want + to부정사: ~하길 원하다   목적을 나타내는 to부정사(~하기 위해)
4. He **wanted to use** this information / **to identify** criminals.

❯ _____

as: ~하면서   be forgotten: 잊혀지다
5. **As** fingerprinting became more common, / Bertillon's name **was forgotten**.

❯ _____

글의 내용 100% 이해하기 글의 내용에 맞게 다음 빈칸을 채우세요.

<table>
<tr><td colspan="2" align="center">1 _____의 역사</td></tr>
<tr><td>1840년대</td><td>경찰이 2 _____의 인물 사진을 촬영하기 시작함</td></tr>
<tr><td colspan="2" align="center">▼</td></tr>
<tr><td rowspan="3">1880년대</td><td>Alphonse Bertillon이 사진 촬영 과정에 변화를 줌</td></tr>
<tr><td>
◆ 정면과 3 _____ 사진을 포함
◆ 머리, 귀, 발을 포함한 아홉 가지 4 _____를 측정해 기록
◆ 머리카락 색깔, 눈 색깔, 5 _____ 등의 정보를 추가
</td></tr>
<tr><td colspan="2" align="center">▼</td></tr>
<tr><td>현재</td><td>
◆ 6 _____ 채취가 일반화됨
◆ Bertillon의 머그샷 촬영 방식은 여전히 사용됨
</td></tr>
</table>

4 Vegetarian Diets

✓ 지문 주요 어휘 학습

vegetarian	형 채식주의의 명 채식주의자
diet	명 식단, 식사
these days	요즘
avoid	통 피하다
expert	명 전문가
well-planned	형 잘 계획된 ← plan 통 계획하다
lower	통 낮추다
certain	형 특정한; 어떤
possible	형 가능한
choice	명 선택 ← choose 통 선택하다
care about	~에 관심을 가지다
right	명 권리 ← animal rights 동물권
find out	알게 되다
space	명 공간
give up	포기하다
protest	통 항의하다
poor	형 열악한 ← 시설, 환경 등이 매우 좋지 않은
living condition	생활 환경
take A to-v	~하는 데 A가 들다(필요하다)
huge amounts of	엄청난 양의
grain	명 곡물 ← 쌀, 보리, 콩 등
raise	통 기르다, 키우다
animal waste	동물의 배설물 ← waste 명 쓰레기, 폐기물
pollution	명 (환경) 오염

비문학 키워드 미리보기

vegetarian ┃ 채식주의의; 채식주의자

육식을 피하고 과일, 채소, 곡물 등 식물을 재료로 만든 음식만을 먹는 것을 말해요. 채식주의자라고 해서 오로지 식물성 음식만 먹진 않으며, 달걀, 생선 등 자신이 허용하는 음식에 따라 다양한 유형의 채식주의가 있어요.

animal rights ┃ 동물권

인간의 권리인 인권처럼 동물이 가진 권리를 말해요. 실제로 많은 동물들은 사람에게 알, 고기, 털 등을 제공하기 위해 좁고 더러운 환경에서 길러지고 있어요. 동물권을 지지하는 사람들은 이런 열악한 사육 환경을 바꿔야 하며, 동물도 적절한 환경에서 살아갈 권리를 가져야 한다고 주장해요.

#사회 현상

고1 9월 기출 변형

Vegetarian diets are becoming more popular these days. Many young people are avoiding all kinds of meat, including chicken and fish. Some experts say that 5 well-planned vegetarian diets are healthy and can even lower the risk of certain diseases. So we might think that young people become vegetarians only for health reasons.

_____, there are other possible reasons. Some people make 10 this choice because they care about animal rights. When they find out that some animals have to live in small spaces, they give up meat. It is a way of protesting the animals' poor living conditions. Other people choose to become vegetarians to help the environment. It takes huge amounts of water, land, grain, and energy to raise animals for meat. Also, animal waste 15 can cause pollution problems.

읽은 후 | 핵심 정리

이 글의 중심 소재로 알맞은 것은 무엇일까요?

☐ vegetarian experts   ☐ vegetarian diets

1 수능 유형

이 글의 주제로 가장 적절한 것은?

① 환경 문제가 발생하는 원인

② 채식주의 식단을 계획하는 방법

③ 채식주의 식단을 선택하는 이유

④ 채식주의 식단과 동물권의 연관성

⑤ 동물들의 생활 환경을 개선하는 방법

2 내신 유형

빈칸에 들어갈 말로 가장 적절한 것은?

① Also　　　　　　　　　② However

③ Instead　　　　　　　　④ As a result

⑤ For example

3 수능 유형

이 글의 내용과 일치하지 않는 것은?

① 채식주의 식단은 질병의 위험을 낮추기도 한다.

② 많은 젊은이들이 전문가의 권유로 채식주의자가 된다.

③ 동물의 권리를 보장하려고 채식주의 식단을 하기도 한다.

④ 동물을 기르기 위해서는 많은 자원이 필요하다.

⑤ 동물의 배설물은 환경 오염을 일으킬 수 있다.

비문학 **배경지식 UP**

┃ 철저한 채식주의자, 비건(vegan)

매우 엄격한 방식의 채식주의 식단을 하는 사람들을 비건(vegan)이라고 합니다. 비건은 채소, 과일, 해초 등의 식물성 음식 이외에는 아무것도 먹지 않아요. 또한 비건은 동물로부터 얻어지는 모든 것을 거부합니다. 예를 들면 대부분의 비건은 꿀도 먹지 않는데, 이는 꿀벌이 모아 둔 꿀을 사람들이 빼앗고 이 과정에서 많은 벌들이 희생되기 때문이에요. 그렇다면 김치는 어떨까요? 채소로 만든 것이니 괜찮다고 생각할 수 있지만, 김치에는 생선으로 만든 젓갈이 들어가기 때문에 비건은 일반적인 김치도 먹지 않아요. 따라서 비건은 단순한 채식주의자라기보다는 동물권을 지지하고 동물 착취에 반대하는 보다 적극적인 채식주의자라고 볼 수 있어요.

Self-Study 노트

목적어 that절 주어: well-planned vegetarian diets / 동사: are와 can lower가 and로 연결
1. Some experts say / **that well-planned vegetarian diets are** healthy / **and can** even **lower** the risk of certain diseases.

➲ _____

have to + 동사원형: ~해야 한다   give up: 포기하다
2. When they find out / that some animals **have to live** in small spaces, / they **give up** meat.

➲ _____

a way of + 동명사: ~하는 방법
3. It is **a way** / **of protesting** the animals' poor living conditions.

➲ _____

choose + to부정사: ~하는 것을 선택하다   목적을 나타내는 to부정사(~하기 위해)
4. Other people **choose** / **to become** vegetarians / **to help** the environment.

➲ _____

it takes A + to부정사: ~하는 데 A가 들다 / huge amounts of: 엄청난 양의
5. **It takes huge amounts of** water, land, grain, and energy / **to raise** animals / for meat.

➲ _____

보기

| give up | environment | diseases | animal | well-planned | vegetarians |

젊은이들이 채식주의자가 되는 이유

이유 1	◆ 1_____ vegetarian diets are healthy and can lower the risk of certain 2_____.
이유 2	◆ Some people care about 3_____ rights, so they 4_____ meat.
이유 3	◆ Other people become 5_____ to help the 6_____.

UNIT **8**

Environment **환경**

1 Christmas Trees

✓ 지문 주요 어휘 학습

better	형 더 나은, 더 좋은 ← good(좋은)의 비교급
environment	명 환경
real	형 진짜의, 실제의
fake	형 가짜의, 인조의
maybe	부 아마도, 어쩌면
first of all	무엇보다도, 우선
climate change	기후 변화
worse	형 더 심각한, 더 나쁜 ← bad(나쁜)의 비교급
release	동 내뿜다, 내보내다
greenhouse gas	온실가스
furthermore	부 게다가, 더욱이
usually	부 보통, 대개
from overseas	해외로부터
import	동 수입하다
even	부 훨씬
carbon	명 탄소 ← carbon dioxide 이산화탄소
recycle	동 재활용하다 ← recycler 명 재활용 업체
break down	분해되다 ← break 동 깨다, 부수다
in the end	마침내, 결국
end up in	결국 (~에 있게) 되다
garbage	명 쓰레기(장)
already	부 이미

비문학 키워드 미리보기

climate change ⎸ 기후 변화

기후가 오랜 시간에 걸쳐 서서히 변화하는 현상을 말해요. 기후 변화에 영향을 주는 주요 요인 중 하나로는 지구 기온이 점차 상승하는 지구 온난화 현상이 있습니다.

greenhouse gas ⎸ 온실가스

지구가 방출하는 적외선을 흡수했다가 다시 내보내어, 대기와 지구 표면의 온도를 높이는 기체를 말합니다. 이러한 온실가스는 너무 많아지면 지구 온난화 문제를 일으킬 수 있어요. 대표적인 온실가스로는 이산화탄소가 있습니다.

읽기 전 **비문학 사고력 UP**

다음 중 재활용하기 가장 어려운 것은 무엇일까요?

□ 투명 페트병 □ 택배 종이 박스 □ 비닐 우산

133 words

지문 듣기

#환경 문제

Which is better for the environment, a real Christmas tree or fake one? Maybe you think a fake Christmas tree is better. Please think again!

First of all, fake trees can make climate change worse. They are plastic. Making them uses a lot of energy and releases greenhouse gases such as *carbon dioxide. Furthermore, fake trees usually come from overseas. So 5 importing them releases even more carbon.

Also, fake trees are not easy to recycle. They don't break down, and only a few parts can be used again. Many recyclers won't take fake trees because of their big size. In the end, they often end up in the garbage. 10

Do you already have a fake Christmas tree? Then use it again and again. This is also a good way to help the environment.

*carbon dioxide 이산화탄소

읽은 후 **핵심 정리**

이 글의 중심 소재로 알맞은 것은 무엇일까요?

□ a real Christmas tree □ a fake Christmas tree

수능 유형

1 이 글의 주제로 가장 적절한 것은?

① 진짜 크리스마스트리의 장점

② 수입 크리스마스트리의 단점

③ 크리스마스트리를 구매하는 방법

④ 가짜 크리스마스트리와 환경 오염

⑤ 가짜 크리스마스트리를 재활용하는 방법

수능 유형

2 이 글의 내용과 일치하는 것은?

① 진짜 크리스마스트리는 기후 변화에 나쁜 영향을 미칠 수 있다.

② 가짜 크리스마스트리는 대부분 국내에서 만들어진다.

③ 크리스마스트리는 수입품을 구매하는 것이 좋다.

④ 작은 크리스마스트리가 재활용하기 더 쉽다.

⑤ 가짜 크리스마스트리는 종종 쓰레기로 버려진다.

서술형

3 질문에 대한 답이 되도록 빈칸에 들어갈 말을 이 글에서 찾아 쓰시오.

Q How do fake trees make climate change worse?

A Making them uses a lot of (1) _____ and releases (2) _____
_____ , and (3) _____ them releases even more carbon.

비문학 배경지식 UP

▌크리스마스트리의 유래와 장식의 의미

크리스마스가 되면 많은 집들이 트리를 아름답게 꾸밉니다. 이 전통은 언제 어디서 시작된 것일까요?

현대 크리스마스트리의 원조는 중세 독일입니다. 당시에는 아담과 이브의 에덴동산에 대한 연극이 인기였고, 이 연극의 주요 소품은 선악과, 즉 사과가 달린 전나무였죠. 독일인들은 아담과 이브를 기념하는 종교적 축일인 12월 24일에 자신들의 집에 전나무를 놓은 뒤 거기에 사과를 상징하는 빨간색 공과 성체를 상징하는 빵 조각, 촛불을 달았어요. 또한 나무를 삼각형으로 쌓아 작은 조각상을 올려 두고 푸른잎과 촛불, 별로 장식했죠. 16세기 무렵에는 이 두 가지가 합쳐져 현대의 크리스마스트리가 되었습니다. 이 풍습은 19세기 초 영국에 소개되었고, 19세기 중반에는 빅토리아 여왕의 남편이었던 앨버트 공에 의해 대중화되었어요. 현재는 전 세계에서 아름다운 크리스마스트리를 장식하고 있답니다.

핵심 구문 100% 이해하기   힌트를 참고하여 주어진 문장을 바르게 직독직해 하세요.

think (that) ~: (~라고) 생각하다
1. Maybe you **think** / a fake Christmas tree is better.

❯ _____

make+목적어+목적격보어(형용사): ~을 …하게 만들다
2. First of all, / fake trees can **make** / **climate change** / **worse**.

❯ _____

동명사구 주어(~하는 것)   uses와 releases가 and로 연결   such as: ~와 같은
3. **Making them uses** a lot of energy / **and releases** greenhouse gases / **such as** carbon dioxide.

❯ _____

won't = will not   because of+명사: ~ 때문에
4. Many recyclers **won't** take fake trees / **because of their big size**.

❯ _____

end up in+장소: (결국) ~에 있게 되다
5. In the end, / they often **end up in the garbage**.

❯ _____

a good way를 수식하는 to부정사(~하는)
6. This is also a good way / **to help** the environment.

❯ _____

글의 내용 100% 이해하기   글의 내용에 맞게 다음 빈칸을 채우세요.

가짜 크리스마스트리의 문제점

① 1 _____ 를 더 심각하게 만들 수 있다.	② 5 _____ 하기 쉽지 않다.
◆ 가짜 트리의 재료: 2 _____ ◆ 가짜 트리 생산 → 많은 에너지를 사용하고 이산화탄소 같은 3 _____ 를 내뿜음 ◆ 가짜 트리를 해외로부터 4 _____ 함 → 더 많은 탄소를 배출	◆ 분해되지 않으며 일부만 재사용 가능 ◆ 큰 6 _____ 때문에 재활용 업체들이 수거하려 하지 않음 → 종종 버려짐

2 Disappearing Food

✅ 지문 주요 어휘 학습

disappear	동 사라지다
global warming	지구 온난화
be made from	~로 만들어지다
cacao bean	카카오빈(콩)
grow	동 자라다, 성장하다
certain	형 특정한
area	명 지역
affect	동 영향을 미치다(주다)
harvest	명 수확, 추수 — 동 (다 자란 열매 등을) 수확하다
be in trouble	곤경에 처하다 — 어려운 상황에 놓이다
well	부 잘, 제대로
feed	동 먹이다, 먹이를 주다
less	형 (양이) 더 적은 — little(적은)의 비교급
fewer	형 (수가) 더 적은 — few (적은)의 비교급
meat	명 고기(육류)
cost	동 (값·비용이) 들다
temperature	명 온도
spread	동 퍼뜨리다
disease	명 질병
cure	동 치료하다, 고치다
at the moment	지금은, 현재는
future	명 미래
be at risk	위험에 처하다 — risk 명 위험
take care of	~을 소중히 하다
crisis	명 위기 — 복수형: crises

비문학 키워드 미리보기

global warming | 지구 온난화

말 그대로 지구의 기온이 높아지는 현상을 말해요. 지구 온난화에는 자연적인 원인도 있지만, 최근에는 환경 파괴가 주된 원인입니다.

harvest | 수확, 추수

한 해 동안 가꾼 농작물을 거두어 들이는 일을 말해요.

농작물을 기르는 데 영향을 주는 자연 재해를 모두 고르세요.

☐ 태풍　　　　　　☐ 홍수　　　　　　☐ 가뭄

#식량

Do you like chocolate, corn, or bananas? If so, there's some bad news. They might disappear because of global warming.

Chocolate is made from cacao 5 beans. (①) They grow only in certain areas. As it gets hotter, these areas get smaller. Weather changes affect their harvest, too. (②) When it gets hotter, corn does not grow well. We need corn to feed cows and pigs. If there is less corn, there will be fewer cows and pigs. This means meat will cost more. (③) What about 10 bananas? Bananas grow well in hot weather. (④) But higher temperatures also spread diseases that affect banana trees. There is no way to cure them at the moment. (⑤)

These problems aren't just about the future – they're happening now. And other foods are also at risk. If we don't take care of the Earth, we may have a food crisis.

읽은 후 | 핵심 정리

이 글에서 식량이 사라질 수 있는 주요 원인으로 언급된 것은 무엇일까요?

☐ global warming　　　　　　☐ cows and pigs

1 수능 유형

이 글의 제목으로 가장 적절한 것은?

① Global Warming Affects Animals

② Global Warming and Meat Prices

③ Global Warming and Food Crises

④ Global Warming Kills Banana Trees

⑤ Why Does Global Warming Happen?

2 수능 유형

글의 흐름으로 보아, 주어진 문장이 들어가기에 가장 적절한 곳은?

Corn is also in trouble.

① ② ③ ④ ⑤

3 내신 유형

밑줄 친 These problems에 해당하지 **않는** 것은?

① 카카오빈을 재배할 수 있는 지역이 줄어든다.

② 더운 날씨로 인해 옥수수가 잘 자라지 않는다.

③ 옥수수 수확이 줄어들어 고깃값이 오를 수 있다.

④ 더운 날씨에 바나나무가 잘 자라지 않는다.

⑤ 너무 높은 온도는 바나나무에 병이 퍼지게 한다.

비문학 배경지식 UP

▌초콜릿이 만들어지는 과정

▲카카오 열매 속 카카오빈

달콤한 초콜릿은 어떻게 만들어질까요?

1. 카카오 열매 수확: 수확한 카카오 열매를 반으로 자르면 하얀 과육으로 감싸진 씨를 볼 수 있는데, 이것이 바로 초콜릿의 원료인 카카오빈이에요. 이때 카카오빈은 쓰고 떫은 맛이 나요.

2. 발효 및 건조: 카카오빈을 약 5~7일간 발효시키고, 9~10일간 건조한 뒤 세척해요.

3. 로스팅: 발효 및 건조 과정을 거친 카카오빈을 볶아요. 이 과정을 로스팅이라고 해요. 이렇게 로스팅하여 껍질을 제거한 뒤 잘게 부순 조각들을 카카오 닙스라고 해요.

4. 가공하기: 앞서 생산된 카카오 닙스를 부수어서 가루로 만들고, 이것을 압착해 카카오 매스(반죽), 카카오 버터, 카카오 분말 등을 만들어요.

5. 초콜릿 만들기: 카카오 매스, 카카오 버터, 카카오 분말 등에 설탕, 향료 등을 넣어 초콜릿을 만들어요.

Self-Study 노트

핵심 구문 100% 이해하기 힌트를 참고하여 주어진 문장을 바르게 직독직해 하세요.

be made from: ~로 만들어지다
1. Chocolate **is made** / **from** cacao beans.

> _____

as: ~할수록 / 비인칭 주어 it(날씨)   get + 비교급: 더 ~해지다
2. **As it gets hotter**, / these areas **get smaller**.

> _____

목적을 나타내는 to부정사(~하기 위해)
3. We need corn / **to feed** cows and pigs.

> _____

if + 주어 + 동사(현재): 만약 ~가 …한다면 / less: 더 적은 / fewer: 더 적은
4. **If** there **is less corn**, / there will be **fewer** cows and pigs.

> _____

there + be동사 + no + 명사: ~이 없다 / way를 수식하는 to부정사(~할)
5. **There is no** way / **to cure** them / at the moment.

> _____

be at risk: 위험에 처하다
6. And / other foods **are** also **at risk**.

> _____

글의 내용 100% 이해하기 글의 내용에 맞게 다음 보기에서 알맞은 말을 골라 빈칸에 쓰세요.

보기

diseases   crises   smaller   cost   certain

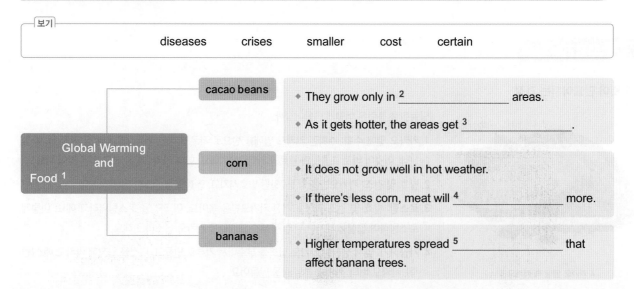

	cacao beans	• They grow only in ² _____ areas.
		• As it gets hotter, the areas get ³ _____.
Global Warming and Food ¹ _____	corn	• It does not grow well in hot weather.
		• If there's less corn, meat will ⁴ _____ more.
	bananas	• Higher temperatures spread ⁵ _____ that affect banana trees.

3 Palm Oil

어휘 듣기

✅ 지문 주요 어휘 학습

ingredient	명 재료
palm oil	팜유, 야자유
almost	부 거의, 대부분
half	명 (절)반
product	명 제품, 상품
fruit	명 열매 ↖ 보통 '과일'로 알고 있지만 '열매'라는 뜻도 있어요.
palm tree	야자나무 ↖ oil palm tree 기름야자나무
popular	형 인기 있는
cheap	형 (값이) 저렴한, 싼
plantation	명 (대규모) 농장
burn down	(불로) 태워 버리다
rainforest	명 (열대) 우림 ↖ 일년 내내 기온이 높고 비가 많이 오는 적도 부근의 숲
enter	동 들어오다(가다)
atmosphere	명 대기, 공기
destroy	동 파괴하다
home	명 서식지; 집 ↖ 생물이 자리를 잡고 사는 곳
endangered	형 멸종 위기에 처한
species	명 (생물의) 종 ↖ 생물을 분류하는 가장 기본적인 단위
orangutan	명 오랑우탄
unfortunately	부 불행하게도, 안타깝게도
hard	형 어려운 ↖ '딱딱한'이라는 뜻도 있어요.
instead	부 대신에

비문학 키워드 미리보기

plantation ㅣ (대규모) 농장

주로 열대 지방에 있는 큰 규모의 농장으로, 커피콩, 야자, 사탕수수, 면화 등 특정 작물을 대량 생산하는 곳이에요.

endangered species
멸종 위기종

국제 자연 보전 연맹에서 가까운 미래에 멸종될 가능성이 매우 높다고 지정한 야생 생물들을 말해요. 고릴라, 대왕고래, 바다거북 등이 포함되며, 이외에도 많은 멸종 위기종이 있어요.

3

다음 중 식품용 기름을 얻을 수 있는 것을 모두 고르세요.

☐ 유채꽃   ☐ 올리브   ☐ 야자나무

지문 듣기

#숲

What ingredient is in ice cream, pizza, and soap? It's palm oil! Almost half of supermarket products have palm oil in them. Palm oil is made from the fruit of oil palm trees. It is popular because it's cheap. But it can be bad for the environment.

①Most palm oil comes from big plantations in Indonesia and Malaysia. ②People burn down rainforests to make these plantations. ③Without rainforests, more carbon dioxide enters the atmosphere. ④But there are still many palm trees in rainforests. ⑤So global warming gets worse. Plantations also destroy the homes of endangered species. Some orangutans and tigers may disappear soon.

So why don't we just stop using palm oil? Unfortunately, this is hard because it is in so many things. Instead, we need to find a better way to make palm oil.

읽은 후 | 핵심 정리

이 글의 중심 소재로 알맞은 것은 무엇일까요?

☐ rainforests   ☐ palm oil

1 수능유형

이 글의 요지로 가장 적절한 것은?

① 열대 우림에 사는 멸종 위기종 보호가 시급하다.

② 열대 우림을 보호하기 위해 야자나무 농장을 줄여야 한다.

③ 지구 온난화를 막기 위해 팜유 사용을 완전히 멈춰야 한다.

④ 환경 보호를 위해 팜유 생산을 위한 새로운 방법을 모색해야 한다.

⑤ 팜유를 사용하는 것은 환경뿐만 아니라 우리의 건강에도 좋지 않다.

2 수능유형

이 글에서 전체 흐름과 관계 없는 문장은?

①   ②   ③   ④   ⑤

3 수능유형

이 글의 내용과 일치하지 않는 것은?

① 비누를 포함한 많은 제품에는 팜유가 들어 있다.

② 대부분의 팜유는 동남아시아 국가의 대규모 농장에서 나온다.

③ 야자나무 농장을 짓기 위해 열대 우림을 불태우기도 한다.

④ 열대 우림이 사라지면 지구 온난화는 더욱 심해질 수 있다.

⑤ 야자나무 농장은 멸종 위기종이 사는 곳이기도 하다.

비문학 배경지식 UP

▌환경을 파괴하는 작물들

우리가 즐겨 먹는 작물을 키우기 위해 환경이 파괴되는 다른 예는 무엇이 있을까요?

• **아보카도**: 아보카도를 재배하는 데는 엄청나게 많은 양의 물이 필요해요. 이는 호수나 강 등을 마르게 해서 사람이 마시는 물이나 생활에 필요한 물을 부족하게 만들 수 있어요. 또한 대부분의 아보카도는 재배한 곳에서 다른 나라로 수출되는데, 수출 과정에서 많은 양의 탄소가 배출돼요.

• **아몬드**: 아보카도와 마찬가지로, 아몬드 재배에도 많은 양의 물이 필요해요. 또한 아몬드 재배에 쓰이는 살충제는 많은 벌들을 죽입니다.

• **사탕수수**: 설탕의 원료가 되는 사탕수수를 재배하기 위해 숲을 파괴하는 경우가 많으며, 하나의 작물만 재배하는 경우 토양이 침식되거나 황폐화돼요. 또한 수확하기 전에 잡초 등을 제거하기 위해 사탕수수 밭을 불태우는데, 이때 공기 중으로 오염 물질이 방출됩니다.

Self-Study 노트

almost half of: ~의 거의 절반
1. **Almost half of** supermarket products / have palm oil in them.

> _____

목적을 나타내는 to부정사(~하기 위해)
2. People burn down rainforests / **to make** these plantations.

> _____

without + 명사: ~이 없으면
3. **Without rainforests**, / more carbon dioxide / enters the atmosphere.

> _____

get + 비교급: 더 ~해지다
4. So / global warming **gets worse**.

> _____

why don't we + 동사원형 ~ ?: (우리가) ~하는 게 어떨까? / stop + 동명사: ~하는 것을 멈추다
5. So / **why don't we** just **stop** / **using** palm oil?

> _____

need + to부정사: ~해야 한다   a better way를 수식하는 to부정사(~할)
6. Instead, / we **need to find** a better way / **to make** palm oil.

> _____

글의 내용 100% 이해하기 글의 내용에 맞게 다음 빈칸을 채우세요.

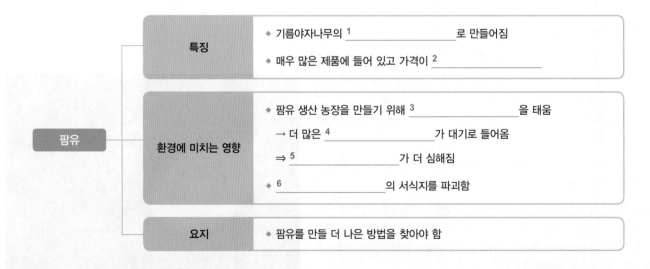

팔유

특징	◆ 기름야자나무의 [1] _____ 로 만들어짐
	◆ 매우 많은 제품에 들어 있고 가격이 [2] _____
환경에 미치는 영향	◆ 팜유 생산 농장을 만들기 위해 [3] _____ 을 태움
	→ 더 많은 [4] _____ 가 대기로 들어옴
	⇒ [5] _____ 가 더 심해짐
	◆ [6] _____ 의 서식지를 파괴함
요지	◆ 팜유를 만들 더 나은 방법을 찾아야 함

4 Microplastics

✅ 지문 주요 어휘 학습

everywhere	🔢 어디에나, 모든 곳에서
even	🔢 심지어
ocean	🔢 바다
float	🔢 (물 위에) 뜨다, 떠가다
travel	🔢 이동하다 〰 🔢 여행 🔢 여행 가다
far	🔢 멀리
sunlight	🔢 햇빛
hit	🔢 닿다, 이르다; 치다, 때리다
break into pieces	여러 조각으로 부서지다(산산조각나다) 〰 piece 🔢 조각
tiny	🔢 아주 작은
microplastic	🔢 미세 플라스틱
marine	🔢 바다의, 해양의
life	🔢 생물, 생명체 〰 '삶'이라는 뜻도 있어요.
food chain	먹이 사슬 〰 chain 🔢 사슬
be aware of	~을 알다(알아채다)
get into	~에 들어가다
human	🔢 인간, 사람
as well	또한, ~도
clean up	~을 치우다
in the first place	애초에, 맨 처음에

비문학 키워드 미리보기

microplastic | 미세 플라스틱

micro(미세한) + plastic(플라스틱)
= 미세 플라스틱

5mm 이하 크기로 작게 조각 나서 눈에 거의 보이지 않는
아주 작은 플라스틱을 말해요.

food chain | 먹이 사슬

한 생태계 안에서 생물들 간에 먹고 먹히는 관계를
나타내는 말이에요. 이 관계가 사슬처럼 얽혀 있기 때문에
먹이 사슬이라고 불러요.

4

읽기 전 **비문학 사고력 UP**

다음 중 미세 플라스틱을 발생시키지 않는 것은 무엇일까요?

☐ 합성 섬유로 만든 옷　　☐ 유리병　　☐ 페트병

#플라스틱

고1 6월 기출 변형

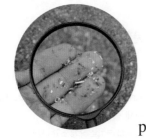

Plastic is everywhere. It is even found in the ocean. It doesn't break down easily and can float. So ocean plastic can travel far. When sunlight hits it, it can break into tiny pieces called microplastics.

Microplastics can affect marine life and _____. 5 But many people are not aware of this big problem. Marine animals think that microplastics are food. When the animals eat them, they get into the food chain. This can affect humans as well. For example, *plankton eat microplastics, and then fish eat the plankton. In the end, we may eat the fish.

10

Unfortunately, we can't clean up all the microplastics in the ocean because of their size. But if we use less plastic, it might not get into the 15 ocean in the first place.

* plankton 플랑크톤(물의 흐름에 따라 떠다니는 작은 생물)

읽은 후 **핵심 정리**

빈칸에 알맞은 말을 이 글에서 찾아 쓰세요.

▸ Microplastics are _____ _____ of plastic.

1

빈칸에 들어갈 말로 가장 적절한 것은?

① fish prices

② the climate

③ the food chain

④ the color of water

⑤ ocean temperatures

2

이 글의 내용과 일치하면 T, 일치하지 않으면 F를 쓰시오.

(1) 플라스틱은 바닷물의 염도 때문에 잘게 부서진다.   _____

(2) 플랑크톤이 바닷속 미세 플라스틱을 먹는 경우가 있다.   _____

(3) 미세 플라스틱은 인간에게도 영향을 미칠 수 있다.   _____

3

질문에 대한 답이 되도록 빈칸에 들어갈 말을 이 글에서 찾아 쓰시오.

Q Why can't we clean up all the microplastics in the ocean?

A It's because _____ _____ is tiny.

비문학 배경지식 UP

█ 일상 속 플라스틱 줄이기

미세 플라스틱은 플라스틱으로 만들어진 우리 생활 속의 많은 물건들로부터 생겨나요. 심지어 공기 중에도 미세 플라스틱이 있다는 사실이 밝혀졌죠. 그렇다면 어떻게 플라스틱을 줄일 수 있을까요?

1. **비닐봉지 쓰지 않기**: 비닐에도 플라스틱 성분이 포함되어 있으므로, 비닐봉지 대신 여러 번 쓸 수 있는 장바구니나 종이봉투를 사용해요.

2. **일회용품 줄이기**: 일회용 숟가락, 포크, 빨대 같은 대부분의 일회용품은 플라스틱으로 만들어져요. 심지어 종이컵 안쪽에도 얇은 플라스틱이 코팅되어 있어요. 따라서 일회용품 사용을 줄이고 재사용할 수 있는 수저와 텀블러 등을 이용하는 것이 좋아요.

3. **물티슈 사용 줄이기**: 물티슈에도 플라스틱 성분이 들어 있어요. 따라서 물티슈 대신 손수건이나 면 행주를 사용하는 것도 좋은 방법이에요.

Self-Study 노트

핵심 구문 100% 이해하기 힌트를 참고하여 주어진 문장을 바르게 직독직해 하세요.

break down: 분해되다   doesn't ~ down과 can float가 and로 연결

1. It **doesn't break down** easily / **and can float**.

≫ _____

break into pieces: 여러 조각으로 부서지다   called: ~라고 불리는

2. When sunlight hits it, / it can **break into** tiny **pieces** / **called** microplastics.

≫ _____

be aware of: ~을 알다

3. But / many people **are** not **aware** / **of** this big problem.

≫ _____

because of + 명사: ~ 때문에

4. Unfortunately, / we can't clean up / all the microplastics in the ocean / **because of their size**.

≫ _____

if + 주어 + 동사(현재): 만약 ~가 …한다면   might not + 동사원형: ~하지 않을지도 모른다

5. But **if we use** less plastic, / it **might not get** into the ocean / in the first place.

≫ _____

글의 내용 100% 이해하기 글의 내용에 맞게 다음 빈칸을 채우세요.

바닷속 미세 플라스틱과 먹이 사슬

| 미세 플라스틱이란? | 바닷속 플라스틱이 1 _____ 에 닿아 아주 작게 부서진 것
→ 2 _____ 과 먹이 사슬에 영향을 미칠 수 있음 |

| 먹이 사슬의 예시 | 3 _____ 이 미세 플라스틱을 먹이로 착각해서 먹음 |

⌄

4 _____ 가 그 플랑크톤들을 먹음

⌄

5 _____ 이 그 물고기들을 먹음

Photo Credits

Memo

Memo

Memo

중학생을 위한 수능 영어의 시작

빠작

중학 비문학 영어 독해

기본

미니 단어장

동아출판

READING

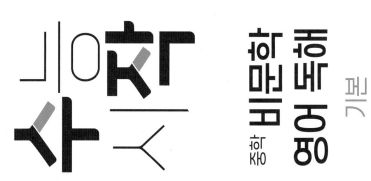

Reading 1 .... Food and Stress

sometimes	부 때때로, 가끔	still	부 여전히, 아직도
reduce	동 줄이다	worse	형 더 나쁜
stress	명 스트레스	happen	동 (일·사건이) 일어나다
anxiety	명 걱정, 불안	even	부 심지어
comfort	명 위안, 편안함	hunger	명 배고픔
emotional	형 감정적인	in order to-v	~하기 위해
comfort	명 위안, 편안함	hunger	명 배고픔
better	형 나은, 더 좋은	find	동 찾다
need	동 필요로 하다, (~이) 필요하다	fill	동 채우다
every time	~할 때마다, 매번	emotionally	부 감정적으로
lonely	형 외로운	go for a walk	명 산책하러 가다
problem	명 문제	favorite	형 (다른 것보다) 좋아하는
for a moment	잠시 동안	close	형 친한, (사이가) 가까운
feeling	명 기분, 느낌	chat	동 수다를 떨다, 이야기를 나누다

Memo

Reading 2 | **Plant-Based Milk**

mostly	된 주로, 일반적으로	fat	명 지방
option	명 선택(지)	fewer	형 (수가) 더 적은
plant-based	형 식물성의, 식물을 기본 재료로 한	calorie	명 칼로리, 열량
soy	명 콩	heart	명 심장
nut	명 견과류	contain	통 ~이 들어 있다
grain	명 곡물	hormone	명 호르몬
several	형 몇몇의	harm	통 (건강·사람 등을) 해치다
allergic	형 알레르기가 있는	level	명 (숫자로 개산한) 수치, 수준
digest	통 (음식을) 소화시키다	increase	통 증가하다
vegetarian	명 채식주의자	wise	형 현명한
prefer	통 ~을 선호하다 (더 좋아하다)	choice	명 선택
come from	~에서 나오다(생겨나다)	stay	통 (어떤 상태를) 유지하다
health	명 건강	try	통 시도해 보다
less	형 (양이) 더 적은		

Reading 3 · Cooking and the Brain

단어	뜻	단어	뜻
meal	명 식사, 끼니	plus	부 게다가, 더욱이
energy	명 에너지(기운)	plan	동 계획하다
cook	동 요리하다	remember	동 기억하다
keep	동 (어떤 상태를) 유지하다	process	명 과정
brain	명 (누)뇌	solve	동 (일·문제 등을) 해결하다, 풀다
chop	동 (재료를) 썰다, 다지다	condition	명 (건강) 상태
mix	동 섞다	amazing	형 놀라운
ingredient	명 재료	improve	동 더 좋게 하다, 개선하다
muscle	명 근육	activity	명 활동
part	명 부분, 일부	prevent	동 예방하다, 막다
control	동 통제하다	age-related	형 나이와 관련이 있는
sense	명 감각	disease	명 질환, 질병
sight	명 시각	hobby	명 취미
hearing	명 청각		

Reading 4 · Microplastics

단어	뜻	단어	뜻
everywhere	부 어디에나, 모든 곳에서	marine	형 바다의, 해양의
even	부 심지어	life	명 생물, 생명체
ocean	명 바다	food chain	먹이 사슬
float	동 (물 위에) 뜨다, 떠가다	be aware of	~을 알다(알아차리다)
travel	동 이동하다	get into	~에 들어가다
far	부 멀리	human	명 인간, 사람
sunlight	명 햇빛	as well	또한, ~도
hit	동 닿다, 이르다; 치다, 때리다	clean up	~을 치우다
break into pieces	여러 조각으로 부서지다(산산조각나다)	in the first place	애초에, 맨 처음에
tiny	형 아주 작은		
microplastic	명 미세 플라스틱		

Reading 4　Food Supplements

vitamin	명 비타민	from A to B	A부터 B까지
protein	명 단백질	quality	명 품질
supplement	명 보충(제), 보조 식품	marketing	명 마케팅
according to	~에 따르면	treat	동 취급하다, 다루다
replace	동 대체하다	label	명 라벨, 상표
balanced	형 균형 잡힌, 안정된	dangerous	형 위험한
diet	명 식사	although	접 비록 ~이긴 하지만
nutrient	명 영양소	helpful	형 도움이 되는
consider	동 ~로 여기다(생각하다)	mainly	부 주로, 대부분
drug	명 의약품, 약(물)	meat	명 고기(육류)
almost	부 거의	dairy food	유제품

UNIT 8

Reading 3　Palm Oil

ingredient	명 재료	rainforest	명 (열대) 우림
palm oil	팜유, 야자유	enter	동 들어오다(가다)
almost	부 거의, 대부분	atmosphere	명 대기, 공기
half	명 (절)반	destroy	동 파괴하다
product	명 제품, 상품	home	명 서식지; 집
fruit	명 열매	endangered	형 멸종 위기에 처한
palm tree	야자나무	species	명 (생물의) 종
popular	형 인기 있는	orangutan	명 오랑우탄
cheap	형 (값이) 저렴한, 싼	unfortunately	부 불행하게도, 안타깝게도
plantation	명 (대규모) 농장	hard	형 어려운
burn down	(불로) 태워 버리다	instead	부 대신에

Reading 1 — Sonic Branding

영어	뜻	영어	뜻
be familiar with	~에 친숙하다	memory	명 기억
intro	명 (음악·글의) 도입부	remind A of B	A에게 B를 떠올리게 하다
brand	명 브랜드, 상표	right away	곧바로, 즉시
unique	형 고유의, 독특한	reason	명 이유
sonic	형 소리의	affect	동 영향을 미치다
focus on	~에 집중하다	decision	명 결정
melody	명 멜로디, 선율	imagine	동 상상하다
catch	동 (관심을) 사로잡다, (주의를) 끌다	probably	부 아마
attention	명 관심, 주의	pick	동 고르다
memorable	형 기억할 만한	increase	동 증가시키다
many times	여러 번	sales	명 매출
stay	동 머무르다, 계속 있다		

Reading 2 — Disappearing Food

영어	뜻	영어	뜻
disappear	동 사라지다	fewer	형 (수가) 더 작은
global warming	지구 온난화	meat	명 고기(육류)
be made from	~로 만들어지다	cost	동 (값·비용이) 들다
cacao bean	카카오빈(콩)	temperature	명 온도
grow	동 자라다, 성장하다	spread	동 퍼뜨리다
certain	형 특정한	disease	명 질병
area	명 지역	cure	동 치료하다, 고치다
affect	동 영향을 미치다(주다)	at the moment	지금은, 현재는
harvest	명 수확, 추수	future	명 미래
be in trouble	곤경에 처하다	be at risk	위험에 처하다
well	부 잘, 제대로	take care of	~을 소중히 하다
feed	동 먹이다, 먹이를 주다	crisis	명 위기
less	형 (양이) 더 작은		

Reading 2 | The Value of Gold

valuable	형 가치 있는, 귀중한	melt	동 녹다
metal	명 금속	be made into	~로 만들어지다
thousands of	수천의	form	명 형태
symbol	명 상징	jewelry	명 (보석으로 만든) 장신구
power	명 권력, 힘	spaceship	명 우주선
wealth	명 부, 부유함	lastly	부 마지막으로
expensive	형 비싼	value	명 가치
rare	형 희귀한, 드문	stable	형 안정적인
amount	명 양	always	부 항상, 언제나
mine	동 채굴하다, (광물을) 캐다	economic	명 경제의
cost	동 (비용, 값이) 들다	condition	명 상황, 상태
as much as	~만큼 많이	economy	명 경제
useful	형 유용한		

Reading 1 | Christmas Trees

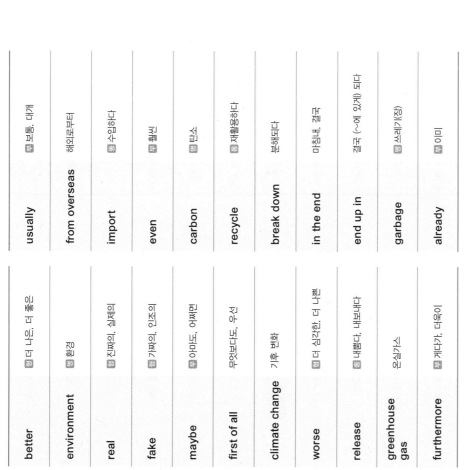

better	형 더 나은, 더 좋은	usually	부 보통, 대개
environment	명 환경	from overseas	해외로부터
real	형 진짜의, 실제의	import	동 수입하다
fake	형 가짜의, 인조의	even	부 훨씬
maybe	부 아마도, 어쩌면	carbon	명 탄소
first of all	무엇보다도, 우선	recycle	동 재활용하다
climate change	기후 변화	break down	분해되다
worse	형 더 심각한, 더 나쁜	in the end	마침내, 결국
release	동 내뿜다, 내보내다	end up in	결국 (~에 있게) 되다
greenhouse gas	온실가스	garbage	명 쓰레기(장)
furthermore	부 게다가, 더욱이	already	부 이미

Reading 3 : Animals in the Stock Market

단어	뜻	단어	뜻
bull	명 황소	scared	형 겁먹은
stock	명 주식	take a risk	위험을 감수하다
market	명 시장	try to-v	~하려고 노력하다
type	명 종류	safe	형 안전한
investor	명 투자자	huge	형 막대한, 큰
positive	형 긍정적인	profit	명 이익
believe	동 생각하다, 믿다	look for	~을 찾다
price	명 가격	tip	명 팁, 정보
rise	동 오르다	analyze	동 분석하다
expect to-v	~할 것이라고 기대하다	in detail	상세하게, 자세히
opposite	명 반대	loser	명 패배자
negative	형 부정적인	behavior	명 태도, 행동
fall	동 떨어지다		

Reading 4 : Vegetarian Diets

단어	뜻	단어	뜻
vegetarian	형 채식주의의 명 채식주의자	find out	알게 되다
diet	명 식단, 식사	space	명 공간
these days	요즘	give up	포기하다
avoid	동 피하다	protest	동 항의하다
expert	명 전문가	poor	형 열악한
well-planned	형 잘 계획된	living condition	생활 환경
lower	동 낮추다	take A to-v	~하는 데 A가 들다[필요하다]
certain	형 특정한; 어떤	huge amounts of	엄청난 양의
possible	형 가능한	grain	명 곡물
choice	명 선택	raise	동 기르다, 키우다
care about	~에 관심을 가지다	animal waste	동물의 배설물
right	명 권리	pollution	명 (환경) 오염

Reading 4 — The Diderot Effect

단어	뜻
be called	~라고 불리다
be gone	없어지다, 가 버리다
effect	명 효과, 영향
occur	동 (일이) 발생하다
term	명 용어
daily life	일상생활
come from	~에서 유래하다(나오다)
realize	동 깨닫다
receive	동 받다
jacket	명 재킷, 웃옷
robe	명 로브
pattern	명 패턴, 양식
find	동 알게 되다; 찾다, 발견하다
action	명 행동
match	동 (스타일이) 어울리다
alone	부 단독으로, 혼자서
replace A with B	A를 B로 대체하다(바꾸다)
each	형 각각의
one by one	하나씩
lead to	~로 이어지다
item	명 물건, 제품

Reading 3 — Mug Shots

단어	뜻
ID card	신분증
side view	옆면
passport	명 여권
visual	형 시각의
driver's license	운전면허증
record	명 기록
portrait	명 인물 사진, 초상화
measure	동 (양·크기 등을) 측정하다(재다)
identify	동 (신원을) 확인하다
include	동 포함시키다
criminal	명 범죄자
detail	명 세부 사항
French	형 프랑스의, 프랑스인의
add	동 추가하다, 더하다
process	명 과정, 절차
address	명 주소
consist of	~로 이루어지다(구성되다)
fingerprint	동 지문을 채취하다 / 명 지문
front view	정면
forget	동 잊다

UNIT 7

Reading 1 — Food and Chemicals

chemical	명 화학 물질	grow	통 자라다
preserve	통 (식품 등을 썩지 않게) 보존하다	take A out of B	B에서 A를 빼내다
keep A from v-ing	A가 ~하지 못하게 하다	add	통 첨가하다, 더하다
go bad	(음식이) 상하다	mix	통 섞이다
store	통 보관하다, 저장하다	space	명 공간
past	명 과거	kill	통 죽이다
natural	형 천연의, 자연적인	sour	형 신, 시큼한
vinegar	명 식초	work	통 작용하다
vegetable	명 채소	same	형 같은
bacteria	명 박테리아	as well as	~만큼 잘
need	통 (~이) 필요하다	still	부 여전히, 아직도

Reading 2 — Time Zones

imagine	통 상상하다	imaginary	형 가상의, 상상의
idea	명 생각, 아이디어	the Prime Meridian	본초 자오선
zone	명 지대, 구역	pass through	~을 통과하다
across the globe	전 세계에	standard	형 기준, 표준
spin around	(제자리에서) 돌다	east	명 동쪽으로 동쪽
once	부 한 번	gain	통 얻다
divide A into B	A를 B로 나누다	west	부 서쪽으로 형 서쪽
planet	명 행성	lose	통 잃다
equal	형 (수·양이) 같은, 동일한	noon	명 정오
each	형 각각의	be located	(어떤 곳에) 위치하다
apart	부 (거리·시간이) 떨어져		

Reading 1 | The First Penguin

단어	뜻	단어	뜻
gather	통 모이다	fail	통 실패하다
hesitate	통 망설이다	award	명 상
take a risk	위험을 감수하다	encourage A to-v	A가 ~하도록 격려하다
dive in	(물속으로) 뛰어들다, 다이빙하다	business	명 비즈니스, 사업
rest	명 나머지	develop	통 개발하다
follow	통 따라가다	market	명 시장
brave	형 용감한	tend to-v	~하는 경향이 있다
be known as	~로 알려져 있다	fear	통 두려워하다
professor	명 교수	challenge	명 도전
term	명 용어	failure	명 실패
lecture	명 강의	result	명 결과
reward	명 보상, 상	afraid	형 두려워하는, 겁내는

Reading 2 | Miracle Planet

단어	뜻	단어	뜻
as far as	~하는 한	harmful	형 해로운
Earth	명 지구	sun ray	태양 광선
planet	명 (우주의) 행성	survive	통 살아남다, 생존하다
life	명 생명체	essential	형 필수적인, 꼭 필요한
distance	명 거리	cell	명 세포
close	형 가까운	blood	명 혈액, 피
mean	통 의미하다	muscle	명 근육
right	형 알맞은	organ	명 (몸의) 장기(기관)
temperature	명 온도	condition	명 조건
atmosphere	명 대기	besides	전 ~ 외에
consist of	~로 구성되다(이루어지다)	meet	통 충족시키다
breathe	통 숨을 쉬다	miracle	명 기적
protect	통 보호하다, 지키다		

Reading 3 .... Frankenfood

단어	뜻	단어	뜻
novel	명 소설	turn	동 (어떤 상태로) 변하다
monster	명 괴물	brown	명 갈색 / 동 갈색이 되다
create	동 만들어 내다	cause	동 (문제 등을) 일으키다
body part	신체 부위	however	부 하지만, 그러나
scientist	명 과학자	issue	명 (걱정거리가 되는) 문제
gene	명 유전자	worry	동 걱정하다
remove	동 제거하다, 없애다	impact	명 (강력한) 영향, 충격 / 동 영향을 주다
trait	명 특성	health	명 건강
taste	동 (맛이) ~하다	unnatural	형 자연적이지 않은
last	동 (기간이) 지속되다, 오래가다	safety	명 안전
original	명 원래의 것	test	동 검사[테스트]를 하다
peel	명 껍질 / 동 껍질을 벗기다	sell	동 판매하다, 팔다

Reading 4 .... AI Robots

단어	뜻	단어	뜻
basic	형 기본적인	based on	~에 근거하여
difference	명 차이(점)	instruction	명 지시
AI	인공지능	block	동 (지나가지 못하게) 막다
normal	형 일반적인, 평범한	path	명 진로, 길
make a decision	결정을 내리다	follow	동 따르다
learn	동 학습하다, 배우다	whenever	접 ~할 때마다
adapt to	~에 적응하다	experience	명 경험
environment	명 환경	each time	매번, 언제나
perform	동 (수)행하다	try to-v	~하려고 노력하다
task	명 일, 과제	goal	명 목적지, 목표

Reading 3 Internet Cookies

favorite	형 (다른 것보다) 좋아하는
seem like	~처럼 보이다, ~인 것 같다
welcome	동 환영하다
search for	~을 검색하다
ad	명 광고
login	명 로그인, (컴퓨터) 접속 개시
detail	명 정보, 세부 사항
activity	명 활동
web browser	웹 브라우저
enter	동 (정보를) 입력하다
every time	~할 때마다, 매번

worry	명 우려, 걱정
privacy	명 사생활
issue	명 (걱정거리가 되는) 문제
government	명 정부
collect	동 수집하다, 모으다
personal	형 개인의
security	명 보안
shared	형 공유의
hacker	명 (컴퓨터) 해커
be able to-v	~할 수 있다
break into	~에 (몰래) 침입하다

Reading 4 The Red-Eye Effect

ask A to-v	A에게 ~해 달라고 부탁[요청]하다
picture	명 사진
grab	동 잡다
point	동 (어떤 방향으로) 향하게 하다; 가리키다
flash	명 (카메라의) 플래시
go off	터지다, 발사되다
enough	형 충분한
light	명 빛
common	형 흔한

known as	~로 알려진
pass through	~을 통과하다
reflect off	~에 부딪혀 반사되다
back	명 뒤쪽
sometimes	부 가끔, 때때로
appear	동 보이게 되다, 나타나다
usually	부 보통, 대개
let in	~이 들어오게 하다
as a result	결과적으로

Reading 1 · Colorful Leaves

단어	뜻	단어	뜻
colorful	형 알록달록한	break down	분해되다
autumn	명 가을	cause A to-v	A가 ~하게 하다
leaf	명 (나뭇잎, 잎사귀	pigment	명 색소
during	전 ~동안	disappear	동 사라지다
absorb	동 (액체 등을) 흡수하다, 빨아들이다	already	부 이미, 벌써
sunlight	명 햇빛	cover up	~을 가리다(덮다)
turn A into B	A를 B로 바꾸다	on the other hand	반면에
sugars	명 당분	produce	동 만들어 내다, 생산하다
feed	동 (식물에) 영양분을 주다, 먹이를 주다	chemical	형 화학적인
season	명 계절	both	형 둘 다의, 양쪽의
change	동 바꾸다 명 변화	amazing	형 놀라운
day	명 낮; 하루		

Reading 2 · The Otis Elevator

단어	뜻	단어	뜻
have ~ in common	~라는 공통점이 있다	passenger	명 승객
elevator	명 엘리베이터(승강기)	system	명 장치, 시스템
company	명 회사	stop A from v-ing	A가 ~하는 것을 막다
found	동 설립하다	ground	명 지면, 땅
inventor	명 발명가	decide to-v	~하기로 결심하다 (결정하다)
safety	명 안전	hold	동 지탱하다, 잡고 있다
brake	명 브레이크(제동기)	air	명 공중, 허공
invention	명 발명(품)	shocked	형 충격 받은
accident	명 사고	immediately	부 즉시, 곧바로
rope	명 밧줄	install	동 설치하다
part	명 부품, 부분	more than	~ 이상의, ~보다 많은
break	동 고장 나다, 부서지다	country	명 나라, 국가
ride	동 (차량·자전거 등을) 타다		

Reading 2 | Food of the Future

bug	명 벌레, 작은 곤충
protein	명 단백질
surprised	형 놀란
vitamin	명 비타민
insect	명 곤충
nutrient	명 영양소
normal	형 평범한; 보통의
greenhouse gas	온실가스
diet	명 식사, 식이 요법
sound	통 ~하게 들리다
in fact	사실은
unpleasant	형 불쾌한
perfect	형 완벽한
interested	형 관심 있는
raise	통 (동물을) 기르다(사육하다)
snack	명 간식
anywhere	부 어디든지
online	부 온라인으로
healthy	형 건강에 좋은, 건강한
try	통 시도해 보다
be rich in	~이 풍부하다
taste like	~같은 맛이 나다

Reading 1 | The Hamburger Button

app	명 앱(응용 프로그램)
understand	통 이해하다
line	명 줄, 선
meaning	명 의미
icon	명 (컴퓨터·영상의) 아이콘
answer	명 답
option	명 옵션(선택)
smartphone	명 스마트폰
look like	~처럼 보이다, ~을 닮다
screen	명 화면(스크린)
powerful	형 매우 효과적인, 강력한
hard	형 어려운
simple	형 단순한
show	통 보여 주다
clear	형 명확한
useful	형 유용한
list	명 목록
hide	통 숨기다; 숨다
user	명 사용자(유저)
website	명 웹사이트

Reading 3 · Giant Pandas and Bamboo

instead	부 대신	believe	동 생각하다, 믿다
bamboo	명 대나무	need to-v	~할 필요가 있다
digest	동 소화시키다	fight	동 싸우다
past	명 과거	choose	동 선택하다
gene	명 유전자	fact	명 사실
researcher	명 연구자	vegetarian	명 채식주의자
lose	동 잃다	evolve	동 진화시키다
ability	명 능력	grab	동 (손으로) 움켜잡다
taste	명동 맛을 느끼다(알아보다)	extra	형 여분의, 추가의
possible	형 가능한		

Reading 4 · Calligraphy

writing	명 글씨, 글자	religious	형 종교적인
cover	명 표지	document	명 문서
invitation	명 초대장	develop	동 발전하다; 발전시키다
calligraphy	명 캘리그래피, 서예	art form	예술 형식
Greek	형명 그리스(어)의	poetry	명 시
beauty	명 아름다움	stroke	명 (글씨·그림의) 획
ancient	형 고대의	character	명 문자, 글자
symbol	명 기호	influence	동 영향을 주다
decoration	명 장식	over time	시간이 흐르면서
Roman	형 로마(자)의	calligrapher	명 서예가, 글씨를 잘 쓰는 사람
alphabet	명 알파벳, 자음과 모음	own	형 자신(만)의
play a role	역할을 하다	artistic	형 예술적인
Western	형 서양의		

Reading **3** The Number of Piano Keys

key	명 (피아노의) 건반	**composition**	명 작곡
standard	형 표준의 명 표준, 기준	**limit**	동 제한하다
invent	동 발명하다	**manufacturer**	명 제조업자
composer	명 작곡가	**late**	형 후반의, 말기의
musical	형 음악의	**begin**	동 시작하다
instrument	명 기구, 악기	**model**	명 모델, 방식
technician	명 기술자	**since then**	그때 이후로
thanks to	~ 덕분에	**human**	형 인간의
musician	명 음악가	**distinguish**	동 구별하다
control	동 조절하다	**note**	명 (음악의) 음; 음표
loudness	명 음량; 소리의 세기		

Reading **4** Ideas from Nature

nature	명 자연	**triangular**	형 삼각형의
solution	명 해결책	**hunt**	동 사냥하다
daily life	일상생활	**quietly**	부 조용히
special	형 특별한	**quickly**	부 빠르게
skin	명 (동물의) 가죽, 피부	**engineer**	명 기술자, 엔지니어
scale	명 비늘	**design**	동 설계하다, 디자인하다
designer	명 디자이너, 설계자	**high-speed**	형 고속의
copy	동 모방하다, 베끼다	**shape**	동 ~의 모양으로 만들다
swimsuit	명 수영복	**noise**	명 소음
swimmer	명 수영 선수	**tunnel**	명 터널
example	명 예	**improve**	동 향상시키다, 개선하다

Reading 1 ········ Curtain Calls

theater	영 연극	call for A to-v	A에게 ~할 것을 요청하다
actor	영 배우	return	동 돌아오다
interesting	형 흥미로운	continue	동 계속되다
performance	영 공연	modern	형 현대의
character	영 등장인물, 캐릭터	stage	영 무대
play	영 연극 동 연기하다	moment	영 순간
connect with	~와 이어지다(연결하다)	thank	동 감사를 표하다(전하다)
tradition	영 전통	cast	영 출연진
dramatic	형 연극의	crew	영 제작진
popular	형 인기 있는	reality	영 현실
audience	영 관객	cheer	영 환호

Reading 2 ········ Storyboards

movie	영 영화	action	영 (배우의) 동작, 액션
script	영 대본	dialogue	영 대화
film	동 (영화·영상물을) 촬영하다	movement	영 동작, 움직임
director	영 감독	save	동 절약하다
actual	형 실제의	allow A to-v	A가 ~할 수 있도록 (허락)하다
storyboard	영 스토리보드	position	영 위치
act as	~로서의 역할을 하다	according to	~에 따라
guidebook	영 안내서	whole	형 전체의
scene	영 장면	process	영 과정
comic book	만화책	nowadays	부 요즘에는
information	영 정보	commercial	영 광고
including	전 ~을 포함하여	cartoon	영 만화 영화

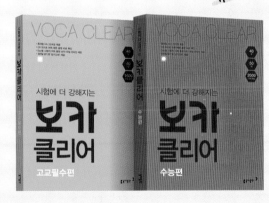

중학 비문학
영어 독해

기본

ANSWERS

동아출판

수능시작

중학 비문학
영어 독해
기본

ANSWERS

Reading 1

본문 해석

❶ 당신은 스트레스를 받고 있을 때 감자칩이나 아이스크림을 먹는가? ❷ 때때로 우리는 스트레스나 걱정을 줄이기 위해 음식을 사용한다. ❸ 이처럼 위안을 얻으려고 음식을 먹는 것은 '감정적인 식사'라고 불린다. ❹ 사람들이 기분이 나쁠 때, 먹는 것은 그들이 기분이 나아지게 할 수 있다. ❺ 하지만 만약 당신이 스트레스 받거나, 화나거나, 혹은 외로울 때마다 음식을 필요로 한다면 그것은 문제가 될 수 있다. ❻ 먹는 것은 잠시 동안 기분이 좋을지도 모른다. ❼ 하지만 나쁜 기분은 여전히 그곳에 있다. ❽ 그것은 당신을 더 기분 나쁘게 한다.

❾ 감정적인 식사는 심지어 당신이 배고프지 않을 때도 일어난다. ❿ 이것은 당신이 감정적인 배고픔을 느끼기 때문이다. ⓫ 그러므로 그것을 멈추기 위해 당신은 자신을 감정적으로 채울 다른 방법을 찾아야 한다. ⓬ 예를 들면, 당신은 산책하러 가거나, 좋아하는 음악을 듣거나, 혹은 수다를 떨기 위해 친한 친구에게 전화할 수 있다. ⓭ 이러한 것들은 당신이 감정적으로 식사하기 전에 멈춰서 생각하도록 도울 수 있다.

직독직해

❶ Do you eat potato chips or ice cream / when you're feeling
당신은 감자칩이나 아이스크림을 먹는가 당신이 스트레스를 받고 있을 때
stressed? ❷ Sometimes we use food / to reduce our stress or anxiety.
  때때로 우리는 음식을 사용한다 스트레스나 걱정을 줄이기 위해
❸ Eating food for comfort like this / is called "emotional eating."
  이처럼 위안을 얻으려고 음식을 먹는 것은 '감정적인 식사'라고 불린다
❹ When people feel bad, / eating can make them feel better. ❺ But
  사람들이 기분이 나쁠 때 먹는 것은 그들이 기분이 나아지게 할 수 있다 하지만
if you need food / every time you're stressed, angry, or lonely, / it can
만약 당신이 음식을 필요로 한다면 스트레스 받거나, 화나거나, 혹은 외로울 때마다 그것은
be a problem. ❻ Eating may feel good / for a moment. ❼ But / the bad
문제가 될 수 있다 먹는 것은 기분이 좋을지도 모른다 잠시 동안 하지만 나쁜
feelings are still there. ❽ That makes / you / feel worse.
기분은 여전히 그곳에 있다 그것은 (~하게) 한다 당신을 더 기분 나쁘게
❾ Emotional eating happens / even when you're not hungry. ❿ This
  감정적인 식사는 일어난다 심지어 당신이 배고프지 않을 때도 이것은
is / because you feel emotional hunger. ⓫ So, / in order to stop it, / you
~이다 당신이 감정적인 배고픔을 느끼기 때문 그러므로 그것을 멈추기 위해 당신은
have to find other ways / to fill yourself emotionally. ⓬ For example, /
다른 방법들을 찾아야 한다 당신 자신을 감정적으로 채울 예를 들면
you can go for a walk, / listen to your favorite music, / or call a close
당신은 산책하러 가거나 당신이 좋아하는 음악을 듣거나 혹은 수다를 떨기 위해
friend to chat. ⓭ These things can help you stop and think / before you
친한 친구에게 전화할 수 있다 이러한 것들은 당신이 멈춰서 생각하도록 도울 수 있다 당신이 감정적으로
eat emotionally.
식사하기 전에

(12)

구문 해설

❶ feel stressed: 스트레스를 받다

❷ Sometimes we use food <u>to reduce</u> our stress or anxiety.
 ◆ to reduce: 목적을 나타내는 to부정사 (부사적 용법: ~하기 위해)

❸ [Eating food for comfort like this] *is called* "emotional eating."
 ◆ 주어: Eating food for comfort like this (동명사구)
 ◆ be called: ~라고 불리다

❹ make + 목적어 + 목적격보어(동사원형): ~가 …하게 하다 / better: good의 비교급 (나은, 더 좋은)

❺ ◆ if + 주어 + 동사: 만약 ~가 …한다면
 ◆ every time + 주어 + 동사: ~가 …할 때마다

❻ may + 동사원형: ~할지도 모른다 / for a moment: 잠시 동안

문제 해설

1 이 글의 요지로 가장 적절한 것은?

① 건강을 위해 과식을 하면 안 된다.

② 불필요한 스트레스와 걱정을 줄여야 한다.

③ 안 좋은 감정은 가급적 빨리 털어내야 한다.

④ 좋아하는 음식을 먹어서 감정을 조절해야 한다.

✓⑤ 안 좋은 감정을 먹는 것으로 없애려고 해서는 안 된다.

1 스트레스나 걱정을 줄이기 위해 음식을 먹는 '감정적인 식사'를 하면 안 된다고 이야기하는 글이므로 ⑤가 적절하다.

2 이 글에서 자신을 감정적으로 채우는 방법으로 제시된 세 가지 예시를 우리말로 쓰시오.

(1) _____산책하러 가기_____

(2) _____좋아하는 음악 듣기_____

(3) _____(수다를 떨기 위해) 친한 친구에게 전화하기_____

2 마지막 단락의 For example, you can ~ to chat.에서 자신을 감정적으로 채울 수 있는 방법 세 가지를 예시로 제시했다.

3 빈칸에 들어갈 말로 가장 적절한 것은?

① stop eating 식사를 멈추기 (전에)

② get hungry 배고프기 (전에)

③ feel stressed 스트레스를 받기 (전에)

④ reduce your anxiety 당신의 걱정을 줄이기 (전에)

✓⑤ eat emotionally 감정적으로 식사하기 (전에)

3 앞서 말한 자신을 감정적으로 채우는 방법들이 '이 행동'을 하기 전에 멈춰서 생각할 수 있도록 돕는다고 했으므로 ⑤가 적절하다.

(13)

---

❽ make + 목적어 + 목적격보어(동사원형): ~가 …하게 하다 / worse: bad의 비교급 (더 나쁜)

❿ This is because + 주어 + 동사 ~.: 이것은 …가 ~하기 때문이다.

⓫ So, *in order to* stop it, you *have to* find other ways [to fill yourself emotionally].

  ◆ in order to + 동사원형: ~하기 위해

  ◆ have to + 동사원형: ~해야 한다

  ◆ [ ]는 other ways를 수식하는 to부정사 (형용사적 용법: ~할)

⓬ For example, you can go for a walk, listen to your favorite music, *or* call a close friend to chat.

  ◆ go, listen, call이 or로 연결된 병렬 구조

  ◆ to chat: 목적을 나타내는 to부정사 (부사적 용법: ~하기 위해)

⓭ help + 목적어 + 목적격보어(동사원형): ~가 …하도록 돕다 / before + 주어 + 동사: ~가 …하기 전에

Reading 2

본문 해석

❶ 우리는 어디에서 우유를 얻는가?
❷ 주로 소에서 얻는다. ❸ 하지만 다른 선택지들이 있다. ❹ 요즘 우리는 콩이나 견과류, 혹은 곡물로 만들어진 식물성 우유를 즐길 수 있다.
❺ 식물성 우유는 몇몇 이유로 인기 있어지고 있다. ❻ 첫 번째로, 더 많은 사람들이 그것을 즐길 수 있다. ❼ 몇몇 사람들은 우유에 알레르기가 있거나 그것을 소화시킬 수 없다. ❽ 식물성 우유는 그들에게 좋은 선택지이다. ❾ 많은 채식주의자들도 식물성 우유가 동물에서 나오지 않기 때문에 그것을 선호한다. ❿ 두 번째로, 그것은 당신의 건강에 더 좋다. ⓫ 식물성 우유는 지방이 더 적고 칼로리가 더 낮다. ⓬ 그리고 많은 견과류 우유는 당신의 심장에 좋은 건강한 지방을 가지고 있다. ⓭ 또한, 그것은 당신의 건강을 해칠 수 있는 호르몬이 들어있지 않다. ⓮ 소가 임신하면 호르몬 수치가 증가한다. ⓯ 이 호르몬은 그 소의 우유에서 발견될 수 있다.
⓰ 식물성 우유는 모두에게 현명한 선택이 될 수 있다. ⓱ 만약 당신이 건강한 상태를 유지하고 싶다면, 그것을 시도해 보는 게 어떨까?

직독직해

❶ Where do we get milk? ❷ Mostly from cows. ❸ But there are other
우리는 어디에서 우유를 얻는가　　　주로 소에게서다　　　하지만 다른 선택지들이 있다
options. ❹ These days, / we can enjoy plant-based milk / made from soy,
요즘　　　우리는 식물성 우유를 즐길 수 있다　　　콩, 견과류, 혹은
nuts, or grains.
곡물로 만들어진
❺ Plant-based milk is becoming popular / for several reasons. ❻ First,
식물성 우유는 인기 있어지고 있다　　　몇몇 이유들로　　　첫 번째로
/ more people can enjoy it. ❼ Some people are allergic to cows' milk / or
더 많은 사람들이 그것을 즐길 수 있다　　몇몇 사람들은 (소의) 우유에 알레르기가 있다　　혹은
can't digest it. ❽ Plant-based milk is a good option / for them. ❾ Many
그것을 소화시킬 수 없다　　식물성 우유는 좋은 선택지이다　　　그들에게　　　많은
vegetarians / also prefer plant-based milk / because it doesn't come from
채식주의자들이　　또한 식물성 우유를 선호한다　　　그것이 동물에서 나오지 않기 때문에
animals. ❿ Second, / it is better for your health. ⓫ Plant-based milk has
두 번째로　　그것은 당신의 건강에 더 좋다　　　식물성 우유는 가지고 있다
/ less fat and fewer calories. ⓬ And / lots of nut milk has healthy fats /
더 적은 지방과 더 적은 칼로리를　　　그리고　　많은 견과류 우유는 건강한 지방을 가지고 있다
that are good for your heart. ⓭ Also, / it contains no hormones / that can
당신의 심장에 좋은　　　또한　　　그것은 호르몬이 들어있지 않다
harm your health. ⓮ When cows are pregnant, / their hormone levels
당신의 건강을 해칠 수 있는　　　소들이 임신할 때　　　그것들의 호르몬 수치가 증가한다
increase. ⓯ These hormones can be found / in their milk.
　　　　이 호르몬들은 발견될 수 있다　　　그것들의 우유에서
⓰ Plant-based milk can be a wise choice / for everyone. ⓱ If you want
식물성 우유는 현명한 선택이 될 수 있다　　　모두에게　　　만약 당신이
to stay healthy, / why don't you try it?
건강한 상태를 유지하고 싶다면　　그것을 시도해 보는 게 어떨까

16

구문 해설

❷ Mostly (we get it) from cows.
　◆ Mostly 다음에 「주어 + 동사 + 목적어」가 생략됨

❸ there + be동사: ~이 있다

❹ These days, we can enjoy plant-based milk [made from soy, nuts, or grains].
　◆ [ ]는 plant-based milk를 수식하는 과거분사구 (made from: ~로 만들어진)

❺ is becoming: be동사 현재형 + v-ing (현재진행형: ~해지고 있다)

❼ Some people *are allergic to* cows' milk *or* can't digest it.
　◆ be allergic to: ~에 알레르기가 있다
　◆ are와 can't digest가 or로 연결된 병렬 구조

❾ come from: ~에서 나오다

| **Self-Study 노트** 핵심 구문 100% 이해하기 | 직독직해 ❹, ❼, ❾, ⓬, ⓱번 문장

글의 내용 100% 이해하기 | 1. 곡물 2. 알레르기 3. 채식주의자(들) 4. 지방 5. 칼로리 6. 호르몬

1 이 글의 주제로 가장 적절한 것은?

① 식물성 우유의 종류

✓② 식물성 우유의 장점

③ 동물성 우유의 문제점

④ 우유가 건강에 좋은 이유

⑤ 식물성 우유를 만드는 방법

1 식물성 우유가 가진 여러 장점에 대해 이야기하는 글이므로 ②가 적절하다.

2 식물성 우유에 관한 설명 중 이 글의 내용과 일치하지 <u>않는</u> 것은?

① 콩이나 곡물 등으로 만들어진다. ④번 문장

② 채식주의자들에게 인기 있다. ⑨번 문장

✓③ 우유 알레르기 치료에 좋다.

④ 상대적으로 칼로리가 더 낮고 지방이 더 적다. ⑪번 문장

⑤ 동물의 호르몬이 들어 있지 않다. ⑬번 문장

2 ③ 식물성 우유의 우유 알레르기에 대한 치료 효과는 언급되지 않았다.

3 빈칸에 들어갈 말로 가장 적절한 것은?

① grow plants 식물을 기르고

✓② stay healthy 건강한 상태를 유지하고

③ be a vegetarian 채식주의자가 되고

④ enjoy cows' milk 우유를 즐기고

⑤ make plant-based milk 식물성 우유를 만들고

3 앞서 식물성 우유의 장점을 제시한 뒤, 빈칸 다음에 식물성 우유를 시도해 보는 것이 어떨지 제안하고 있으므로 식물성 우유의 장점인 ②가 적절하다.

⑰

---

⑩ be better for: ~에 더 좋다

⑪ less: 셀 수 없는 명사를 수식하는 little의 비교급 (양이 더 적은) / fewer: 셀 수 있는 명사를 수식하는 few의 비교급 (수가 더 적은)

⑫ And lots of nut milk has <u>healthy fats</u> [that are good for your heart].

  ◆ [ ]는 healthy fats를 수식하는 주격 관계대명사절

⑬ Also, it contains no <u>hormones</u> [that can harm your health].

  ◆ [ ]는 hormones를 수식하는 주격 관계대명사절

⑮ can be found: 조동사 can + be + find의 과거분사 (조동사 + 수동태: 발견될 수 있다)

⑰ ◆ if + 주어 + 동사(현재): 만약 ~가 …한다면

  ◆ why don't you + 동사원형 ~ ?: (당신이) ~하는 게 어떨까[어때]?

  cf. why don't we + 동사원형 ~?: (우리가) ~하는 게 어떨까[어때]?

본문 해석

❶ 우리가 식사할 때, 우리 몸은 에너지를 얻는다. ❷ 하지만 당신은 요리하는 것이 우리 뇌를 건강하게 유지할 수 있다는 것을 알고 있었는가? ❸ 우리는 요리할 때 재료를 썰고 섞는다. ❹ 그래서 우리는 손과 손가락에 있는 많은 작은 근육들을 사용한다. ❺ 이것은 근육을 통제하는 뇌 부분을 자극한다. ❻ 우리는 또한 요리하는 동안 오감, 즉 시각, 청각, 후각, 미각 그리고 촉각을 사용한다. ❼ 게다가, 우리는 요리 과정을 계획하고 기억해야 한다. ❽ 우리는 가끔 문제들도 해결할 필요가 있다. ❾ 예를 들면, 우리는 재료 하나가 없으면 다른 재료를 찾을 필요가 있다. ❿ 이 모든 것들이 우리의 뇌를 좋은 상태로 유지한다.

⓫ 요리하는 것이 우리 뇌를 더 좋게 할 수 있다는 것이 놀랍지 않은가? ⓬ 이 재밌는 활동은 심지어 알츠하이머병과 나이 관련 다른 뇌 질환을 예방할 수 있다. ⓭ 그러니 요리를 우리의 취미로 만들자!

직독직해

❶ When we eat meals, / our bodies get energy.
우리가 식사할 때   우리의 몸은 에너지를 얻는다
❷ But did you know /
하지만 당신은 알고 있었는가
that cooking can keep our brains healthy?
요리하는 것이 우리의 뇌를 건강하게 유지할 수 있다는 것을

❸ When we cook, / we chop and mix ingredients.
우리가 요리할 때   우리는 재료들을 썰고 섞는다
❹ So / we use many
그래서 우리는 많은
small muscles / in our hands and fingers.
작은 근육들을 사용한다 우리의 손과 손가락에 있는
❺ This stimulates / the part
이것은 자극한다   뇌의 부분을
of the brain / that controls our muscles.
우리의 근육들을 통제하는
❻ We also use our five senses /
우리는 또한 우리의 오감을 사용한다
while cooking / — sight, hearing, smell, taste, and touch.
요리하는 동안   시각, 청각, 후각, 미각, 그리고 촉각
❼ Plus, / we
게다가
must plan and remember / the cooking process.
우리는 계획하고 기억해야 한다   요리 과정을
❽ We sometimes need to
우리는 가끔 문제들도 해결할
solve problems too. ❾ For example, / when we don't have an ingredient,
필요가 있다   예를 들면   우리가 재료 하나를 가지고 있지 않을 때
/ we need to find another one. ❿ All of these things / keep our brains / in
우리는 다른 것을 찾을 필요가 있다   이 모든 것들이   우리의 뇌를 유지한다
good condition.
좋은 상태로

⓫ Isn't it amazing / that cooking can improve our brains?
놀랍지 않은가   요리하는 것이 우리의 뇌를 더 좋게 할 수 있다는 것이
⓬ This fun
이 재밌는
activity / can even prevent / Alzheimer's disease and other age-related
활동은   심지어 예방할 수 있다   알츠하이머병과 나이와 관련이 있는 다른 뇌 질환들을
brain diseases. ⓭ So / let's make cooking our hobby!
그러니 요리를 우리의 취미로 만들자

구문 해설

❷ But did you know [that cooking can *keep our brains healthy*]?
◆ [   ]는 know의 목적어 that절
◆ keep + 목적어 + 목적격보어(형용사): ~을 …한 상태로 유지하다

❹ So we use many small muscles [in our hands and fingers].
◆ [   ]는 many small muscles를 수식하는 전치사구

❺ This stimulates the part [of the brain] [that controls our muscles].
◆ 첫 번째 [   ]는 the part를 수식하는 전치사구 of the brain
◆ 두 번째 [   ]는 the part of the brain을 수식하는 주격 관계대명사절

❻ We also use our five senses while (we are) cooking — sight, hearing, smell, taste, and touch.
◆ 접속사 while 다음에 「주어 + be동사」 생략

문제 해설

1 이 글의 제목으로 가장 적절한 것은?

① The Power of Muscles 근육의 힘

② Five Senses in Cooking 요리에서의 오감

✓③ Let's Cook to Help Our Brains! 우리의 뇌를 돕기 위해 요리를 하자!

④ Exercise Your Memory Skills! 당신의 기억력 기술을 훈련해라!

⑤ Hobbies That Fight Brain Diseases 뇌 질환과 싸우는 취미들

1 요리하는 것이 우리의 뇌에 미치는 긍정적인 영향들에 대해 이야기하고 있는 글이므로 ③이 적절하다.

2 이 글에서 요리할 때 쓰이는 것으로 언급되지 않은 것은?

① 손의 근육　　　　　　✓② 손목의 유연성

③ 시각과 미각　　　　　　④ 후각과 청각

⑤ 문제 해결력

2 ② 요리할 때 쓰이는 것으로 손목의 유연성은 언급되지 않았다.

3 이 글의 내용을 잘못 이해한 사람은?

① 수진: 손으로 반죽하면 뇌를 자극할 수 있어. 3, 4, 5번 문장

② 정우: 요리할 때 냄새를 맡는 것도 우리 뇌에 좋겠어. 6번 문장

③ 민재: 요리 과정을 기억하면 뇌 건강에 도움이 되겠어. 7번 문장

✓④ 지은: 요리를 하기 전에 재료가 다 있는지 꼭 확인해야겠어.

⑤ 영호: 요리를 하면 치매를 예방할 수 있겠어. 2번 문장

3 ④ 요리 재료 하나가 없으면 다른 재료를 찾아야 한다고 했지만, 요리 재료가 있는지 미리 확인해야 한다는 내용은 언급되지 않았다.

(21)

---

7 *Plus*, we <u>must plan</u> *and* <u>remember</u> the cooking process.

◆ Plus: 게다가

◆ must + 동사원형: ~해야 한다

◆ must plan과 (must) remember가 and로 연결된 병렬 구조

8 9 need + to부정사: ~할 필요가 있다

9 another one = another ingredient

10 keep + 목적어 + in good condition: ~을 좋은 상태로 유지하다

11 Isn't <u>it</u> amazing [that cooking can improve our brains]?

◆ it은 가주어, that ~ brains는 진주어로 쓰임 / 가주어는 해석하지 않음

13 let's + 동사원형: ~하자 / make + 목적어 + 목적격보어(명사): ~을 …로 만들다

본문 해석

❶많은 사람들이 건강을 위해 비타민을 먹거나 단백질 셰이크를 마신다. ❷이 건강 보조 식품들은 당신이 더 건강하다고 느끼게 할지도 모른다. ❸하지만 당신은 정말 그것들이 필요한가? ❹많은 의사들에 따르면, 보조 식품은 절대로 균형 잡힌 식사를 대체할 수 없다고 한다. ❺당신은 필요한 대부분의 영양소를 건강에 좋은 식품을 먹음으로써 얻을 수 있다. ❻보조 식품에는 다른 문제도 있다. ❼미국 식품의약국은 그것을 의약품이 아니라 식품으로 여긴다. ❽미국 식품의약국은 의약품의 품질부터 마케팅까지 그것에 대한 거의 모든 것을 통제하지만, 식품은 다르게 취급된다. ❾이것 때문에 몇몇 재료들은 심지어 라벨에도 없다. ❿이것은 위험할 수 있다.

⓫비록 식품에서 영양소를 얻는 것이 가장 좋긴 하지만, 몇몇 보조 식품은 도움이 될 수 있다. ⓬예를 들면, 비타민 B12는 고기, 생선, 그리고 유제품에서 주로 나온다. ⓭그래서 비타민 B12 보조 식품은 이 식품들을 먹지 않는 사람들에게 도움이 될 수 있다.

직독직해

❶ Many people take vitamins / or drink protein shakes / for their
많은 사람들이 비타민을 먹는다   혹은 단백질 셰이크를 마신다   그들의 건강을

health. ❷ These food supplements / may make you feel healthier. ❸ But
위해   이 건강 보조 식품들은   당신이 더 건강하다고 느끼게 할지도 모른다   하지만

do you really need them? ❹ According to many doctors, / supplements
당신은 정말 그것들이 필요한가   많은 의사들에 따르면   (건강) 보조 식품들은

can never replace / a balanced diet. ❺ You can get / most of the nutrients
절대로 대체할 수 없다   균형 잡힌 식사를   당신은 얻을 수 있다   당신이 필요한 대부분의

you need / by eating healthy foods.
영양소를   건강에 좋은 식품들을 먹음으로써

❻ There is also another problem / with supplements. ❼ The FDA
또한 다른 문제가 있다   보조 식품들에는   미국 식품의약국은

considers (a) them food, / not drugs. ❽ The FDA controls almost
그것들을 식품으로 여긴다   의약품이 아니라   미국 식품의약국은 의약품에 대한 거의

everything about drugs, / from their quality to marketing, / but food is
모든 것을 통제한다   그것들의 품질부터 마케팅까지   하지만 식품은

treated differently. ❾ Because of this, / some ingredients are not / even
다르게 취급된다   이것 때문에   몇몇 재료들은 있지 않다

on the label. ❿ This can be dangerous.
심지어 라벨에   이것은 위험할 수 있다

⓫ Although it is best / to get your nutrients from food, / some
비록 가장 좋긴 하지만   식품으로부터 당신의 영양소들을 얻는 것이   몇몇

supplements can be helpful. ⓬ For example, / vitamin B12 comes mainly
보조 식품들은 도움이 될 수 있다   예를 들면   비타민 B12는 주로 나온다

/ from meat, fish, and dairy foods. ⓭ So a vitamin B12 supplement / can
고기, 생선, 그리고 유제품에서   그래서 비타민 B12 보조 식품은

be helpful / for people who don't eat (b) these foods.
도움이 될 수 있다   이 식품들을 먹지 않는 사람들에게

24

구문 해설

❷ may + 동사원형: ~할지도 모른다 / make + 목적어 + 목적격보어(동사원형): ~이 …하게 하다

❹ according to: ~에 따르면 / never: 빈도를 나타내는 부사(절대~ 않다)로 주로 일반동사 앞에 위치함

❺ You can get *most of* the nutrients [(that) you need] *by eating* healthy foods.
   ◆ most of + 명사: 대부분의 ~
   ◆ [   ]는 the nutrients를 수식하는 목적격 관계대명사절 (관계대명사 생략)
   ◆ by + 동명사: ~함으로써

❻ there + be동사: ~이 있다

❼ consider + 목적어 + 목적격보어(명사): ~을 …라고 여기다(생각하다)

❽ from A to B: ~부터 …까지 / is treated: be동사 현재형 + treat의 과거분사 (수동태: 취급되다)

문제 해설

1 이 글의 주제로 가장 적절한 것은?

① 건강 보조 식품의 역할

② 건강 보조 식품의 종류

③ 건강 보조 식품의 위험성

④ 건강 보조 식품의 필요성

✓⑤ 건강 보조 식품의 장점과 단점

1 건강 보조 식품이 가지고 있는 문제점과 도움이 될 수 있는 점에 대해 이야기하고 있으므로 ⑤가 적절하다.

2 밑줄 친 (a), (b)가 가리키는 것을 각각 이 글에서 찾아 쓰시오.

(a) _____ supplements _____

(b) _____ meat, fish, and dairy foods _____

2 (a) 미국 식품의약국이 식품으로 여기는 것은 앞 문장에 나온 supplements(보조 식품)이다.

(b) these foods는 비타민 B12가 들어 있는 식품들인 meat(고기), fish(생선), dairy foods(유제품)를 가리킨다.

3 이 글의 내용으로 보아, 빈칸 (A), (B)에 들어갈 말로 알맞게 짝지어진 것은?

> Eating a _____(A)_____ diet is better than taking _____(B)_____.

(A)	(B)		(A)	(B)
① balanced 균형 잡힌	drugs 의약품		② delicious 맛있는	supplements 보조 식품
③ vegetarian 채식주의	drugs 의약품	✓	④ balanced 균형 잡힌	supplements 보조 식품
⑤ vegetarian 채식주의	vitamins 비타민			

(A) 균형 잡힌 식사를 하는 것이 (B) 보조 식품을 먹는 것보다 더 좋다.

3 According to ~ diet.에서 '보조 식품(supplements)'은 '균형 잡힌 식사(a balanced diet)'를 대체할 수 없다고 했으므로 ④가 적절하다.

(25)

❾ because of + 명사: ~ 때문에

⓫ Although it is *best* [to get your nutrients from food], some supplements can be helpful.

- although + 주어 + 동사: 비록 ~가 …하긴 하지만 / best: good의 최상급 (가장 좋은)
- although절에서 it은 가주어, to get ~ food는 진주어로 쓰임

⓬ come from: ~에서 나오다

⓭ So a vitamin B12 supplement can *be helpful for* people [who don't eat these foods].

- be helpful for: ~에게 도움이 되다
- [ ]는 people을 수식하는 주격 관계대명사절

정답 확인

- 읽기 전 **비문학 사고력 UP** 별도 정답 없음
- 읽은 후 **핵심 정리** sonic branding

본문 해석

❶ 당신은 넷플릭스의 도입부 소리에 친숙할지도 모른다. ❷ 그리고 당신은 유명한 맥도널드의 광고 음악인 'ba-da-ba-BA-ba'를 알지도 모른다. ❸ 다른 많은 브랜드들도 고유한 소리를 가지고 있다. ❹ 이것은 소닉 브랜딩(소리 브랜딩)의 일부분이다. ❺ 그렇다면 브랜드들은 왜 소닉 브랜딩을 이용할까? ❻ 먼저, 사람들은 종종 소리에 집중한다. ❼ 심지어 짧은 멜로디도 사람들의 관심을 사로잡을 수 있다. ❽ 또한, 좋은 소닉 브랜딩은 브랜드를 기억할 만하게 만든다. ❾ 사람들이 어떤 브랜드의 소리를 여러 번 들을 때, 그들은 그것에 친숙해진다. ❿ 그 소리는 그들의 기억 속에 머무르고, 곧바로 그들에게 그 브랜드를 떠올리게 한다. ⓫ 이러한 이유들로 소닉 브랜딩은 당신이 쇼핑 중일 때 당신의 결정에 영향을 미칠 수 있다. ⓬ 당신이 슈퍼마켓에 있다고 상상해 봐라. ⓭ 당신은 아마 모든 브랜드를 알지는 못할 것이다. ⓮ 그래서 당신은 그냥 가장 친숙한 브랜드를 고른다. ⓯ 이것이 소닉 브랜딩이 매출을 증가시키는 방법이다.

직독직해

❶ You may be familiar / with the intro sound of Netflix.
당신은 친숙할지도 모른다 / 넷플릭스의 도입부 소리에
❷ And you might know / the famous McDonald's jingle: "ba-da-ba-BA-ba."
그리고 당신은 / 알지도 모른다 / 유명한 맥도널드의 광고 음악인: 'ba-da-ba-BA-ba'를
❸ Many other brands / also have unique sounds.
다른 많은 브랜드들은 / 또한 고유한 소리를 가지고 있다
❹ This is part of sonic branding.
이것은 소닉 브랜딩의 일부분이다
❺ So / why do brands use sonic branding?
그렇다면 / 브랜드들은 왜 소닉 브랜딩을 이용할까
❻ First, / people often focus on sounds.
먼저 / 사람들은 종종 소리에 집중한다
❼ Even a short melody can catch / people's attention.
심지어 짧은 멜로디도 사로잡을 수 있다 / 사람들의 관심을
❽ Also, / good sonic branding makes / brands / memorable.
또한 / 좋은 소닉 브랜딩은 만든다 / 브랜드들을 / 기억할 만하게
❾ When people hear a brand's sound / many times, / they become familiar with it.
사람들이 어떤 브랜드의 소리를 들을 때 / 여러 번 / 그들은 그것에 친숙해진다
❿ The sound stays in their memory / and reminds them of the brand / right away.
그 소리는 그들의 기억 속에 머무른다 / 그리고 그들에게 그 브랜드를 떠올리게 한다 / 곧바로
⓫ For these reasons, / sonic branding can affect your decisions / when you're shopping.
이러한 이유들로 / 소닉 브랜딩은 당신의 결정에 영향을 미칠 수 있다 / 당신이 쇼핑하고 있을 때
⓬ Imagine / you're at the supermarket.
상상해 봐라 / 당신이 슈퍼마켓에 있다고
⓭ You probably don't know every brand.
당신은 아마 모든 브랜드를 알지는 못할 것이다
⓮ So / you just pick the most familiar one.
그래서 / 당신은 그냥 가장 친숙한 것(브랜드)을 고른다
⓯ This is / how sonic branding increases sales.
이것이 ~이다 / 소닉 브랜딩이 매출을 증가시키는 방법

(30)

구문 해설

❶ be familiar with: ~에 친숙하다

❷ might + 동사원형: ~할지도 모른다 (약한 추측)

❻ focus on: ~에 집중하다

❼ catch one's attention: ~의 관심을 사로잡다

❽ make + 목적어 + 목적격보어(형용사): ~을 …하게 만들다

문제 해설

1 이 글의 주제로 가장 적절한 것은?

　① 다양한 브랜딩 방법

　② 소리와 기억력의 관계

　③ 브랜드 매출의 중요성

✓④ 소리를 이용한 브랜딩 전략

　⑤ 짧은 길이의 음악이 인기 있는 이유

1 소리를 이용한 소닉 브랜딩에 대해 이야기하고 있으므로 ④가 적절하다.

2 빈칸에 들어갈 말로 가장 적절한 것은?

　① unique 고유의

　② colorful 다채로운

✓③ familiar 친숙한

　④ beautiful 아름다운

　⑤ expensive 비싼

2 마지막 단락에서는 바로 앞 단락에서 설명한 소닉 브랜딩의 효과가 쇼핑 시 사람들의 구매 결정에 미칠 수 있는 영향에 대해 이야기하고 있다. 따라서 빈칸에는 소닉 브랜딩의 효과에 대한 말인 ③이 적절하다.

3 sonic branding에 관한 설명 중 이 글의 내용과 일치하지 <u>않는</u> 것은?

　① 브랜드만의 고유의 소리를 활용한다. ③번 문장

✓② 대부분 노래 한 곡 전체를 사용한다.

　③ 사람들의 관심을 사로잡을 수 있다. ⑦번 문장

　④ 브랜드에 친숙해지게 한다. ⑨번 문장

　⑤ 즉각적으로 브랜드를 떠올리게 한다. ⑩번 문장

3 ② 소닉 브랜딩을 할 때 노래한 곡 전체를 사용한다는 내용은 언급되지 않았다.

(31)

⑩ remind A of B: A에게 B를 떠올리게 하다 / right away: 곧바로, 즉시

⑪ when + 주어 + 동사: ~가 …할 때 / are shopping: be동사 현재형 + v-ing (현재진행형: 쇼핑하고 있다)

⑫ *Imagine* [(that) you're at the supermarket].

　◆ 동사원형 Imagine ~.: 명령문 (상상해 봐라)

　◆ 목적어 명사절 [　]에서 접속사 that이 생략됨

⑬ every + 단수명사: 모든 ~

⑭ the most familiar: familiar의 최상급 표현 (가장 친숙한) / one = brand

⑮ how + 주어 + 동사: ~가 …하는 방법

Reading 2

본문 해석

❶금은 가치 있는 금속이다. ❷그것은 오랫동안 중요했다. ❸사람들은 그것을 수천 년 동안 돈으로 사용해 왔다. ❹그래서 그것은 권력과 부의 상징이었다.

❺그렇다면 금은 왜 가치 있고 비쌀까? ❻우선, 그것은 희귀하다. ❼채굴된 금의 양은 적다. ❽그리고 금을 채굴하는 것은 비용이 많이 들어서 우리가 원하는 만큼 많이 금을 채굴할 수 없다. ❾또한, 금은 유용하다. ❿그것은 쉽게 녹아서 다른 형태로 만들어질 수 있다. ⓫우리는 장신구, 차, 그리고 심지어 우주선에 그것을 사용한다. ⓬마지막으로, 그것의 가치는 안정적이다. ⓭돈의 가치는 항상 변하고 있다. ⓮그것은 경제 상황에 크게 영향을 받는다. ⓯하지만 금의 가치는 많이 변하지 않는다. ⓰이것이 경제가 안정적이지 않을 때 사람들이 금을 사는 이유이다.

직독직해

❶ Gold is a valuable metal. ❷ It has been important / for a long time.
　　금은 가치 있는 금속이다　　　　　　　그것은 중요했다　　　　　　오랫동안

❸ People have used it as money / for thousands of years. ❹ So it has
　　사람들은 그것을 돈으로 사용해 왔다　　　　　수천 년 동안　　　　　　　　그래서 그것은
been a symbol / of power and wealth.
상징이었다　　　　권력과 부의

❺ So / why is gold valuable and expensive? ❻ First of all, / it is
그렇다면　 금은 왜 가치 있고 비쌀까　　　　　　　　　우선　　　　　그것은
rare. ❼ The amount of mined gold / is small. ❽ And mining gold costs
희귀하다　 채굴된 금의 양은　　　　　　　　적다　　　　그리고 금을 채굴하는 것은 비용이
a lot, / so we can't mine / as much as we want. ❾ Also, / gold is useful.
많이 든다　그래서 우리는 채굴할 수 없다　우리가 원하는 만큼 많이　　또한　　금은 유용하다

❿ It melts easily, / so it can be made / into different forms. ⓫ We use
그것은 쉽게 녹는다　　그래서 그것은 만들어질 수 있다　 다른 형태들로　　　　우리는 그것을
it / in jewelry, cars, and even spaceships. ⓬ Lastly, / its value is stable.
사용한다　장신구, 차, 그리고 심지어 우주선에　　　　　마지막으로　그것의 가치는 안정적이다

⓭ The value of money / is always changing. ⓮ It is greatly affected / by
　　돈의 가치는　　　　　　　항상 변하고 있다　　　　　그것은 크게 영향을 받는다
economic conditions. ⓯ But / the value of gold / doesn't change much.
경제 상황에　　　　　　하지만　　금의 가치는　　　　　　　많이 변하지 않는다

⓰ This is why people buy gold / when the economy is not stable.
　　이것이 사람들이 금을 사는 이유이다　　　　경제가 안정적이지 않을 때

(34)

구문 해설

❷ has been: has + be의 과거분사 (현재완료: (계속) ~이었다) / for a long time: 오랫동안

❸ have used: have + use의 과거분사 (현재완료: 사용해 왔다) / use A as B: A를 B로 사용하다 / thousands of: 수천의 ~

❹ has been: has + be의 과거분사 (현재완료: (계속) ~이었다)

❼ the amount of: ~의 양 / mined: mine의 과거분사 (채굴된)

❽ And [mining gold] costs a lot, so we can't mine *as much as* we want.
　◆ 주어: mining gold (동명사구)
　◆ as much as: ~만큼 많이

문제 해설

1 이 글의 제목으로 가장 적절한 것은?
　✓① Why Is Gold Valuable? 금은 왜 가치 있는가?
　② Reasons for Mining Jewels 보석을 채굴하는 이유
　③ The Power of the Economy 경제의 힘
　④ Gold and Wealth in History 역사 속 금과 부
　⑤ How Do Gold Prices Change? 금 가격은 어떻게 변하는가?

1 금이 가치 있고 가격이 비싼 이유에 대해 설명하는 글이므로 ①이 적절하다.

2 이 글에 나타난 금이 상징하는 것 두 가지를 우리말로 쓰시오.
　(1) _____권력(힘)_____
　(2) _____부_____

2 So it has been ~ wealth. 에서 금은 '권력(힘)(power)'과 '부(wealth)'의 상징이라고 했다.

3 이 글의 내용과 일치하지 않는 것은?
　① 오랜 시간 금은 돈으로 사용됐다. ③번 문장
　② 우리가 원하는 만큼 금을 캘 수 없다. ⑧번 문장
　✓③ 금은 녹이기 매우 어렵다.
　④ 금은 우주선에도 사용된다. ⑪번 문장
　⑤ 경제가 불안정하면 금 판매가 늘어난다. ⑯번 문장

3 ③금은 쉽게 녹아서 다른 형태로 만들어질 수 있다고 했다.

(35)

⑩ be made into: ~로 만들어지다

⑬ is always changing: be동사 현재형 + v-ing (현재진행형: 변하고 있다) / always: 빈도를 나타내는 부사(항상)로 주로 be동사 뒤에 위치함

⑭ be affected by: ~에 영향을 받다

⑯ This is why + 주어 + 동사 ~.: 이것이 …가 ~하는 이유이다.

본문 해석

❶ 당신은 주식 시장에 황소와 곰이 있다는 것을 알고 있었는가? ❷ 닭과 돼지에 대해서는 어떤가? ❸ 금융 세계에서 우리는 여러 종류의 투자자들에 대한 동물 이름들을 사용한다. ❹ 황소는 긍정적인 투자자들이다. ❺ 그들은 주가가 오를 것이라고 생각한다. ❻ 그래서 그들은 주식을 더 높은 가격에 팔 것이라고 기대한다. ❼ 곰은 황소의 반대이다. ❽ 그들은 시장에 대해 부정적이게 느낀다. ❾ 그들은 주가가 떨어질 것이라고 생각한다.

❿ 닭은 쉽게 겁먹는다. ⓫ 그들은 위험을 감수하는 것을 원하지 않아서 더 안전한 방법으로 투자하려고 노력한다. ⓬ 반면에 돼지는 보통 높은 위험을 감수한다. ⓭ 그들은 막대한 이익을 원한다. ⓮ 하지만 그들은 그저 팁을 찾고 시장을 상세하게 분석하지 않는다. ⓯ 그것이 그들이 주식 시장에서 가장 큰 패배자인 이유다.

⓰ 이 동물 이름들은 웃기게 들릴지도 모르지만 우리에게 투자 태도에 대해 많은 것을 말해 준다.

직독직해

❶ Did you know / that there are bulls and bears / in the stock market?
당신은 알고 있었는가   황소와 곰이 있다는 것을   주식 시장에

❷ What about chickens and pigs? ❸ In the world of finance, / we use
닭과 돼지에 대해서는 어떤가   금융 세계에서   우리는 동물

animal names / for different types of investors.
이름들을 사용한다   여러 종류의 투자자들에 대한

❹ Bulls are positive investors. ❺ They believe / that stock prices will
황소는 긍정적인 투자자들이다   그들은 생각한다   주식 가격이 오를 것이라고

rise. ❻ So they expect / to sell the stocks / at a higher price. ❼ Bears
그래서 그들은 기대한다   주식들을 팔 것이라고   더 높은 가격에   곰은

are the opposite / of the bulls. ❽ They feel negative / about the market.
반대이다   황소의   그들은 부정적이게 느낀다   시장에 대해

❾ They think / that stock prices are going to fall.
그들은 생각한다   주식 가격이 떨어질 것이라고

❿ Chickens are easily scared. ⓫ They don't want to take risks, / so
닭은 쉽게 겁먹는다   그들은 위험을 감수하는 것을 원하지 않는다   그래서

they try to invest / in safer ways. ⓬ On the other hand, / pigs usually take
그들은 투자하려고 노력한다   더 안전한 방법들로   반면에   돼지는 보통 높은 위험을

high risks. ⓭ They want huge profits. ⓮ But they just look for tips / and
감수한다   그들은 막대한 이익을 원한다   하지만 그들은 그저 팁을 찾는다

don't analyze the market / in detail. ⓯ That's / why they are the biggest
그리고 시장을 분석하지 않는다   상세하게   그것이   그들이 가장 큰 패배자인 이유다

losers / in the stock market.
주식 시장에서

⓰ These animal names may sound funny, / but they tell us a lot /
이 동물 이름들은 웃기게 들릴지도 모른다   하지만 그것들은 우리에게 많은

about investing behavior.
것을 말해 준다   투자 태도에 대해

38

구문 해설

❶ Did you know [that *there are* bulls and bears in the stock market]?
  ◆ [   ]는 know의 목적어 that절 / there + be동사: ~이 있다

❸ different types of: 여러 종류의 ~

❺ They believe [that stock prices will rise].
  ◆ [   ]는 believe의 목적어 that절

❻ expect + to부정사: ~할 것이라고 기대하다

❽ feel + 형용사: ~하게 느끼다

❾ They think [that stock prices *are going to* fall].
  ◆ [   ]는 think의 목적어 that절 / be going to + 동사원형: ~할 것이다

문제 해설

1 이 글의 주제로 가장 적절한 것은?

① 안전한 주식 투자의 중요성

② 부정적인 의미를 가진 동물들

③ 투자자의 태도와 주식 가격의 관계

✓④ 주식 시장에서 쓰이는 동물 이름의 의미

⑤ 동물의 행동이 주식 가격에 미치는 영향

1 주식 시장에서 투자자를 표현하는 동물 이름에 대한 글이므로 ④가 적절하다.

2 빈칸에 들어갈 말로 가장 적절한 것은?

① Also 또한

② First of all 우선

③ For example 예를 들어

④ As a result 결과적으로

✓⑤ On the other hand 반면에

2 빈칸 앞뒤로 서로 상반되는 투자자 유형인 닭과 돼지를 설명하고 있으므로 ⑤가 적절하다.

3 각 설명에 해당하는 투자자 유형을 나타내는 동물을 보기에서 골라 쓰시오.

┌보기┐

bulls 황소　　bears 곰　　chickens 닭　　pigs 돼지

(1) 높은 위험을 감수하는 투자자: ___pigs___ ⑫번 문장

(2) 더 안전한 투자를 선호하는 투자자: ___chickens___ ⑪번 문장

(3) 주가가 떨어질 것이라고 생각하는 투자자: ___bears___ ⑨번 문장

(39)

3 (1) pigs usually take high risks(돼지는 보통 높은 위험을 감수한다)라고 했으므로 pigs가 적절하다.

(2) they try to invest in safer ways(그들(닭들)은 더 안전한 방법으로 투자하려고 노력한다)라고 했으므로 chickens가 적절하다.

(3) They think that stock prices are going to fall.(그들(곰들)은 주가가 떨어질 것이라고 생각한다.)이라고 했으므로 bears가 적절하다.

⑪ take a risk: 위험을 감수하다 / try + to부정사: ~하려고 노력하다　　cf. try + 동명사: ~하는 것을 시도해 보다

⑫ on the other hand: 반면에

⑭ look for: ~을 찾다 / in detail: 상세하게, 자세히

⑮ That's why they are *the biggest* losers in the stock market.

◆ That's why + 주어 + 동사 ~.: 그것이 …가 ~하는 이유이다.

◆ the biggest: big의 최상급 표현 (가장 큰)

⑯ sound + 형용사: ~하게 들리다 / tell + 간접목적어 + 직접목적어: ~에게 …을 말해 주다 / a lot: 많은 것

Reading 4

정답 확인

▌읽기 전 **비문학 사고력 UP**   별도 정답 없음

▌읽은 후 **핵심 정리**   But he found that his old things didn't match the new robe.

본문 해석

❶ 당신이 물건 하나를 살 때, 그것은 종종 당신이 더 많은 물건을 사게 한다. ❷ 이것은 디드로 효과라고 불린다. ❸ 그 용어는 철학자 Denis Diderot(드니 디드로)에서 유래한다. ❹ 어느 날, 그는 아름다운 빨간색 로브를 받았다. ❺ 하지만 그는 자신의 오래된 물건들이 새 로브와 어울리지 않는다는 것을 알게 되었다. ❻ 그래서 그는 그것들을 새로운 물건들로 하나씩 대체했다. ❼ 그는 새 의자들, 새 탁자, 그리고 다른 새 물건들을 샀다. ❽ 곧 그의 돈 대부분은 없어졌다.

❾ 디드로 효과는 우리의 일상생활에서 발생할 수 있다. ❿ 당신이 새 신발을 산다고 가정해 보자. ⓫ 그리고 나서 당신은 그 신발과 어울리는 어떤 바지도 없다는 것을 깨닫는다. ⓬ 그래서 당신은 새 바지도 산다. ⓭ 이제 당신은 재킷이 마음에 들지 않는다. ⓮ 당신은 그것이 당신의 새 물건에 비해 매우 오래되었다고 생각한다. ⓯ 그래서 당신은 새 재킷도 산다! ⓰ 이 패턴은 어떤 행동도 단독으로 일어나지 않기 때문에 발생한다. ⓱ 각각의 행동은 그 다음 행동으로 이어진다.

직독직해

❶ When you buy one thing, / it often makes you buy more things.
당신이 하나의 물건을 살 때   그것은 종종 당신이 더 많은 물건을 사게 한다

❷ This is called / the Diderot effect. ❸ The term comes / from the
이것은 불린다   디드로 효과라고   그 용어는 유래한다

philosopher Denis Diderot. ❹ One day, / he received a beautiful red robe.
철학자 Denis Diderot에서   어느 날   그는 아름다운 빨간색 로브를 받았다

❺ But he found / that his old things didn't match the new robe. ❻ So / he
하지만 그는 알게 되었다   그의 오래된 물건들이 새 로브와 어울리지 않는다는 것을   그래서 그는

replaced them with new things / one by one. ❼ He bought / new chairs, a
그것들을 새로운 물건들로 대체했다   하나씩   그는 샀다   새 의자들,

new table, and other new items. ❽ Soon / most of his money was gone.
새 탁자, 그리고 다른 새 물건들을   곧   그의 돈 대부분은 없어졌다

❾ The Diderot effect can occur / in our daily lives. ❿ Let's say / that
디드로 효과는 발생할 수 있다   우리의 일상생활에서   가정해 보자

you buy new shoes. ⓫ And then you realize / that you don't have any
당신이 새 신발을 산다고   그리고 나서 당신은 깨닫는다   당신은 어떤 바지도 가지고 있지 않다

pants / that match them. ⓬ So you buy new pants too. ⓭ Now you don't
는 것을   그것들과 어울리는   그래서 당신은 새 바지도 산다   이제 당신은 당신의

like your jacket. ⓮ You think / that it is too old / for your new items.
재킷이 마음에 들지 않는다   당신은 생각한다   그것이 매우 오래되었다고   당신의 새 물건들에게는

⓯ So you buy a new jacket too! ⓰ This pattern occurs / because no action
그래서 당신은 새 재킷도 산다   이 패턴은 발생한다   어떤 행동도 단독으로

happens alone. ⓱ Each action leads / to the next action.
일어나지 않기 때문에   각각의 행동은 이어진다   그 다음 행동으로

구문 해설

❶ make + 목적어 + 목적격보어(동사원형): ~가 …하게 하다

❷ be called: ~라고 불리다

❸ come from: ~에서 유래하다 / the philosopher = Denis Diderot

❺ But he found [that his old things didn't match the new robe].
   ◆ [ ]는 found의 목적어 that절

❻ replace A with B: A를 B로 대체하다 / them = his old things / one by one: 하나씩

❽ was gone: be동사 과거형 + go의 과거분사 (수동태: 없어졌다)

❿ *Let's say* [*that* you buy new shoes].
   ◆ Let's say that ~.: ~라고 가정해 보자. / [ ]는 say의 목적어 that절

문제 해설

1　이 글의 주제로 가장 적절한 것은?

　　① the Diderot effect의 장점과 단점

　✓② the Diderot effect의 유래와 예시

　　③ the Diderot effect의 긍정적인 측면

　　④ the Diderot effect를 예방하는 방법

　　⑤ the Diderot effect가 자주 발생하는 이유

1 철학자 Diderot의 일화를 바탕으로 디드로 효과의 유래에 대해 설명하고, 우리의 일상생활에서 일어날 수 있는 디드로 효과에 대해 이야기하는 글이므로 ②가 적절하다.

2　the Diderot effect의 예시에 해당하지 **않는** 사람은?

　　① 예지: 휴대전화를 새로 바꿔서 케이스도 새로 살 거야.

　✓② 건우: 평소 신는 축구화가 작아져서 새로 사야겠어.

　　③ 소라: 선물 받은 신발에 어울리는 양말이 없어서 몇 켤레 샀어.

　　④ 정우: 새로 산 모자와 지금 머리 모양이 안 어울려서 파마를 할 거야.

　　⑤ 민재: 스마트워치를 선물 받아서 어울릴만한 시곗줄을 여러 개 샀어.

2 디드로 효과는 새로운 물건에 어울리는 물건을 계속해서 사는 것이다. 따라서 ② 신던 축구화가 작아져 새로운 축구화가 필요한 상황은 디드로 효과에 해당하지 않는다.

3　이 글의 내용으로 보아, 빈칸 (A), (B)에 들어갈 말로 알맞게 짝지어진 것은?

> The Diderot effect occurs when you buy one thing and then buy ＿＿＿＿(A)＿＿＿＿ items that ＿＿＿＿(B)＿＿＿＿ it.

　　　　(A)　　　　　(B)

　① old　……　use　오래된 – 사용하다

　② new　……　look like　새로운 – ～처럼 보이다

　③ a lot of　……　break　많은 – 부수다

　✓④ other　……　match　다른 – 어울리다

　⑤ famous　……　replace　유명한 – 대체하다

디드로 효과는 하나의 물건을 사고 나서 그것과 (B)어울리는 (A)다른 물건을 살 때 발생한다.

3 새로 산 물건에 어울리는 (match) 다른(other) 물건들을 사는 디드로 효과에 대해 설명하는 문장이므로 빈칸 (A),(B)에 들어갈 말로 ④가 적절하다.

(43)

⑪ And then you realize [that you don't have any pants [that match them]].

　◆ 첫 번째 [　]는 realize의 목적어 that절

　◆ 두 번째 [　]는 any pants를 수식하는 주격 관계대명사절 / them = new shoes

⑭ You think [that it is *too* old *for* your new items].

　◆ [　]는 think의 목적어 that절

　◆ too + 형용사 + for + 명사구: ～에게는 매우 …한

⑯ because + 주어 + 동사: ～가 …하기 때문에

⑰ each + 단수명사: 각각의 ～ / lead to: ～로 이어지다

본문 해석

❶ 오늘날, 우리는 음식을 보존하기 위해 화학 물질을 사용한다. ❷ 화학 물질은 음식이 상하지 못하게 해서 우리는 음식을 더 오래 보관할 수 있다. ❸ 하지만 과거에 사람들은 이 화학 물질에 대해 몰랐다. ❹ 그러면 사람들은 어떻게 음식을 보존했을까? ❺ 그들은 소금, 설탕, 그리고 식초 같은 천연 물질들을 사용했다. ❻ 소금은 채소, 생선, 그리고 고기에 사용됐다. ❼ 박테리아는 음식이 상하게 할 수 있는데, 박테리아가 자라기 위해서는 수분이 필요하다. ❽ 소금은 음식에서 수분을 빼내서 박테리아가 자랄 수 없다. ❾ 설탕을 첨가하는 것은 과일이 상하지 못하게 하는 좋은 방법이다. ❿ 설탕은 과일 속 수분과 섞여서, 박테리아가 자랄 공간이 없다. ⓫ 마지막으로, 식초에 있는 산은 대부분의 박테리아를 죽인다. ⓬ 신 레몬즙은 같은 방식으로 작용할 수 있다. ⓭ 물론, 이 천연 물질들은 화학 물질만큼 잘 작용하지 않는다. ⓮ 하지만 많은 사람들이 베이컨, 잼, 그리고 피클을 만들기 위해 여전히 천연 물질들을 사용한다.

직독직해

❶ Today, / we use chemicals / to preserve food. ❷ They keep it from going bad, / so we can store it longer.
오늘날 우리는 화학 물질들을 사용한다 음식을 보존하기 위해 그것들은 그것이 상하지 못하게 한다 그래서 우리는 그것을 더 오래 보관할 수 있다

❸ But in the past, / people didn't know about these chemicals. ❹ So how did people preserve food? ❺ They used natural things / like salt, sugar, and vinegar. ❻ Salt was used / for vegetables, fish, and meat.
하지만 과거에 사람들은 이 화학 물질들에 대해 몰랐다 그러면 사람들은 어떻게 음식을 보존했을까 그들은 천연 물질들을 사용했다 소금, 설탕 그리고 식초 같은 소금은 사용됐다 채소, 생선, 그리고 고기에

❼ Bacteria can make food go bad, / but they need water / to grow. ❽ Salt takes water out of food, / so the bacteria can't grow. ❾ Adding sugar is a good way / to keep fruit from going bad. ❿ Sugar mixes with water in the fruit, / so bacteria don't have space / to grow. ⓫ Lastly, / the acid in vinegar / kills most bacteria. ⓬ Sour lemon juice can work / in the same way.
박테리아는 음식이 상하게 할 수 있다 하지만 그것들은 물이 필요하다 자라기 위해 소금은 음식에서 물을 빼낸다 그래서 박테리아가 자랄 수 없다 설탕을 첨가하는 것은 좋은 방법이다 과일이 상하지 못하게 하는 설탕은 과일 속의 물과 섞인다 그래서 박테리아는 공간을 가지지 못한다 자랄 마지막으로 식초에 있는 산은 대부분의 박테리아를 죽인다 신 레몬즙은 작용할 수 있다 같은 방식으로

⓭ Of course, / these natural things don't work / as well as chemicals. ⓮ But / many people still use them / to make bacon, jam, and pickles.
물론 이 천연 물질들은 작용하지 않는다 화학 물질들만큼 잘 하지만 많은 사람들이 여전히 그것들을 사용한다 베이컨, 잼, 그리고 피클을 만들기 위해

(48)

구문 해설

❶ Today, we use chemicals to preserve food.
 ◆ to preserve: 목적을 나타내는 to부정사 (부사적 용법: ~하기 위해)

❷ keep + 목적어 + from + 동명사: ~가 …하지 못하게 하다 / go bad: (음식이) 상하다

❺ like: ~와 같은

❻ was used: be동사 과거형 + use의 과거분사 (수동태: 사용됐다)

❼ Bacteria can make food go bad, but they need water to grow.
 ◆ make + 목적어 + 목적격보어(동사원형): ~이 …하게 하다
 ◆ to grow: 목적을 나타내는 to부정사 (부사적 용법: ~하기 위해)

❽ take A out of B: B에서 A를 빼내다

‖정답　　　　　**1** ④　　**2** ⑤　　**3** bacteria

‖Self-Study 노트　핵심 구문 100% 이해하기 | 직독직해 **7**, **8**, **9**, **12**, **13**, **14**번 문장
　　　　　　　　글의 내용 100% 이해하기 | 1. 음식(식품) 2. 소금 3. 물(수분) 4. 과일 5. 박테리아

문제 해설

1 이 글의 제목으로 가장 적절한 것은?

① How to Store Fresh Fruit 신선한 과일을 보관하는 방법
② The History of Chemicals 화학 물질의 역사
③ What Makes Food Go Bad? 무엇이 음식을 상하게 하는가?
✓④ Natural Ways to Preserve Food 음식을 보존하는 자연적인 방법들
⑤ Powerful Acid That Kills Bacteria 박테리아를 죽이는 강력한 산

1 과거에 사람들이 음식을 보관할 때 썼던 천연 물질과 그것의 작용 원리에 대해 이야기하는 글이므로 ④가 적절하다.

2 이 글의 내용과 일치하지 <u>않는</u> 것은?

① 음식을 보존하기 위해 인공 화학 물질이 사용된다. ①번 문장
② 소금은 과거에도 생선을 저장하는 데 사용되었다. ⑥번 문장
③ 과일을 오래 보관하려면 설탕을 사용하는 것이 좋다. ⑨번 문장
④ 레몬즙은 박테리아를 죽이는 데 효과적이다. ⑫번 문장
✓⑤ 식초는 인공 화학 물질만큼 뛰어난 식품 보존 작용을 한다.

2 ⑤ 천연 물질은 화학 물질만큼 잘 작용하지 않는다고 했으므로 천연 물질인 식초는 인공 화학 물질만큼 작용이 뛰어나지 않다.

3 음식을 상하게 하는 것을 이 글에서 찾아 쓰시오.

　　____bacteria____ ⑦번 문장

3 Bacteria can make food go bad라고 했으므로 음식을 상하게 하는 것은 '박테리아(bacteria)'이다.

(49)

⑨ [Adding sugar] is a <u>good way</u> [to *keep fruit from going* bad].
　◆ 주어: Adding sugar (동명사구)
　◆ 두 번째 [ ]는 a good way를 수식하는 to부정사 (형용사적 용법: ~하는)
　◆ keep + 목적어 + from + 동명사: ~가 …하지 못하게 하다

⑩ Sugar mixes with water in the fruit, so bacteria don't have <u>space</u> [to grow].
　◆ [ ]는 space를 수식하는 to부정사 (형용사적 용법: ~할)

⑫ work: 작용하다 / in the same way: 같은 방식으로

⑬ as well as: ~만큼 잘

⑭ But many people still use them <u>to make</u> bacon, jam, and pickles.
　◆ to make: 목적을 나타내는 to부정사 (부사적 용법: ~하기 위해)

본문 해석

❶ 우리가 아는 한, 지구는 생명체가 있는 유일한 행성이다. ❷ 하지만 왜 일까? ❸ 이것에는 몇 가지 이유가 있다.

❹ 한 가지 이유는 지구의 태양으로부터의 거리이다. ❺ 지구는 태양으로부터 너무 멀지도, 너무 가깝지도 않다. ❻ 이것은 지구가 너무 덥지도, 너무 춥지도 않다는 것을 의미한다. ❼ 지구는 생명체에게 딱 알맞은 온도를 가지고 있다. ❽ 다른 이유는 대기다. ❾ 그것은 21%의 산소로 구성된다. ❿ 이것 때문에 우리는 숨을 쉴 수 있다. ⓫ 대기는 또한 우리를 해로운 태양 광선으로부터 보호한다. ⓬ 세 번째 이유는 물이다. ⓭ 우리 모두 알고 있듯이, 우리는 물 없이 살아남을 수 없다. ⓮ 그것은 우리 몸의 세포, 피, 근육, 그리고 장기에 필수적이다.

⓯ 이것들 외에 생명체에게 필요한 다른 조건들이 있지만, 지구는 그 조건들을 모두 충족시킨다. ⓰ 그것은 거의 기적이다!

직독직해

❶ As far as we know, / Earth is the only planet / with life.
우리가 아는 한   지구는 유일한 행성이다   생명체가 있는
❷ But why? ❸ There are a few reasons / for this.
하지만 왜일까   몇 개의 이유가 있다   이것에는

❹ One reason is its distance / from the Sun. ❺ Earth is not too far
한 가지 이유는 그것의 거리이다   태양으로부터의   지구는 태양으로부터 너무 멀지
from the Sun, / and it is not too close. ❻ This means / that Earth is not
않다   그리고 그것은 너무 가깝지 않다   이것은 의미한다   지구가 너무 덥지 않다는
too hot / and it is not too cold. ❼ It has just the right temperature / for
것을   그리고 그것이 너무 춥지 않다는 것을   그것은 딱 알맞은 온도를 가지고 있다
life. ❽ Another reason is the atmosphere. ❾ It consists of 21% oxygen.
생명체에게   다른 이유는 대기다   그것은 21%의 산소로 구성된다
❿ Because of this, / we can breathe. ⓫ The atmosphere also protects us
이것 때문에   우리는 숨을 쉴 수 있다   대기는 또한 우리를 보호한다
/ from harmful sun rays. ⓬ The third reason is water. ⓭ As we all know,
해로운 태양 광선으로부터   세 번째 이유는 물이다   우리 모두 알고 있듯이
/ we can't survive / without water. ⓮ It is essential / for the cells, blood,
우리는 살아남을 수 없다 물 없이   그것은 필수적이다   세포, 피, 근육, 그리고
muscles, and organs / in our bodies.
장기에   우리 몸에 있는

⓯ There are other conditions needed for life / besides these, / but
생명체에게 필요한 다른 조건들이 있다   이것들 외에   하지만
Earth meets them all. ⓰ It's almost a miracle!
지구는 그것들을 모두 충족시킨다 그것은 거의 기적이다

(52)

구문 해설

❶ as far as: ~하는 한

❸ there + be동사: ~이 있다 / a few + 복수명사: 몇 개의 ~

❺ Earth is not too far from the Sun, *and* it is not too close (from the Sun).
　◆ 두 개의 문장(Earth is not ~ the Sun, it is not too close)이 and로 연결된 병렬 구조
　◆ close 뒤에 앞에서 언급된 from the Sun이 반복되어 생략됨

❻ This means [that Earth is not too hot *and* it is not too cold].
　◆ [ ]는 means의 목적어 that절
　◆ that절에서 두 개의 문장(Earth is ~ hot, it is ~cold)이 and로 연결된 병렬 구조

❾ consist of: ~로 구성되다(이루어지다)

❿ because of + 명사: ~ 때문에

┃정답   **1** ③   **2** ⑤   **3** (1) (산소가 있어서) 우리가 숨을 쉴 수 있게 한다.   (2) 우리를 해로운 태양 광선으로부터 보호한다.

┃**Self-Study 노트**   **핵심 구문 100% 이해하기** | 직독직해 **①**, **⑨**, **⑪**, **⑬**, **⑭**, **⑮**번 문장

                    글의 내용 100% 이해하기 | 1. 생명체   2. 거리   3. 온도   4. 산소   5. 태양 광선   6. 물

문제 해설

1 이 글의 제목으로 가장 적절한 것은?

① Different Life on Earth 지구상의 다양한 생명체

② How Far Are We from the Sun? 우리는 태양으로부터 얼마나 멀리 떨어져 있는가?

✓③ Earth: The Perfect Place for Life 지구: 생명체에게 완벽한 장소

④ How Does Water Affect Our Bodies? 물이 우리 몸에 어떻게 영향을 미치는가?

⑤ The Importance of Temperature for Life 생명체에게 있어 온도의 중요성

1 지구에 생명체가 살 수 있는 몇 가지 이유에 대해 이야기하는 글이므로 ③이 적절하다.

2 밑줄 친 **a miracle**이 의미하는 바로 가장 적절한 것은?

① 지구가 태양 주위를 돌고 있는 것

② 지구의 온도가 적당하게 유지되는 것

③ 깨끗한 물이 지구에 계속 공급되는 것

④ 가장 많은 생명체가 지구에 살고 있는 것

✓⑤ 생명체가 사는 데 필요한 조건을 지구가 모두 갖춘 것

2 a miracle은 바로 앞 문장 There are other conditions needed for life ~ meets them all.(지구가 생명체에게 필요한 다른 조건들도 모두 충족시킴)을 말하므로 ⑤가 적절하다.

3 이 글에 언급된 대기의 역할 두 가지를 우리말로 쓰시오.

(1) _____ (산소가 있어서) 우리가 숨을 쉴 수 있게 한다. _____

(2) _____ 우리를 해로운 태양 광선으로부터 보호한다. _____

3 (1) Because of this, we can breathe. (이것(대기의 21%가 산소로 구성된 것) 때문에 우리는 숨을 쉴 수 있다.)

(2) The atmosphere also protects us from harmful sun rays. (대기는 또한 우리를 해로운 태양 광선으로부터 보호한다.)

(53)

⑪ protect A from B: A를 B로부터 보호하다(지키다)

⑬ 접속사 as: ~하듯이 / without + 명사: ~ 없이

⑭ be essential for: ~에 필수적이다

⑮ There are underline{other conditions} [needed for life] *besides* these, but Earth meets them all.

◆ there + be동사: ~이 있다

◆ [ ]는 other conditions를 수식하는 과거분사구 / needed: 필요한

◆ besides + 명사: ~ 외에

본문 해석

❶ 소설 '프랑켄슈타인'에서는 여러 신체 부위로 괴물이 만들어진다. ❷ 하지만 당신은 '프랑켄푸드'에 대해 들어 본 적 있는가? ❸ 과학자들은 음식 속 유전자를 바꿈으로써 프랑켄푸드를 만들어 낸다. ❹ 그들은 나쁜 특성을 제거하거나 좋은 특성을 더한다. ❺ 그래서 프랑켄푸드는 종종 원래의 것보다 맛이 더 좋거나, 더 좋아 보이거나, 혹은 더 오래 지속된다. ❻ 예를 들어, 사과 껍질을 벗기면 그것은 곧 갈색으로 변한다. ❼ 이것을 막기 위해 과학자들은 갈변을 일으키는 유전자를 찾아냈다. ❽ 그들은 그 유전자를 바꿔 갈색이 되지 않는 사과를 만들어 냈다. ❾ 그래서 그 사과의 껍질을 벗긴 후에도 사과의 색깔은 변하지 않는다.

❿ 하지만, 프랑켄푸드에는 몇 가지 문제가 있다. ⓫ 많은 사람들이 프랑켄푸드가 자연적이지 않기 때문에 우리의 건강에 미치는 영향에 대해 걱정한다. ⓬ 또한 음식 속 하나의 유전자를 바꾸는 것은 나머지 다른 유전자들에게 영향을 줄지도 모른다. ⓭ 우리의 안전을 위해서 검사를 거친 프랑켄푸드만 우리에게 판매된다. ⓮ 하지만 우리는 여전히 프랑켄푸드의 영향에 대해 모든 것을 알지는 못한다.

직독직해

❶ In the novel *Frankenstein*, / a monster is created / from different
소설 '프랑켄슈타인'에서는　　　괴물이 만들어진다　　　여러 신체 부위들로
body parts. ❷ But have you ever heard / of "Frankenfood"?
　　　하지만 당신은 들어 본 적 있는가　　'프랑켄푸드'에 대해
❸ Scientists create Frankenfood / by changing genes in food. ❹ They
과학자들은 프랑켄푸드를 만들어 낸다　　음식 속 유전자들을 바꿈으로써　　　그들은
remove bad traits / or ⓐ add good ones. ❺ So / Frankenfood often tastes
나쁜 특성들을 제거한다　혹은 좋은 것들(특성들)을 더한다　그래서 프랑켄푸드는 종종 맛이 더
better, looks better, or lasts longer / than the original. ❻ For example, /
좋거나, 더 좋아 보이거나, 혹은 더 오래 지속된다　　원래의 것보다　　　예를 들어
when we peel apples, / they soon turn brown. ❼ To stop this, / scientists
우리가 사과 껍질을 벗길 때　　그것들은 곧 갈색으로 변한다　　이것을 막기 위해　과학자들은
found the gene / that causes browning. ❽ They changed that gene / and
유전자를 찾아냈다　　갈변을 일으키는　　　그들은 그 유전자를 바꿨다　　　그리고
created apples / that don't become brown. ❾ So even after we peel them,
사과를 만들어 냈다　갈색이 되지 않는　　　그래서 우리가 그것들의 껍질을 벗긴 후에도
/ their ⓑ color doesn't change.
　그것들의 색깔은 변하지 않는다
❿ However, / Frankenfood has some issues. ⓫ Many people worry
　　하지만　　　프랑켄푸드는 몇 가지 문제들을 가지고 있다　　많은 사람들이 걱정한다
/ about its impact on our health / because it is ⓒ unnatural. ⓬ Also, /
우리의 건강에 미치는 그것의 영향에 대해　　그것이 자연적이지 않기 때문에　　　또한
changing one gene in food / might impact the other genes. ⓭ For our
음식 속 하나의 유전자를 바꾸는 것은　　나머지 다른 유전자들에게 영향을 줄지도 모른다
safety, / only tested Frankenfoods are sold / to us. ⓮ But / we still don't
우리의 안전을 위해서　검사를 거친 프랑켄푸드들만 판매된다　우리에게　하지만 우리는 여전히
know everything / about their effects.
모든 것을 알지는 못한다　그것들의 영향에 대해

구문 해설

❶ be created from: ~로 만들어지다

❷ have you ever + 과거분사 ~?: 당신은 ~해 본 적 있는가?

❸ by + 동명사: ~함으로써

❹ They remove bad traits *or* add good *ones*.
  ◆ remove와 add가 or로 연결된 병렬 구조
  ◆ ones = traits

❺ So Frankenfood often tastes *better*, looks *better*, or lasts *longer than* the original.
  ◆ tastes, looks, lasts가 or로 연결된 병렬 구조
  ◆ 형용사/부사 비교급 + than: ~보다 더 …한/하게

❻ turn + 형용사: ~로/하게 변하다

문제 해설

1 이 글의 주제로 가장 적절한 것은?

① Frankenfood의 유래

② Frankenfood의 예시

③ Frankenfood를 만드는 법

✓④ Frankenfood의 특성과 문제점

⑤ Frankenfood가 음식 맛에 일으키는 변화

1 프랑켄푸드(Frankenfood)의 특성과 사람들이 걱정하는 문제점에 대해 이야기하고 있으므로 ④가 적절하다.

2 이 글의 ⓐ~ⓒ에 들어갈 말로 문맥상 알맞게 짝지어진 것은?

	ⓐ	ⓑ	ⓒ
①	add	color	natural
②	add	gene	unnatural
✓③	add	color	unnatural
④	destroy	gene	natural
⑤	destroy	color	unnatural

③ 더하다 – 색깔 – 자연적이지 않은

destroy: 파괴하다 / gene: 유전자 / natural: 자연적인

2 ⓐ 프랑켄푸드는 유전자를 변형하여 나쁜 특성을 제거하거나 좋은 특성을 더해(add) 만들어진다.
ⓑ 껍질을 벗긴 후에도 갈색이 되지 않도록 유전자를 바꾼 사과는 색깔(color)이 변하지 않는다.
ⓒ 프랑켄푸드는 유전자를 변형한 자연적이지 않은(unnatural) 식품이다.

3 밑줄 친 some issues에 관한 내용을 다음과 같이 설명할 때, 빈칸에 알맞은 우리말을 쓰시오.

(1) 많은 사람들이 프랑켄푸드가 우리의 ＿＿건강＿＿ 에 미칠 ＿＿영향＿＿ 에 대해 걱정한다.

(2) 식품 속 하나의 ＿＿유전자＿＿ 를 바꾸는 것은 나머지 ＿＿다른＿＿ ＿＿유전자들＿＿ 에 영향을 줄 수도 있다.

3 (1) Many people worry about its impact ~ unnatural.에서 사람들이 프랑켄푸드가 우리의 건강에 미치는 영향에 대해 걱정한다고 했다.
(2) changing one gene in food might impact the other genes.에서 식품 속 하나의 유전자를 바꾸면 나머지 다른 유전자들에 영향을 줄 수도 있다고 했다.

(57)

❼ To stop this, scientists found the gene [that causes browning].

◆ To stop: 목적을 나타내는 to부정사 (부사적 용법: ~하기 위해)

◆ [ ]는 the gene을 수식하는 주격 관계대명사절

❽ They changed *that* gene *and* created apples [that don't become brown].

◆ changed와 created가 and로 연결된 병렬 구조

◆ that gene: 지시형용사 that (그 유전자)

◆ [ ]는 apples를 수식하는 주격 관계대명사절

⓫ worry about: ~에 대해 걱정하다 / its impact on + 명사: ~에 미치는 (그것의) 영향

⓭ For our safety, only *tested* Frankenfoods *are sold* to us.

◆ Frankenfoods를 수식하는 과거분사 tested

◆ are sold: be동사 현재형 + sell의 과거분사 (수동태: 판매되다)

Reading 4

■ 읽기 전 **비문학 사고력 UP**   조명을 환하게 한다, 카메라 플래시를 켠다 등
■ 읽은 후 **핵심 정리**   the red-eye effect

본문 해석

❶ 당신이 친구들과 파티에 있다고 상상해 봐라. ❷ 그곳은 어둡고 친구들은 당신에게 자신들의 사진을 찍어 달라고 부탁한다. ❸ 당신은 카메라를 잡아 친구들 쪽으로 향하게 해서 사진을 찍는다.
❹ 충분한 빛이 없기 때문에 카메라의 플래시가 터진다. ❺ 하지만 사진에서 몇몇 친구들의 눈이 빨갛게 보인다.
❻ 이것은 적목 현상으로 알려진 흔한 문제이다. ❼ 이것은 플래시에서 나온 빛이 동공을 통과해 우리의 눈 뒤쪽에 부딪혀 반사될 때 발생한다.
❽ 우리의 눈 뒤쪽에는 피가 많다.
❾ 이 피 때문에 사진에서 우리의 눈은 가끔 빨갛게 보이게 된다.
❿ 적목 현상은 보통 빛이 많지 않을 때 일어난다. ⓫ 이것은 더 많은 빛이 들어오게 하기 위해 우리의 동공이 더 커지기 때문이다. ⓬ 결과적으로 적목 현상이 더 뚜렷하게 나타난다.

직독직해

❶ Imagine / you are at a party with your friends.
상상해 봐라   당신이 당신의 친구들과 파티에 있다고
❷ It is dark, / and
그곳은 어둡다   그리고
they ask you / to take a picture of them.
그들은 당신에게 부탁한다   그들의 사진을 찍어 달라고
❸ You grab your camera, / point
당신은 당신의 카메라를 잡는다   그것을
it at your friends, / and take a picture.
당신의 친구들로 향하게 한다   그리고 사진을 찍는다
❹ The camera's flash goes off / because there is not enough light.
카메라의 플래시가 터진다   충분한 빛이 없기 때문에
❺ But in the picture, / some of your friends' eyes / look red.
하지만 사진에서   당신의 몇몇 친구들의 눈이   빨갛게 보인다
❻ This is a common problem / known as the red-eye effect.
이것은 흔한 문제이다   적목 현상으로 알려진
❼ It
이것은
occurs / when the light from a flash passes through the pupils / and
발생한다   플래시에서 나온 빛이 동공을 통과할 때   그리고
reflects off the back of our eyes.
우리의 눈 뒤쪽에 부딪혀 반사될 때
❽ There is a lot of blood / at the back
많은 피가 있다   우리의 눈 뒤쪽에
of our eyes.
❾ Because of this blood, / our eyes sometimes appear red /
이 피 때문에   우리의 눈은 가끔 빨갛게 보이게 된다
in photos.
사진들에서
❿ The red-eye effect usually happens / when there is not much light.
적목 현상은 보통 일어난다   빛이 많지 않을 때
⓫ This is / because our pupils become bigger / to let in more light.
이것은   우리의 동공이 더 커지기 때문이다   더 많은 빛이 들어오게 하기 위해
⓬ As
a result, / the red-eye effect becomes more noticeable.
결과적으로   적목 현상이 더 뚜렷하게 나타난다

60

구문 해설

❶ *Imagine* [(that) you are at a party with your friends].
  ◆ 동사원형 Imagine ~.: 명령문 (상상해 봐라)
  ◆ 목적어 명사절 [   ]에서 접속사 that이 생략됨

❷ ask + 목적어 + to부정사: ~에게 …해 달라고 부탁(요청)하다

❸ You grab your camera, *point* it *at* your friends, *and* take a picture.
  ◆ grab, point, take가 and로 연결된 병렬 구조
  ◆ point A at B: A를 B로 향하게 하다

❹ go off: (플래시가) 터지다 / there + be동사 + not: ~이 없다

❺ look + 형용사: ~하게 보이다

❻ known as: ~로 알려진

문제 해설

1 빈칸에 들어갈 말로 가장 적절한 것은?

　① you are crying 　당신이 울고 있을 (때)

　② your eyes are red 　당신의 눈이 빨갈 (때)

　③ the room is bright 　방이 밝을 (때)

✓④ there is not much light 　빛이 많지 않을 (때)

　⑤ the camera's flash doesn't go off 　카메라의 플래시가 터지지 않을 (때)

1 적목 현상은 보통 어두운 환경에서 사진을 찍을 때 일어나는 현상이므로 ④가 적절하다.

2 질문에 대한 답이 되도록 빈칸에 들어갈 말을 이 글에서 찾아 쓰시오.

　Q　When the red-eye effect occurs, why do our eyes appear red?

　A　It's because of the (1) ＿＿blood＿＿ at the (2) ＿＿back＿＿ of our eyes.

　Q: 적목 현상이 일어날 때, 우리의 눈은 왜 빨갛게 보이는가?
　A: 우리의 눈 (2) 뒤쪽에 있는 (1) 피 때문이다.

2 There is a lot of blood ~eyes.와 Because of this blood, our eyes~red in photos.에서 사진에서 눈이 빨갛게 보이는 이유는 우리 눈 뒤쪽에 있는 피 때문이라고 했다.

3 다음 빈칸에 공통으로 들어갈 말로 알맞은 것은?

> ・The storm will ＿pass through＿ our town tonight.
>
> ・A lot of cars ＿pass through＿ this tunnel every day.

　① let in 　~이 들어오게 하다　　　② go off 　터지다, 발사하다

　③ point at 　~을 가리키다　　　④ reflect off 　~에 부딪혀 반사되다

✓⑤ pass through 　~을 통과하다

3
・그 폭풍우는 오늘 밤 우리 마을을 통과할 것이다.
・많은 차들이 매일 이 터널을 통과한다.

(61)

❼ It occurs [when the light from a flash *passes* *through* the pupils *and* *reflects* *off* the back of our eyes].
　◆ when절 [ ]에서 passes와 reflects가 and로 연결된 병렬 구조
　◆ pass through: ~을 통과하다 / reflect off: ~에 부딪혀 반사되다

❽ there + be동사: ~이 있다 / at the back of: ~의 뒤쪽에

❾ because of + 명사: ~ 때문에 / appear + 형용사: ~하게 보이게 되다

⓫ This is because our pupils *become bigger* to *let in* more light.
　◆ This is because + 주어 + 동사 ~.: 이것은 …가 ~하기 때문이다.
　◆ become + 비교급: 더 ~해지다 (bigger: big의 비교급)
　◆ to let: 목적을 나타내는 to부정사 (부사적 용법: ~하기 위해) / let in: ~이 들어오게 하다

⓬ as a result: 결과적으로 / more noticeable: noticeable의 비교급

Reading 1

정답 확인

▌읽기 전 **비문학 사고력 UP** 별도 정답 없음
▌읽은 후 **핵심 정리** 햇빛으로부터 에너지를 흡수한다.

본문 해석

❶ 알록달록한 단풍잎은 아름답다. ❷ 하지만 이 잎은 나무에게도 중요하다. ❸ 여름 동안 잎은 엽록소로 인해 초록색이다. ❹ 엽록소는 햇빛으로부터 에너지를 흡수한다. ❺ 잎은 나무에 영양분을 주기 위해 그 에너지를 당분으로 바꾼다. ❻ 이것은 광합성이라고 불린다.

❼ 계절이 바뀌면서 낮은 더 짧아지고 더 추워진다. ❽ 나무는 햇빛을 더 적게 받고, 잎 속의 엽록소는 분해된다. ❾ 이것은 초록색 색소가 사라지게 한다. ❿ 이것이 일어나면 우리는 다른 색을 볼 수 있다.

⓫ 노란색과 주황색 색소는 이미 잎 속에 있다. ⓬ 하지만 그것들은 봄과 여름에 보통 엽록소에 가려진다. ⓭ 반면에 빨간색과 보라색 색소는 잎 속의 화학적 변화 때문에 가을에 만들어진다. ⓮ 두 종류의 색소 다 잎에게 놀라운 색을 준다.

직독직해

❶ Colorful autumn leaves are beautiful. ❷ But these leaves are also
알록달록한 단풍잎들은 아름답다   하지만 이 잎들은 또한

important / for the trees. ❸ During summer, / leaves are green / because
중요하다   나무들에게   여름 동안   잎들은 초록색이다

of chlorophyll. ❹ Chlorophyll absorbs energy / from sunlight. ❺ The
엽록소 때문에   엽록소는 에너지를 흡수한다   햇빛으로부터

leaves turn the energy into sugars / to feed the tree. ❻ This is called
잎들은 그 에너지를 당분으로 바꾼다   나무에 영양분을 주기 위해   이것은 광합성이라고

photosynthesis.
불린다

❼ As the seasons change, / the days get shorter and colder. ❽ Trees
계절이 바뀜에 따라   낮은 (점점) 더 짧아지고 (점점) 더 추워진다   나무는

get less sunlight, / and the chlorophyll in the leaves / breaks down.
더 적은 햇빛을 받는다   그리고 잎들 속의 엽록소가   분해된다

❾ This causes / the green pigment / to disappear. ❿ As this happens, / we
이것은 (~하게) 한다   초록색 색소가   사라지게   이것이 일어날 때   우리는

can see other colors.
다른 색들을 볼 수 있다

⓫ Yellow and orange pigments / are already in the leaves. ⓬ But / they
노란색과 주황색 색소는   이미 잎들 속에 있다   하지만

are usually covered up by chlorophyll / in spring and summer. ⓭ Red
그것들은 보통 엽록소에 가려진다   봄과 여름에   빨간색과

and purple pigments, / on the other hand, / are produced in autumn /
보라색 색소는   반면에   가을에 만들어진다

because of chemical changes in the leaves. ⓮ Both types of pigments /
잎들 속의 화학적 변화 때문에   두 종류의 색소 다

give leaves their amazing colors.
잎들에게 그것들의 놀라운 색들을 준다

구문 해설

❸ because of + 명사: ~ 때문에

❺ The leaves *turn* the energy *into* sugars to feed the tree.
   ◆ turn A into B: A를 B로 바꾸다
   ◆ to feed: 목적을 나타내는 to부정사 (부사적 용법: ~하기 위해)

❻ be called: ~라고 불리다

❼ 접속사 as: ~함에 따라, ~하면서 / get + 비교급: (점점) 더 ~해지다

문제 해설

1 이 글의 제목으로 가장 적절한 것은?

  ① Beautiful Leaves 아름다운 잎

  ② The Growth of Leaves 잎의 성장

  ③ Leaves Without Pigments 색소가 없는 잎

  ④ Different Types of Leaves 다양한 종류의 잎

 ✓⑤ Changes in Leaves' Colors 잎 색의 변화

1 나뭇잎의 색이 변화하는 이유를 설명하는 글이므로 ⑤가 적절하다.

2 이 글의 내용과 일치하지 <u>않는</u> 것은?

  ① 여름에 나뭇잎은 초록색이다. ③번 문장

  ② 날이 추워지면 잎 속의 엽록소가 분해된다. ⑧번 문장

  ③ 햇빛이 적어지면 다른 색의 나뭇잎을 볼 수 있다. ⑧, ⑩번 문장

 ✓④ 주황색 색소는 가을이 되면 잎에서 생겨난다.

  ⑤ 보라색 나뭇잎은 화학적 변화로 인해 생겨난다. ⑬번 문장

2 ④ 주황색 색소는 이미 잎 속에 있지만 엽록소에 가려져 있다고 했다.

3 질문에 대한 답이 되도록 빈칸에 들어갈 말을 이 글에서 찾아 쓰시오.

  Q What do leaves do during photosynthesis?

  A They turn (1) _____energy_____ from sunlight into (2) _____sugars_____ .

    Q: 광합성 동안 잎은 무엇을 하는가?
    A: 그것들은 햇빛에서 받은 (1)에너지를 (2)당분으로 바꾼다.

3 나뭇잎은 나무에 영양분을 주기 위해 햇빛으로부터 흡수한 에너지(energy)를 당분(sugars)으로 바꾸며, 이것을 광합성(photosynthesis)이라고 부른다고 했다.

❽ break down: 분해되다

❾ cause + 목적어 + to부정사: ~가 …하게 하다

❿ 접속사 as: ~할 때

⓬ be covered up by: ~에 가려지다 / in + 계절(spring and summer)

⓭ on the other hand: 반면에 / are produced: be동사 현재형 + produce의 과거분사 (수동태: 만들어지다)

⓮ give + 간접목적어 + 직접목적어: ~에게 …을 주다

  cf. give + 목적어 + to + 명사: ~을 …에게 주다

정답 확인

■ 읽기 전 비문학 사고력 UP   별도 정답 없음
■ 읽은 후 핵심 정리   eating insects

본문 해석

❶당신의 음식에서 벌레를 발견했다고 상상해 봐라. ❷당신은 놀랄 것이다! ❸하지만 미래에 곤충은 우리 식사의 평범한 부분이 될지도 모른다. ❹이것은 미래에 우리가 충분한 식량이 없을 수도 있기 때문이다. ❺사실, 곤충은 완벽한 식량이 될 수 있다. ❻우선, 그것은 어디에서든지 길러질 수 있고, 소나 돼지보다 훨씬 더 적게 먹는다. ❼또한 그것은 건강에 좋다. ❽많은 곤충들은 단백질, 비타민, 그리고 다른 영양소들이 풍부하다. ❾마지막으로, 그것은 환경에 더 좋다. ❿예를 들면, 소는 곤충보다 훨씬 더 많은 온실가스를 만들어 낸다. ⓫지금 당장은 곤충을 먹는 것이 불쾌하게 들릴지도 모른다. ⓬하지만 만약 당신이 관심 있다면 귀뚜라미 칩이나 밀웜 같은 간식들을 온라인으로 찾을 수 있다. ⓭그 간식들을 먹어 본 적 있는 사람들은 그것들이 보통의 간식과 똑같은 맛이 난다고 말한다.

직독직해

❶ Imagine / you found a bug in your food. ❷ You'd be surprised!
상상해 봐라   당신의 음식에서 벌레를 발견했다고   당신은 놀랄 것이다
❸ But in the future, / insects might be a normal part of our diet. ❹ This is
하지만 미래에   곤충은 우리 식사의 평범한 부분이 될지도 모른다   이것은 ~이다
/ because we might not have enough food / in the future.
우리가 충분한 식량을 가지고 있지 않을 수도 있기 때문   미래에
❺ In fact, / insects can be the perfect food. ❻ First of all, / they can be
사실은   곤충들은 완벽한 식량이 될 수 있다   우선   그것들은
raised anywhere, / and they eat much less than cows or pigs. ❼ Also, /
어디에서든지 길러질 수 있다   그리고 그것들은 소나 돼지보다 훨씬 더 적게 먹는다   또한
they are healthy. ❽ Many insects are rich / in protein, vitamins, and other
그것들은 건강에 좋다   많은 곤충들은 풍부하다   단백질, 비타민, 그리고 다른 영양소들이
nutrients. ❾ Finally, / they are better for the environment. ❿ For example,
마지막으로   그것들은 환경에 더 좋다   예를 들면
/ cows produce much more greenhouse gases / than insects.
소들은 훨씬 더 많은 온실가스를 만들어 낸다   곤충들보다
⓫ Right now, / eating insects / may sound unpleasant. ⓬ But if you're
지금 당장은   곤충들을 먹는 것이   불쾌하게 들릴지도 모른다   하지만 만약 당신이
interested, / you can find / snacks like cricket chips or mealworms /
관심이 있다면   당신은 찾을 수 있다   귀뚜라미 칩이나 밀웜 같은 간식들을
online. ⓭ People who have tried them / say / they taste just like normal
온라인으로   그것들을 시도해 본 적 있는 사람들은   말한다   그것들이 보통의 간식과 똑같은 맛이
snacks.
난다고

구문 해설

❶ *Imagine* [(that) you found a bug in your food].
  ◆ 동사원형 Imagine ~.: 명령문 (상상해 봐라)
  ◆ 목적어 명사절 [   ]에서 접속사 that이 생략됨

❷ You'd = You would / be surprised: 놀라다   cf. surprise: 놀라게 하다

❹ This is because + 주어 + 동사 ~.: 이것은 …가 ~하기 때문이다. / might not + 동사원형: ~하지 않을 수도 있다

❺ in fact: 사실은

❻ can be raised: 조동사 can + be + raise의 과거분사 (수동태: 길러지다) / much: 비교급 less 강조 (훨씬)

❽ be rich in: ~이 풍부하다

문제 해설

1 이 글의 주제로 가장 적절한 것은?

    ① 식용 곤충의 종류

    ② 식용 곤충을 키우는 방법

    ③ 곤충을 요리하는 다양한 방법

  ✓④ 곤충이 미래의 식량으로 고려되는 이유

    ⑤ 대부분의 사람들이 곤충을 먹지 않는 이유

1 곤충이 미래의 식량으로 적합한 이유들을 설명하는 글이므로 ④가 적절하다.

2 식용 곤충에 관한 설명 중 이 글의 내용과 일치하지 <u>않는</u> 것은?

    ① 어디에서나 기를 수 있다. ⑥번 문장

    ② 돼지를 먹일 때보다 먹이가 적게 든다. ⑥번 문장

    ③ 건강에 좋은 영양분이 많이 들어 있다. ⑧번 문장

    ④ 소를 기르는 것보다 환경에 더 좋다. ⑩번 문장

  ✓⑤ 온라인에서는 구매하기 어렵다.

2 ⑤ 귀뚜라미 칩이나 밀웜 같은 간식을 온라인으로 찾을 수 있다고 했다.

3 밑줄 친 우리말과 일치하도록 이 글의 괄호 안의 단어를 바르게 배열하시오.

> 지금 당장은 <u>곤충들을 먹는 것이 불쾌하게 들릴지도 모른다</u>.

Right now, _____ eating insects may sound unpleasant _____.

3

• 동명사구: ~하는 것(eating insects)

• may + sound + 형용사: ~하게 들릴지도 모른다(may sound unpleasant)

⑩ much: 비교급 more 강조 (훨씬)

⑪ 주어: eating insects (동명사구) / sound + 형용사: ~하게 들리다

⑫ be interested: 관심이(흥미가) 있다   **cf.** interest: 관심을(흥미를) 끌다

⑬ Underline{People} [who *have tried* them] say [(that) they *taste* just *like* normal snacks].

  ◆ 첫 번째 [ ]는 people을 수식하는 주격 관계대명사절

  ◆ have tried: have + try의 과거분사 (현재완료: 시도해 본 적 있다)

  ◆ 두 번째 [ ]는 say의 목적어 명사절이고 접속사 that이 생략됨

  ◆ taste like: ~ 같은 맛이 나다

본문 해석

❶당신은 판다를 좋아하는가? ❷자이언트판다는 곰의 한 종류이다. ❸하지만 그것은 다른 곰들처럼 고기를 먹지 않는다. ❹대신 그것은 대나무를 먹는다. ❺하지만 당신은 자이언트판다가 오래 전에는 고기를 먹었다는 것을 알고 있었는가? ❻그것은 여전히 고기를 소화시킬 수 있다. ❼그렇다면 그것은 왜 지금은 대나무를 먹을까?

❽과거에 자이언트판다의 유전자 중 하나가 바뀌었다. ❾연구자들은 자이언트판다가 이 변화 때문에 고기 맛을 느끼는 능력을 잃었다고 생각한다. ❿다른 이유도 가능하다. ⓫자이언트판다는 중국의 산에 산다. ⓬몇몇 과학자들은 과거 그곳에는 대나무가 많았지만 고기는 많지 않았을 것이라고 생각한다. ⓭그래서 자이언트판다는 대나무를 얻기 위해 다른 동물들과 싸울 필요가 없었다. ⓮이것은 그들이 고기 대신에 대나무를 선택한 이유가 될 수 있었다.

⓯여기 다른 재밌는 사실이 있다! ⓰자이언트판다는 채식주의자가 된 후에 여섯 번째 앞발가락을 진화시켰다. ⓱자이언트판다는 이 여분의 앞발가락으로 대나무를 더 잘 움켜잡을 수 있다.

직독직해

❶Do you like pandas? ❷The giant panda is a type of bear. ❸But it
당신은 판다들을 좋아하는가   자이언트판다는 곰의 한 종류이다   하지만

doesn't eat meat / like other bears. ❹Instead, / it eats bamboo. ❺But did
그것은 고기를 먹지 않는다   다른 곰들처럼   대신   그것은 대나무를 먹는다   하지만

you know / that the giant panda ate meat a long time ago? ❻(a)It can
당신은 알고 있었는가   자이언트판다가 오래 전에는 고기를 먹었다는 것을   그것은 여전히

still digest meat. ❼So / why does it eat bamboo now?
고기를 소화시킬 수 있다   그렇다면   그것은 왜 지금은 대나무를 먹을까

❽In the past, / one of the giant panda's genes / changed. ❾Researchers
과거에   자이언트판다의 유전자들 중 하나가   바뀌었다   연구자들은

think / that the giant panda lost its ability to taste meat / because of this
생각한다   자이언트판다가 그것의 고기 맛을 느끼는 능력을 잃었다고   이 변화 때문에

change. ❿There is also another possible reason. ⓫Giant pandas live /
또한 다른 가능한 이유가 있다   자이언트판다들은 산다

in the mountains of China. ⓬Some scientists believe / there was a lot
중국의 산에   몇몇 과학자들은 생각한다   많은 대나무가 있었다고

of bamboo / but not much meat / there in the past. ⓭So / giant pandas
하지만 고기는 많지 않았다고   과거 그곳에   그래서   자이언트판다들은

didn't need to fight other animals / for bamboo. ⓮This could be / why
다른 동물들과 싸울 필요가 없었다   대나무를 (얻기) 위해   이것은 될 수 있었다

they chose (b)it / instead of meat.
그것들이 그것을 선택한 이유가   고기 대신에

⓯Here's another fun fact! ⓰After giant pandas became vegetarians,
여기 다른 재밌는 사실이 있다   자이언트판다들이 채식주의자들이 된 후에

/ they evolved a sixth finger. ⓱They can grab bamboo better / with this
그것들은 여섯 번째 손가락(앞발가락)을 진화시켰다   그것들은 대나무를 더 잘 움켜잡을 수 있다

extra finger.
이 여분의 앞발가락으로

(74)

구문 해설

❷a type of: ~의 한 종류

❺But did you know [that the giant panda ate meat *a long time ago*]?
   ◆ [   ]는 know의 목적어 that절
   ◆ a long time ago: 오래 전에

❽one of the + 복수명사: ~들 중 하나

❾Researchers think [that the giant panda lost its ability [to taste meat] *because of* this change].
   ◆ 첫 번째 [   ]는 think의 목적어 that절
   ◆ 두 번째 [   ]는 its ability를 수식하는 to부정사 (형용사적 용법: ~하는)
   ◆ because of + 명사: ~ 때문에

문제 해설

1 이 글의 주제로 가장 적절한 것은?

① 자이언트판다의 유전자의 특징

② 자이언트판다의 음식 소화 능력

③ 자이언트판다가 산에 살게 된 이유

✓④ 자이언트판다가 대나무를 먹게 된 이유

⑤ 자이언트판다의 앞발가락이 여섯 개인 이유

1 자이언트판다가 고기를 소화시킬 수 있는데도 왜 대나무를 먹게 되었는지에 대해 이야기하는 글이므로 ④가 적절하다.

2 밑줄 친 (a), (b)가 가리키는 것을 각각 이 글에서 찾아 쓰시오.

(a) _____the giant panda_____

(b) _____bamboo_____

2 (a) It은 앞 문장의 the giant panda(자이언트판다)를 가리킨다.
(b) it은 앞 문장의 bamboo(대나무)를 가리킨다.

3 자이언트판다의 유전자 변화로 인해 일어났다고 추정되는 일을 우리말로 쓰시오.

_____고기 맛을 느끼는 능력을 잃음_____

3 Researchers think that ~ this change.에서 연구자들은 자이언트판다가 유전자 변화로 고기 맛을 느끼는 능력을 잃었다고 생각한다고 했다.

(75)

10 there + be동사: ~이 있다

12 Some scientists believe [(that) *there was* a lot of bamboo *but* not much meat there in the past].

　◆ believe의 목적어 명사절 [　]에서 접속사 that이 생략됨

　◆ there + be동사 과거형: ~이 있었다

　◆ a lot of bamboo와 much meat가 but으로 연결된 병렬 구조

13 didn't need to + 동사원형: ~할 필요가 없었다 / fight ~ for: …을 (얻기) 위해 (~와) 싸우다

14 This could be [why they chose it *instead of* meat].

　◆ This could be why + 주어 + 동사 ~.: 이것은 …가 ~하는 이유가 될 수 있었다. / why절 [　]가 보어로 쓰임

　◆ instead of: ~ 대신에

Reading 4

본문 해석

❶ 우리는 자연을 보면서 많은 훌륭한 아이디어를 얻는다. ❷ 이 아이디어로 우리는 새로운 제품을 만들 수 있고, 일상생활에서의 문제에 대한 해결책을 찾을 수 있다.
❸ 예를 들면, 상어는 특별한 가죽을 가지고 있다. ❹ 상어는 가죽에 있는 비늘 때문에 매우 빠르게 헤엄칠 수 있다. ❺ 디자이너들은 올림픽 수영 선수들을 위한 수영복을 만들기 위해 상어 가죽을 모방했다. ❻ 그 수영 선수들은 이 수영복을 입고 더 빠르게 수영할 수 있다. ❼ 다른 예는 물총새이다. ❽ 이 새는 삼각형 머리를 가지고 있다. ❾ 이것은 물총새가 조용히 사냥하고 매우 빠르게 움직이도록 돕는다. ❿ 기술자들은 그것들(물총새들)을 관찰해서 최초의 고속 열차를 설계했다. ⓫ 그 열차는 물총새의 머리 같은 모양으로 만들어져서 매우 빨랐다. ⓬ 그것은 또한 터널에서 빠져나올 때 소음을 더 적게 냈다.
⓭ 당신이 볼 수 있듯이, 동물들은 우리에게 많은 귀중한 아이디어를 줘서 우리의 삶을 향상시킬 수 있다.

직독직해

❶ When we look at nature, / we get many great ideas.
우리가 자연을 볼 때   우리는 많은 훌륭한 아이디어들을 얻는다
❷ With these ideas, / we can make new products / and find solutions to problems in our daily lives.
이 아이디어들로   우리는 새로운 제품들을 만들 수 있다   그리고 우리의 일상생활에서의 문제들에 대한 해결책들을 찾을 수 있다

❸ For example, / sharks have special skin.
예를 들면   상어들은 특별한 가죽을 가지고 있다
❹ Because of the scales on their skin, / they can swim very fast.
그것들의 가죽에 있는 비늘 때문에   그것들은 매우 빠르게 헤엄칠 수 있다
❺ Designers copied shark skin / to make swimsuits for Olympic swimmers.
디자이너들은 상어 가죽을 모방했다   올림픽 수영 선수들을 위한 수영복들을 만들기 위해
❻ The swimmers can swim faster / in these swimsuits.
그 수영 선수들은 더 빠르게 수영할 수 있다   이 수영복들을 입고
❼ Another example is kingfisher birds.
다른 예는 물총새들이다
❽ These birds have a triangular head.
이 새들은 삼각형 머리를 가지고 있다
❾ This helps / them / hunt quietly and move very quickly.
이것은 돕는다   그것들이   조용히 사냥하고 매우 빠르게 움직이도록
❿ Engineers watched <u>them</u> / and then designed the first high-speed trains.
기술자들은 그것들을 봤다   그러고 나서 최초의 고속 열차들을 설계했다
⓫ The trains were shaped like a kingfisher's head, / so they were very fast.
그 열차들은 물총새의 머리 같은 모양으로 만들어졌다   그래서 그것들은 매우 빨랐다
⓬ They also made less noise / when they were coming out of a tunnel.
그것들은 또한 더 적은 소음을 냈다   그것들이 터널에서 빠져나올 때

⓭ As you can see, / animals give us many valuable ideas / and can improve our lives.
당신이 볼 수 있듯이   동물들은 우리에게 많은 귀중한 아이디어들을 준다   그리고 우리의 삶을 향상시킬 수 있다

구문 해설

❹ because of + 명사: ~ 때문에

❺ Designers copied shark skin <u>to make</u> swimsuits for Olympic swimmers.
   ◆ to make: 목적을 나타내는 to부정사 (부사적 용법: ~하기 위해)

❻ faster: 부사 fast의 비교급 (더 빠르게) / in: ~을 입고 (착용)

❾ help + 목적어 + 목적격보어(동사원형): ~가 …하도록 돕다

❿ Engineers <u>watched</u> them *and* then <u>designed</u> the first high-speed trains.
   ◆ watched와 designed가 and로 연결된 병렬 구조

정답　　　　　**1** ③　**2** (1) F　(2) T　(3) F　**3** ④

Self-Study 노트　**핵심 구문 100% 이해하기** | 직독직해 **5**, **9**, **11**, **12**, **13**번 문장

　　　　　　글의 내용 100% 이해하기 | 1. valuable　2. sharks　3. scales　4. swimsuits　5. triangular　6. trains

문제 해설

1　**이 글의 요지로 가장 적절한 것은?**

　① 우리가 쓰는 제품 중에는 동물로 만든 것이 많다.

　② 새로운 제품을 사용하면 삶의 질이 높아진다.

✓③ 일상생활에 유용한 아이디어를 자연에서 얻을 수 있다.

　④ 일상생활 속에서 동물을 관찰하고 보호해야 한다.

　⑤ 자연 보호를 위한 아이디어 제품들을 개발해야 한다.

1 자연을 관찰하여 얻은 아이디어를 일상생활에 적용한 예시들을 이야기 하는 글이므로 ③이 적절하다.

2　**이 글의 내용과 일치하면 T, 일치하지 않으면 F를 쓰시오.**

　(1) 상어 가죽은 수영복을 만드는 데 많이 쓰인다.　　　　F

　(2) 상어는 가죽의 비늘 덕분에 빠르게 헤엄칠 수 있다.　　T　　④번 문장

　(3) 물총새의 머리 모양을 닮은 고속 열차는 소음이 심하다.　F

2 (1) 디자이너들은 상어 가죽으로 수영복을 만든 것이 아니라, 상어 가죽을 모방해 수영복을 만들었다고 했다.

(3) 물총새의 머리 모양을 닮은 고속 열차는 더 적은 소음을 냈다고 했다.

3　**밑줄 친 them이 가리키는 것은?**

　① shark scales　상어 비늘

　② swimsuits　수영복

　③ swimmers　수영 선수

✓④ kingfisher birds　물총새

　⑤ high-speed trains　고속 열차

3 기술자들이 관찰한 것은 바로 앞 문장에서 말하고 있는 물총새가 조용하게 사냥하고 빠르게 움직이는 모습이므로, them이 가리키는 것은 kingfisher birds(물총새)이다.

(79)

⑪ be shaped like: ~ 같은 모양으로 만들어지다

⑫ were coming: be동사 과거형 + v-ing (과거진행형) / come out of: ~에서 빠져나오다

⑬ As you can see, animals *give us many valuable ideas and* can improve our lives.

　◆ 접속사 as: ~하듯이

　◆ give + 간접목적어 + 직접목적어: ~에게 …을 주다

　　cf. give + 목적어 + to + 명사: ~을 …에게 주다

　◆ give와 can improve가 and로 연결된 병렬 구조

정답 확인

■ 읽기 전 비문학 사고력 UP   전통
■ 읽은 후 핵심 정리   배우와

본문 해석

❶ 연극배우들은 흥미로운 직업을 가지고 있다. ❷ 공연을 하는 동안, 배우들은 자신들이 연기하는 등장인물들이 된다. ❸ 그들은 우리와는 다른 세계에 있다. ❹ 하지만 우리에게 그들과 이어질 방법이 있다.

❺ '커튼콜'은 극예술의 특별한 전통이다. ❻ 이 전통은 약 200년 전에 시작됐다. ❼ 1800년대에 연극은 유럽에서 인기 있어졌다. ❽ 공연이 끝나면 관객들은 종종 배우들을 한 번 더 보길 원했다. ❾ 그래서 그들은 배우들에게 돌아와 달라고 요청했다. ❿ 이 전통은 계속되어 현대의 커튼콜이 됐다.

⓫ 무대에서는 공연의 마지막에 커튼이 닫힌다. ⓬ 잠시 후, 커튼이 다시 한 번 열리고 배우들이 무대로 돌아온다. ⓭ 그러면 관객은 출연진과 제작진에게 감사를 표하기 위해 박수를 친다. ⓮ 이 순간 배우들은 현실로 돌아와 관객의 환호를 즐긴다.

직독직해

❶ Theater actors have an interesting job. ❷ During a performance, /
연극배우들은 흥미로운 직업을 가지고 있다   공연 동안
actors become the characters / they play. ❸ They are in a different world
배우들은 등장인물들이 된다   그들이 연기하는   그들은 다른 세계에 있다
/ from ours. ❹ But / there is a way for us / to connect with (a) them.
우리의 것과는   하지만 우리에게 방법이 있다   그들과 이어질

❺ A "curtain call" is a special tradition / in the dramatic arts. ❻ This
'커튼콜'은 특별한 전통이다   극예술에서   이
tradition started / about 200 years ago. ❼ In the 1800s, / theater became
전통은 시작됐다   약 200년 전에   1800년대에   연극은 인기 있어졌다
popular / in Europe. ❽ When a performance ended, / the audience often
유럽에서   공연이 끝났을 때   관객들은 종종 배우들을
wanted to see the actors / one more time. ❾ So (b) they called for the
보기를 원했다   한 번 더   그래서 그들은 배우들에게 요청했다
actors / to return. ❿ This tradition continued / and became the modern
돌아올 것을   이 전통은 계속됐다   그리고 현대의 커튼콜이 됐다
curtain call.

⓫ On the stage, / the curtains close / at the end of a performance. ⓬ A
무대에서는   커튼이 닫힌다   공연의 마지막에
few moments later, / (c) they open once again, / and the actors return to
잠시 후   그것들이 다시 한 번 열린다   그리고 배우들이 무대로 돌아온다
the stage. ⓭ Then the audience applauds / to thank the cast and crew.
그러면 관객은 박수를 친다   출연진과 제작진에게 감사를 표하기 위해
⓮ At this moment, / the actors come back to reality / and enjoy the
이 순간   배우들은 현실로 돌아온다   그리고 관객의 환호를
cheers of the audience.
즐긴다

구문 해설

❷ *During* a performance, actors become <u>the characters</u> [(that) they play].
 ◆ during + 명사: ~ 동안
 ◆ [ ]는 the characters를 수식하는 목적격 관계대명사절 (관계대명사 생략)

❸ ours = our world

❹ But there is <u>a way</u> *for us* [to *connect with* them].
 ◆ [ ]는 a way를 수식하는 to부정사 (형용사적 용법: ~할)
 ◆ for us: to부정사의 의미상 주어 (우리에게)
 ◆ connect with: ~와 이어지다(연결하다)

❻ about + 시간 + ago: 약 ~ 전에

❼ in the + 연도 + s: ~년대에

문제 해설

1 이 글의 제목으로 가장 적절한 것은?

① Theater Traditions in Europe 유럽의 연극 전통

② The History of Modern Theater 현대극의 역사

✓③ Curtain Calls: A Special Tradition 커튼콜: 특별한 전통

④ Why Do Actors Want Curtain Calls? 배우들은 왜 커튼콜을 원하는가?

⑤ An Interesting Job: Acting on the Stage 흥미로운 직업: 무대에서 연기하기

1 연극에서 커튼콜의 전통이 언제 어떻게 시작되어 현대까지 계속되었는지에 대해 이야기하는 글이므로 ③이 적절하다.

2 밑줄 친 (a)~(c)가 가리키는 것을 보기에서 골라 쓰시오. (중복 사용 불가)

보기

actors	the curtains	the crew	the audience	theaters
배우들	커튼	제작진	관객들	연극

(a) ＿＿＿＿actors＿＿＿＿

(b) ＿＿＿the audience＿＿＿

(c) ＿＿＿the curtains＿＿＿

2 (a) 앞서 언급된 actors(배우들)를 가리킨다.

(b) 앞 문장의 the audience(관객들)를 가리킨다. audience는 단수·복수 모두로 쓰이며 여기에선 복수로 쓰였다.

(c) 앞 문장의 the curtains(커튼)를 가리킨다.

3 이 글의 내용과 일치하면 T, 일치하지 않으면 F를 쓰시오.

(1) 커튼콜은 주로 연극 시작 전에 한다. ＿＿F＿＿

(2) 커튼콜은 약 200년 전에 시작된 전통이다. ＿＿T＿＿ ⑥번 문장

(3) 배우들은 커튼콜 순간에도 연기를 멈추지 않는다. ＿＿F＿＿

3 (1) 커튼콜은 공연이 끝나고 한다고 했다.

(3) 배우들은 커튼콜 순간에 현실로 돌아온다고 했다.

(85)

❽ to see: want의 목적어로 쓰인 to부정사 (명사적 용법: ~하기)

❾ they = the audience (복수명사 취급) / call for + 목적어 + to부정사: ~에게 …할 것을 요청하다

⓬ a few moments later: 잠시 후 / return to: ~로 돌아오다

⓭ Then *the audience* applauds to thank cast and crew.

　◆ the audience: 단수명사 취급

　◆ to thank: 목적을 나타내는 to부정사 (부사적 용법: ~하기 위해)

⓮ At this moment, the actors *come back to* reality *and* enjoy the cheers of the audience.

　◆ come과 enjoy가 and로 연결된 병렬 구조

　◆ come back to: ~로 돌아오다

Reading 2

■ 읽기 전 비문학 사고력 UP 촬영 장소 찾기, 출연 배우 섭외

■ 읽은 후 핵심 정리 Storyboards are a set of drawings that shows different scenes.

본문 해석

❶ 영화는 촬영되기 전에는 단지 대본일 뿐이다. ❷ 감독은 대본을 실제 영화로 바꾸지만 그게 쉬운 일은 아니다. ❸ 그래서 감독은 스토리보드를 만든다. ❹ 스토리보드는 영화를 만들기 위한 안내서로서의 역할을 한다.

❺ 스토리보드는 여러 장면을 보여 주는 한 세트의 그림들이다. ❻ 그래서 그것은 만화책처럼 보인다. ❼ 그것에는 동작, 대화, 그리고 카메라 동선을 포함하여 영화 촬영을 위한 중요한 정보가 들어 있다. ❽ 감독은 스토리보드로 촬영을 시작하기 전에 장면을 상상할 수 있다. ❾ 이것은 시간과 돈을 절약한다. ❿ 스토리보드는 또한 제작진이 각 장면에 대비할 수 있도록 한다. ⓫ 예를 들면, 제작진은 스토리보드에 따라 카메라를 올바른 위치에 놓을 수 있다. ⓬ 이러한 방식으로, 스토리보드는 전체 과정을 더 쉽게 만든다.

⓭ 요즘에는 스토리보드가 광고, 만화 영화, 그리고 게임에도 사용된다. ⓮ 그래서 그것은 더 흔해지고 있다.

직독직해

❶ Movies are just scripts / before they are filmed.
영화는 단지 대본일 뿐이다   그것들이 촬영되기 전에는
❷ Directors turn them into actual movies, / but it's not an easy job.
감독들은 그것들을 실제 영화들로 바꾼다   하지만 그것이 쉬운 일은 아니다
❸ So they make storyboards.
그래서 그들은 스토리보드를 만든다
❹ Storyboards act as guidebooks / for making a movie.
스토리보드는 안내서로서의 역할을 한다   영화를 만들기 위한
❺ Storyboards are a set of drawings / that shows different scenes.
스토리보드는 한 세트의 그림들이다   여러 장면들을 보여 주는
❻ So they look like comic books.
그래서 그것들은 만화책처럼 보인다
❼ They have important information for filming, / including action, dialogue, and camera movements.
그것들은 촬영을 위한 중요한 정보를 가지고 있다   동작, 대화, 그리고 카메라 동선을 포함하여
❽ With storyboards, / directors can imagine the scenes / before they start filming.
스토리보드로   감독들은 장면들을 상상할 수 있다   그들이 촬영하는 것을 시작하기 전에
❾ This saves time and money.
이것은 시간과 돈을 절약한다
❿ Storyboards also allow / the crew / to get ready for each scene.
스토리보드는 또한 (허락)한다   제작진이   각 장면에 대비할 수 있도록
⓫ For example, / the crew can put the cameras in the right positions / according to the storyboards.
예를 들면   제작진은 카메라를 올바른 위치에 놓을 수 있다   스토리보드에 따라
⓬ In these ways, / storyboards make the whole process easier.
이러한 방식들로   스토리보드는 전체 과정을 더 쉽게 만든다
⓭ Nowadays, / storyboards are also used / for commercials, cartoons, and games.
요즘에는   스토리보드가 또한 사용된다   광고, 만화 영화, 그리고 게임에
⓮ So they are becoming more common.
그래서 그것들은 더 흔해지고 있다

구문 해설

❶ are filmed: be동사 현재형 + film의 과거분사 (수동태: 촬영되다)

❷ turn A into B: A를 B로 바꾸다

❹ act as: ~로서의 역할을 하다

❺ Storyboards are *a set of* drawings [that shows different scenes].
 ◆ a set of ~: 한 세트의 ~
 ◆ [ ]는 a set of drawings를 수식하는 주격 관계대명사절

❻ look like + 명사: ~처럼 보이다   cf. look + 형용사: ~하게 보이다

❼ including: ~을 포함하여

문제 해설

1 이 글의 제목으로 가장 적절한 것은?

　① Everything about Filming 영화 촬영에 관한 모든 것
　② A Quick Way to Make Movies 영화를 만드는 빠른 방법
　③ Different Types of Storyboards 다양한 종류의 스토리보드
　④ Problems with Making Guidebooks 안내서 제작의 문제점
　✓⑤ The Importance of Storyboards in Filming 영화 촬영에서 스토리보드의 중요성

1 영화를 촬영할 때 스토리보드가 하는 여러 역할을 설명하는 글이므로 ⑤가 적절하다.

2 스토리보드에 관한 설명 중 이 글의 내용과 일치하지 <u>않는</u> 것은?

　① 만화책처럼 보이기도 한다. ⑥번 문장
　✓② 카메라 동선은 포함되지 않는다.
　③ 시간과 돈을 절약할 수 있게 한다. ⑨번 문장
　④ 영화 제작 과정을 더 쉽게 만든다. ⑫번 문장
　⑤ 광고나 게임을 만들 때도 사용된다. ⑬번 문장

2 ② 스토리보드에는 카메라 동선도 포함된다고 했다.

3 질문에 대한 답이 되도록 빈칸에 들어갈 말을 이 글에서 찾아 쓰시오.

　Q How do storyboards help the crew?
　A They allow the crew ＿＿＿ *to get ready for each scene* ＿＿＿.
　　　Q: 스토리보드는 어떻게 제작진을 돕는가?
　　　A: 그것들은 제작진이 각 장면에 대비할 수 있도록 한다.

3 Storyboards also allow ~ each scene.에서 스토리보드는 제작진이 각 장면에 대비할 수 있도록 한다고 했다.

❽ start + 동명사: ~하는 것을(하기) 시작하다　　　cf. = start + to부정사: ~하는 것을(하기) 시작하다

❿ allow + 목적어 + to부정사: ~가 …할 수 있도록 (허락)하다 / get ready for: ~에 대비하다(준비가 되다)

⓫ according to: ~에 따라

⓬ make + 목적어 + 목적격보어(형용사): ~을 …하게 만들다 / easier: easy의 비교급 (더 쉬운)

⓭ be used for: ~에 사용되다

⓮ are becoming: be동사 현재형 + v-ing (현재진행형: ~해지고 있다)

UNIT 5 · **37**

본문 해석

❶ 피아노는 얼마나 많은 건반을 가지고 있을까? ❷ 표준 피아노에는 52개의 흰건반과 36개의 검은건반, 즉 88개의 건반이 있다. ❸ 하지만 항상 이런 방식은 아니었다.

❹ 피아노가 발명되기 전에 작곡가들은 하프시코드에 맞는 음악을 작곡했다. ❺ 하프시코드에는 60개의 건반이 있다. ❻ 1700년 즈음, 악기 기술자인 Bartolomeo Cristofori(바르톨로메오 크리스토포리)가 최초의 피아노를 발명했다. ❼ 그의 악기 덕분에 음악가들은 음량을 조절할 수 있어서 그 피아노는 인기 있어졌다. ❽ 모차르트와 하이든 같은 유명한 작곡가들이 그것에 맞는 음악을 작곡했다. ❾ 그러나 그것의 건반이 54개뿐이었기 때문에 그들의 작곡은 제한됐다. ❿ 그래서 피아노 제조업자들은 건반이 더 많은 새로운 피아노를 설계했다. ⓫ 1880년대 후반에 Steinway(스타인웨이)가 88개의 건반이 있는 피아노를 만들어 냈다. ⓬ 그 이후에 다른 제조업자들이 88개의 건반이 있는 피아노를 만들기 시작했다. ⓭ Steinway의 모델은 그때 이후로 표준이었다.

⓮ 일부 피아노에는 88개 이상의 건반이 있지만 흔하지는 않다. ⓯ 그것은 인간의 귀가 더 높거나 더 낮은 음을 구별할 수 없기 때문이다.

직독직해

❶ How many keys does a piano have? ❷ A standard piano has 88
피아노는 얼마나 많은 건반을 가지고 있을까   표준의 피아노는 88개의 건반을 가지고

keys: / 52 white keys and 36 black keys. ❸ But it wasn't always this
있다   52개의 흰건반과 36개의 검은건반   하지만 항상 이런 방식은 아니었다

way.

❹ Before the piano was invented, / composers wrote music for the
피아노가 발명되기 전에   작곡가들은 하프시코드에 맞는 음악을 작곡했다

harpsichord. ❺ The harpsichord has 60 keys. ❻ Around the year 1700,
하프시코드는 60개의 건반을 가지고 있다   1700년 즈음

/ Bartolomeo Cristofori, a musical instrument technician, / invented
악기 기술자인 Bartolomeo Cristofori가   최초의

the first piano. ❼ Thanks to his instrument, / musicians could control
피아노를 발명했다   그의 악기 덕분에   음악가들은 음량을 조절할 수 있었다

the loudness, / so the piano became popular. ❽ Famous composers like
그래서 그 피아노는 인기 있어졌다   모차르트와 하이든 같은 유명한

Mozart and Haydn / wrote music for it. ❾ However, / their compositions
작곡가들이   그것에 맞는 음악을 작곡했다   그러나   그들의 작곡들은 제한됐다

were limited / because it had just 54 keys. ❿ So piano manufacturers
그것이 단지 54개의 건반을 가지고 있었기 때문에   그래서 피아노 제조업자들은

designed / new pianos with more keys. ⓫ In the late 1880s, / Steinway
설계했다   더 많은 건반이 있는 새로운 피아노들을   1880년대 후반에   Steinway가

created the 88-key piano. ⓬ After that, / other manufacturers began / to
88개의 건반이 있는 피아노를 만들어 냈다   그 이후에   다른 제조업자들이 시작했다

make pianos with 88 keys. ⓭ Steinway's model has been the standard /
88개의 건반이 있는 피아노를 만들기   Steinway의 모델은 (계속) 표준이었다

since then.
그때 이후로

⓮ Some pianos have more than 88 keys, / but they are not common.
일부 피아노는 88개 이상의 건반을 가지고 있다   하지만 그것들이 흔하지는 않다

⓯ That's / because the human ear can't distinguish / higher or lower
그것은 ~이다 인간의 귀가 구별할 수 없기 때문   더 높거나 더 낮은

notes.
음들을

구문 해설

❶ How many + 복수명사 ~?: 얼마나 많은 ~?

❹ was invented: be동사 과거형 + invent의 과거분사 (수동태: 발명되었다) / write music: 음악을 작곡하다

❻ Bartolomeo Cristofori = a musical instrument technician

❼ thanks to: ~덕분에

❽ like + 명사구: ~와 같은

❾ were limited: be동사 과거형 + limit의 과거분사 (수동태: 제한됐다)

문제 해설

1 이 글의 주제로 가장 적절한 것은?

① 하프시코드의 단점

✓② 피아노의 발전 과정

③ 피아노가 발명된 계기

④ 과거의 피아노 발명가들

⑤ 유명한 피아노 작곡가들

1 피아노가 발명되기 이전부터 현재의 표준 피아노가 만들어지기까지의 과정을 이야기하고 있는 글이므로 ②가 적절하다.

2 밑줄 친 **the piano**에 대한 설명으로 알맞지 <u>않은</u> 것은?

① 1700년 즈음 탄생하였다. ⑥번 문장

② 최초의 피아노이다. ⑥번 문장

③ 소리 크기 조절이 가능했다. ⑦번 문장

④ 당대 유명 작곡가들이 이용했다. ⑧번 문장

✓⑤ 건반 개수는 60개이다.

2 ⑤ 밑줄 친 the piano는 처음으로 발명된 피아노를 가리키며, 이 피아노의 건반 개수는 54개이다. 건반 개수가 60개인 것은 하프시코드이다.

3 이 글의 내용을 바탕으로 다음 문장의 기호를 시간 순서대로 나열하시오.

> ⓐ Haydn wrote music for Bartolomeo's piano.
> ⓑ Manufacturers began to make pianos with 88 keys.
> ⓒ Composers wrote music for the harpsichord.

(ⓒ) → (ⓐ) → (ⓑ)

ⓐ 하이든이 Bartolomeo의 피아노에 맞는 음악을 작곡했다. → ⑧번 문장
ⓑ 제조업자들이 88개의 건반이 있는 피아노를 만들기 시작했다. → ⑫번 문장
ⓒ 작곡가들이 하프시코드에 맞는 음악을 작곡했다. → ④번 문장

3 ⓒ 피아노가 발명되기 이전까지 작곡가들은 하프시코드에 맞는 음악을 작곡했다.

ⓐ 하이든은 Bartolomeo Cristofori가 1700년 즈음에 발명한 최초의 피아노에 맞는 음악을 작곡했다.

ⓑ 1880년대 후반에 Steinway가 건반 개수가 88개인 피아노를 만든 이후 다른 제조업자들도 88개의 건반이 있는 피아노를 만들기 시작했다.

(93)

⑫ begin + to부정사: ~하기 시작하다   cf. = begin + 동명사: ~하기 시작하다

⑬ has been: has + be의 과거분사 (현재완료: (계속) ~이었다) / since then: 그때 이후로

⑭ more than: ~ 이상의

⑮ That's because the human ear can't distinguish higher *or* lower notes.

◆ That's because + 주어 + 동사 ~.: 그것은 …가 ~하기 때문이다.

◆ higher와 lower가 or로 연결된 병렬 구조

정답 확인

■ 읽기 전 비문학 사고력 UP 상형문자
■ 읽은 후 핵심 정리 Calligraphy, Greek

본문 해석

❶ 가끔 당신은 책 표지와 초대장에 있는 아름다운 글씨를 본다. ❷ 이것은 캘리그라피라고 불린다. ❸ '캘리그라피'라는 단어는 '아름다움'과 '쓰다'라는 의미의 그리스 단어에서 유래한다.

❹ 캘리그라피는 오랜 역사를 가지고 있다. ❺ 글자는 오래 전에 시작되었다. ❻ 고대에 이집트와 중국 사람들은 글을 쓰기 위해 기호를 사용했다. ❼ 이후에 몇몇 사람들이 글자를 장식으로 사용하기 시작했다. ❽ 그리스 알파벳과 로마 알파벳은 서양의 캘리그라피에서 중요한 역할을 했다. ❾ 유럽 사람들은 중세 시대 초기에 종교 서적들을 베껴 쓰고 장식하기 위해 캘리그라피를 사용했다. ❿ 이후에 그것은 문서와 예술과 같은 다른 것에도 사용됐다. ⓫ 중국에서 캘리그라피는 시나 그림과 같은 예술 형식으로 발전했다. ⓬ 중국의 캘리그라피는 글자의 획에 집중한다. ⓭ 그것은 한국과 일본의 캘리그라피에도 영향을 주었다.

⓮ 시간이 흐르면서, 많은 서예가들이 자신만의 스타일을 발전시켜왔다. ⓯ 오늘날 사람들은 이전만큼 손으로 글을 많이 쓰지는 않지만, 캘리그라피는 여전히 예술적인 가치를 가지고 있다.

직독직해

❶ Sometimes, / you see beautiful writing / on book covers and
가끔　　　　　당신은 아름다운 글씨를 본다　　　　책 표지와 초대장에 있는
invitations. ❷ This is called calligraphy. ❸ The word "calligraphy" comes
　　　　　이것은 캘리그라피라고 불린다　　　　'캘리그라피'라는 단어는 유래한다
/ from the Greek words for "beauty" and "to write."
'아름다움'과 '쓰다'라는 의미의 그리스 단어들에서

❹ Calligraphy has a long history. ❺ Writing began long ago. ❻ In
캘리그라피는 오랜 역사를 가지고 있다　　　　　글자는 오래 전에 시작되었다
ancient times, / people in Egypt and China / used symbols to write.
고대에　　　　　이집트와 중국의 사람들은　　　　글을 쓰기 위해 기호들을 사용했다
❼ Later, / some people started / using writing as decoration. ❽ The Greek
이후에　　몇몇 사람들이 시작했다　　글자를 장식으로 사용하기　　　　그리스와
and Roman alphabets / played an important role / in Western calligraphy.
로마의 알파벳은　　　　　중요한 역할을 했다　　　　서양의 캘리그라피에서
❾ People in Europe used calligraphy / to copy and decorate religious
유럽에 있는 사람들은 캘리그라피를 사용했다　　종교적인 책을 베끼고 장식하기 위해
books / in the early Middle Ages. ❿ Later, / it was also used in other
중세 시대 초기에　　　　　이후에　　그것은 다른 것들에도 사용됐다
things, / such as documents and art. ⓫ In China, / calligraphy developed
문서와 예술과 같은　　　중국에서　　캘리그라피는 예술 형식으로
as an art form, / like poetry or painting. ⓬ Chinese calligraphy focuses /
발전했다　　시나 그림과 같은　　　중국의 캘리그라피는 집중한다
on the strokes of the characters. ⓭ It has also influenced / the calligraphy
글자의 획에　　　　　그것은 또한 영향을 주었다
of Korea and Japan.
한국과 일본의 캘리그라피에

⓮ Over time, / many calligraphers have developed their own styles.
시간이 흐르면서　　많은 서예가들이 그들만의 스타일을 발전시켜 왔다
⓯ Today, / people don't write by hand as much as before, / but calligraphy
오늘날　　사람들은 이전만큼 많이 손으로 글을 쓰지 않는다　　　　하지만 캘리그라피는
still has artistic value.
여전히 예술적인 가치를 가지고 있다

구문 해설

❷ is called: ~라고 불리다

❸ come from: ~에서 유래하다

❻ In ancient times, people [in Egypt and China] used symbols to write.
  ◆ [ ]는 people을 수식하는 전치사구
  ◆ to write: 목적을 나타내는 to부정사 (부사적 용법: ~하기 위해)

❼ start + 동명사: ~하기 시작하다 / use A as B: A를 B로 사용하다

❽ play an important role: 중요한 역할을 하다

1 이 글의 주제로 가장 적절한 것은?

① the value of calligraphy 캘리그라피의 가치
② why writing is important 글자가 중요한 이유
✓③ the history of calligraphy 캘리그라피의 역사
④ a unique form of calligraphy 캘리그라피의 독특한 형태
⑤ how to write beautiful characters 아름다운 글자를 쓰는 방법

1 캘리그라피가 가지고 있는 오랜 역사에 대해 이야기하는 글이므로 ③이 적절하다.

2 이 글의 내용과 일치하지 <u>않는</u> 것은?

① 캘리그라피는 책 표지에서도 볼 수 있다. ①번 문장
② 고대 이집트 사람들은 기호를 사용해 글을 썼다. ⑥번 문장
③ 초기 중세 시대에는 종교 서적을 장식할 때 캘리그라피가 사용됐다. ⑨번 문장
✓④ 서양의 캘리그라피는 글자의 획에 집중한다.
⑤ 중국에서 캘리그라피는 그림 같은 예술 형식으로도 발전했다. ⑪번 문장

2 ④ 글자의 획에 집중하는 것은 중국의 캘리그라피라고 했다.

3 다음 질문에 대한 답을 <u>모두</u> 고르면?

> What played an important role in Western calligraphy?
> 서양의 캘리그라피에서 중요한 역할을 한 것은 무엇이었는가? → ⑧번 문장

① Egyptian symbols 이집트 기호   ✓② the Greek alphabet 그리스 알파벳
✓③ the Roman alphabet 로마 알파벳   ④ Chinese characters 한자
⑤ the Korean alphabet 한글

3 서양의 캘리그라피에서 중요한 역할을 한 것은 그리스 알파벳(the Greek alphabet)과 로마 알파벳(the Roman alphabet)이라고 했다.

(97)

---

⑨ People in Europe used calligraphy <u>to copy *and* decorate</u> religious books in the early Middle Ages.

 ◆ to copy and decorate: 목적을 나타내는 to부정사 (부사적 용법: ∼하기 위해)
 ◆ to copy와 (to) decorate가 and로 연결된 병렬 구조

⑩ be used in: ∼에 사용되다 / such as: ∼와 같은

⑫ focus on: ∼에 집중하다, ∼에 초점을 맞추다

⑬ has influenced: has + influence의 과거분사 (현재완료: 영향을 주었다)

⑭ over time: 시간이 흐르면서 / have developed: have + develop의 과거분사 (현재완료: 발전시켜 왔다)

⑮ by hand: 손으로 / as much as: ∼만큼 많이

Reading 1

본문 해석

❶당신은 앱을 사용할 때 종종 메뉴 옵션을 나타내는 세 줄로 된 아이콘을 볼 수 있다. ❷이것은 '햄버거 버튼'이라고 불린다. ❸그것은 그 세 줄이 햄버거처럼 보여서 그 이름을 얻었다.

❹그 아이콘은 1981년에 컴퓨터용으로 디자인되었다. ❺그때에는 컴퓨터가 매우 효과적이지는 않아서 디자이너들은 아이콘에 몇 개의 픽셀만을 사용할 수 있었다. ❻그래서 대부분의 아이콘은 단순하고 명확했다. ❼그 세 줄은 옵션의 목록처럼 보여서 사용자들이 그 아이콘의 의미를 명확하게 이해할 수 있다.

❽하지만 그것을 그렇게 인기 있게 만든 것은 무엇일까? ❾그 답은 스마트폰이다. ❿스마트폰은 컴퓨터보다 화면이 더 작다. ⓫그래서 모든 옵션을 화면에 보여 주기 어렵다. ⓬햄버거 버튼은 옵션을 숨기는 데 유용하다. ⓭그 아이콘은 페이스북 앱과 구글 앱이 사용하기 시작하고 나서 더 인기 있어졌다. ⓮오늘날 당신은 그것을 많은 웹사이트와 앱에서 볼 수 있다.

직독직해

❶ When you use an app, / you can often see a three-line icon / for the
당신이 앱을 사용할 때   당신은 세 줄의 아이콘을 종종 볼 수 있다
menu options. ❷ This is called the "hamburger button." ❸ (a)It got its
메뉴 옵션을 나타내는   이것은 '햄버거 버튼'이라고 불린다   그것은 그것의
name / because the three lines look like a hamburger.
이름을 얻었다   그 세 줄이 햄버거처럼 보이기 때문에

❹ The icon was designed for computers / in 1981. ❺ At that time,
그 아이콘은 컴퓨터용으로 디자인되었다   1981년에   그때에는
/ designers could use only a few pixels for icons / because computers
디자이너들이 아이콘에 몇 개의 픽셀들만을 사용할 수 있었다   컴퓨터가 매우 효과적이지
weren't very powerful. ❻ So / most icons were simple and clear. ❼ The
않았기 때문에   그래서 대부분의 아이콘들은 단순하고 명확했다
three lines look like a list of options, / so users can understand the icon's
그 세 줄은 옵션의 목록처럼 보인다   그래서 사용자들은 그 아이콘의 의미를 명확하게
meaning clearly.
이해할 수 있다

❽ But / what made (b)it so popular? ❾ The answer is smartphones.
하지만 무엇이 그것을 그렇게 인기 있게 만들었는가   그 답은 스마트폰이다
❿ Smartphones have smaller screens / than computers. ⓫ So (c)it is hard
스마트폰은 더 작은 화면을 가지고 있다   컴퓨터보다   그래서 어렵다
/ to show every option on the screen. ⓬ The hamburger button is useful
모든 옵션을 화면에 보여 주는 것이   햄버거 버튼은 유용하다
/ for hiding options. ⓭ The icon became more popular / after Facebook
옵션들을 숨기는 데   그 아이콘은 더 인기 있어졌다   페이스북 앱과
and Google apps started using (d)it. ⓮ You can see (e)it / on many
구글 앱이 그것을 사용하기 시작한 이후로   당신은 그것을 볼 수 있다   많은
websites and apps / today.
웹사이트들과 앱들에서   오늘날

구문 해설

❷ be called: ~라고 불리다

❸❼ look like + 명사구: ~처럼 보이다, ~을 닮다

❹ be designed for: ~용으로 디자인되다

❺ a few + 복수명사: 몇 개의 ~   cf. a little + 셀 수 없는 명사

❽ make + 목적어 + 목적격보어(형용사): ~을 …하게 만들다

문제 해설

1 이 글의 제목으로 가장 적절한 것은?

① How to Design Icons 아이콘을 디자인하는 방법

✓② A Useful Three-Line Icon 유용한 세 줄 아이콘

③ The Role of Icon Designers 아이콘 디자이너의 역할

④ Smartphones Changed Everything 스마트폰이 모든 것을 바꿨다

⑤ Ways to Show Every Option on Apps 앱상에서 모든 옵션을 보여 주는 방법

1 오늘날 앱에서 많이 사용되는 세 줄 모양의 아이콘인 '햄버거 버튼'에 대해 이야기하는 글이므로 ②가 적절하다.

2 이 글에서 햄버거 버튼에 대해 언급되지 <u>않은</u> 것은?

① 햄버거 버튼의 모양 ①, ②번 문장

② 햄버거 버튼이라는 이름의 유래 ③번 문장

③ 햄버거 버튼의 장점 ⑦, ⑫번 문장

✓④ 햄버거 버튼의 단점

⑤ 햄버거 버튼이 쓰인 앱의 예 ⑬번 문장

2 ④ 햄버거 버튼의 단점은 언급되지 않았다.

3 밑줄 친 (a)~(e) 중 문법상 쓰임이 나머지 넷과 <u>다른</u> 것은?

① (a)　　② (b)　　✓③ (c)　　④ (d)　　⑤ (e)

3 (c) it은 진주어인 to부정사구 (to show ~ the screen)를 대신하는 가주어 it이고, 나머지 It(it)은 앞에 나온 명사를 대신하는 대명사 '그것'의 의미로 쓰였다.

(103)

⑩ 형용사 비교급 + than: ~보다 더 …한

⑪ So it is hard [to show *every option* on the screen].
   ◆ it은 가주어, to show ~ the screen은 진주어로 쓰임
   ◆ every + 단수명사: 모든 ~

⑫ be useful for + 동명사: ~하는 데 유용하다

⑬ ◆ more popular: popular의 비교급 (더 인기 있는)
   ◆ start + 동명사: ~하기(하는 것을) 시작하다　　cf. = start + to부정사: ~하기(하는 것을) 시작하다

본문 해석

❶에펠탑, 엠파이어 스테이트 빌딩, 그리고 롯데월드 타워의 공통점은 무엇인가? ❷이 높은 건물들 모두 Otis(오티스) 엘리베이터를 가지고 있다.

❸Otis 엘리베이터 회사는 미국인 발명가인 Elisha Otis(엘리샤 오티스)에 의해 설립되었다. ❹그는 1852년에 엘리베이터 안전 브레이크를 발명했다. ❺그의 발명 이전에는 밧줄이나 다른 부품이 고장 났을 때 종종 사고가 있었다. ❻그래서 사람들은 승객용 엘리베이터를 타고 싶어 하지 않았다. ❼하지만 Otis의 브레이크 장치는 엘리베이터가 지면으로 추락하는 것을 막아 주었다.

❽1854년에 Otis는 자신의 발명품을 세상에 보여 주기로 결심했다. ❾그는 밧줄로 지탱된 엘리베이터 플랫폼에 탔다. ❿그것은 공중으로 높이 올라갔다. ⓫그러더니 밧줄이 잘렸다! ⓬모든 사람들은 충격 받았다. ⓭하지만 그의 브레이크 장치 때문에 플랫폼은 즉시 멈췄다!

⓮첫 번째 Otis 승객용 엘리베이터는 1857년 맨해튼에 설치됐다. ⓯시간이 흐르면서, Otis 사는 가장 안전한 엘리베이터를 만드는 것으로 유명해졌다. ⓰요즘에는 200개 이상의 나라에 Otis 엘리베이터가 있다.

직독직해

❶What / do the Eiffel Tower, the Empire State Building, and the
무엇인가   에펠탑, 엠파이어 스테이트 빌딩, 그리고 롯데월드 타워가

Lotte World Tower / have in common? ❷All of these tall buildings /
공통적으로 가지는 것은   이 높은 건물들 모두는

have Otis elevators.
Otis 엘리베이터를 가지고 있다

❸The Otis Elevator Company was founded / by Elisha Otis, an
Otis 엘리베이터 회사는 설립되었다   미국인 발명가인 Elisha Otis

American inventor. ❹He invented the elevator safety brake / in 1852.
에 의해   그는 엘리베이터 안전 브레이크를 발명했다   1852년에

❺Before his invention, / there were often accidents / when ropes or other
그의 발명 이전에는   종종 사고가 있었다   밧줄들이나 다른 부품들이

parts broke. ❻So people didn't want to ride / in passenger elevators.
고장 났을 때   그래서 사람들은 타기를 원하지 않았다   승객용 엘리베이터를

❼But Otis's braking system stopped elevators / from falling to the
하지만 Otis의 브레이크 장치는 엘리베이터를 막았다   지면으로 추락하는 것으로부터

ground.

❽In 1854, / Otis decided to show his invention / to the world. ❾He
1854년에   Otis는 그의 발명품을 보여 주기로 결심했다   세상에   그는

rode an elevator platform / held by a rope. ❿It went up high into the air.
엘리베이터 플랫폼에 탔다   밧줄로 지탱된   그것은 공중으로 높이 올라갔다

⓫Then the rope was cut! ⓬Everyone was shocked. ⓭But because of his
그러더니 밧줄이 잘렸다   모든 사람들은 충격 받았다   하지만 그의 브레이크

braking system, / the platform stopped immediately!
장치 때문에   플랫폼은 즉시 멈췄다

⓮The first Otis passenger elevator was installed / in Manhattan /
첫 번째 Otis 승객용 엘리베이터는 설치됐다   맨해튼에

in 1857. ⓯Over time, / Otis became famous / for making the safest
1857년에   시간이 흐르면서   Otis 사는 유명해졌다   가장 안전한 엘리베이터를 만드는

elevators. ⓰Nowadays, / there are Otis elevators / in more than 200
것으로   요즘에는   Otis 엘리베이터가 있다   200개 이상의 나라에

countries.

(106)

구문 해설

❶have ~ in common: ~라는 공통점이 있다

❸be founded by: ~에 의해 설립되다 / Elisha Otis = an American inventor

❺there + be동사 과거형: ~이 있었다

❻to ride: want의 목적어로 쓰인 to부정사 (명사적 용법: ~하기)

❼stop + 목적어 + from + 동명사: ~가 …하는 것을 막다

❽In 1854, Otis decided to *show his invention to the world*.
  ◆ decide + to부정사: ~하기로 결심하다
  ◆ show + 목적어 + to + 명사: ~을 …에게 보여 주다
    cf. 「show + 간접목적어 + 직접목적어」 형태로 바꿔 쓸 수 있음: ~에게 …을 보여 주다

┃ 정답   **1** ④   **2** ②   **3** making the safest elevators

┃ Self-Study 노트   **핵심 구문 100% 이해하기** ┃ 직독직해 ❸, ❼, ❽, ❾, ⓯번 문장

                        글의 내용 100% 이해하기 ┃ 1. founded 2. safety 3. invention 4. 1857 5. installed 6. 200

문제 해설

1 이 글의 제목으로 가장 적절한 것은?

  ① The Life of Elisha Otis   Elisha Otis의 생애

  ② Causes of Elevator Accidents   엘리베이터 사고의 원인

  ③ The Elevator: A Great Invention   엘리베이터: 위대한 발명품

✓④ The Invention of a Safer Elevator   더 안전한 엘리베이터의 발명

  ⑤ The Importance of Safety Brakes   안전 브레이크의 중요성

1 Elisha Otis가 발명한 엘리베이터의 안전 브레이크 장치로 인해 더 안전한 승객용 엘리베이터가 만들어졌다는 내용의 글이므로 ④가 적절하다.

2 이 글을 통해 알 수 없는 것은?

  ① Otis 엘리베이터가 설치된 건물들   ①, ②번 문장

✓② Otis 엘리베이터 회사의 설립 연도

  ③ 승객용 엘리베이터가 선호되지 않았던 이유   ⑤, ⑥번 문장

  ④ 승객용 Otis 엘리베이터가 처음 설치된 도시   ⑭번 문장

  ⑤ Otis 엘리베이터가 설치된 나라의 수   ⑯번 문장

2 ② Otis 엘리베이터 회사의 설립 연도는 언급되지 않았다.

3 질문에 대한 답이 되도록 빈칸에 들어갈 말을 이 글에서 찾아 쓰시오.

Q   What did the Otis Elevator Company become famous for?

A   It became famous for _____making the safest elevators_____.

Q: Otis 엘리베이터 회사는 무엇으로 유명해졌는가?

A: 그 회사는 <u>가장 안전한 엘리베이터를 만드는 것</u>으로 유명해졌다.

3 Otis became ~ the safest elevators.에서 Otis 엘리베이터 회사는 가장 안전한 엘리베이터를 만드는 것으로 유명해졌다고 했다.

(107)

❾ He rode an <u>elevator platform</u> [held by a rope].

◆ [ ]는 an elevator platform을 수식하는 과거분사구

⓫ was cut: be동사 과거형 + cut의 과거분사 (수동태: 잘렸다)   **cf.** cut(현재형) – cut(과거형) – cut(과거분사형)

⓬ shocked: 충격 받은   **cf.** shock: 충격을 주다 / shocking: 충격적인

⓭ because of + 명사: ~ 때문에

⓮ was installed: be동사 과거형 + install의 과거분사 (수동태: 설치됐다) / in + 도시 / in + 연도

⓯ over time: 시간이 흐르면서 / become famous for: ~로 유명해지다

⓰ there + be동사: ~이 있다 / more than: ~ 이상의

본문 해석

❶ 우리가 좋아하는 웹사이트들은 때때로 오래된 친구처럼 보인다. ❷ 예를 들어, 온라인 서점은 이름을 불러주며 우리를 환영한다. ❸ 그것은 우리가 좋아할 수도 있는 책을 우리에게 보여 준다. ❹ 그리고 만약 우리가 책을 검색하면, 나중에 다른 웹사이트에서 그 책에 대한 광고를 볼 수도 있다.

❺ 이것이 어떻게 가능할까? ❻ 이것은 모두 쿠키라고 불리는 작은 데이터 파일 때문이다. ❼ 쿠키는 웹 브라우저에서의 로그인 정보와 온라인 활동 같은 사용자의 정보를 저장한다. ❽ 쿠키 덕분에 우리는 온라인으로 쇼핑할 때마다 정보를 입력할 필요가 없다.

❾ 그러나 쿠키에 대한 몇 가지 우려가 있다. ❿ 먼저, 그것은 사생활 문제를 만들어 낼지도 모른다. ⓫ 쿠키는 회사와 정부가 개인 정보를 수집할 수 있도록 한다. ⓬ 또한, 그것은 보안 문제를 일으킬 수 있다. ⓭ 그것은 공유 컴퓨터를 덜 안전하게 만든다. ⓮ 그러므로 해커들이 더 쉽게 시스템에 침입할 수 있을지도 모른다.

직독직해

❶ Our favorite websites / sometimes seem like old friends.
우리가 좋아하는 웹사이트들은   때때로 오래된 친구들처럼 보인다

❷ For example, / online bookstores welcome us / by name.
예를 들어   온라인 서점은 우리를 환영한다   이름으로

❸ They also show us books / that we might like.
그것들은 또한 우리에게 책들을 보여 준다   우리가 좋아할 수도 있는

❹ And if we search for books, / we might see ads for them on other websites / later.
그리고 만약 우리가 책들을 검색하면   우리는 다른 웹사이트에서 그것들에 대한 광고들을 볼 수도 있다   나중에

❺ How is this possible?
이것이 어떻게 가능할까

❻ It's all because of small data files / called cookies.
이것은 모두 작은 데이터 파일들 때문이다   쿠키라고 불리는

❼ Cookies store user information / like login details and online activities / in web browsers.
쿠키는 사용자의 정보를 저장한다   로그인 정보들과 온라인 활동들 같은   웹 브라우저들에서의

❽ Thanks to cookies, / we don't have to enter our information / every time we shop online.
쿠키 덕분에   우리는 우리의 정보를 입력할 필요가 없다   우리가 온라인으로 쇼핑할 때마다

❾ However, / there are some worries about cookies.
그러나   쿠키에 대한 몇 가지 우려가 있다

❿ First, / they may create privacy issues.
먼저   그것들은 사생활 문제들을 만들어 낼지도 모른다

⓫ Cookies allow / companies and governments / to collect personal information.
쿠키는 (허락)한다   회사들과 정부들이   개인 정보를 수집할 수 있도록

⓬ Also, / they can cause security problems.
또한   그것들은 보안 문제들을 일으킬 수 있다

⓭ They make / shared computers / less safe.
그것들은 만든다   공유 컴퓨터들을   덜 안전하게

⓮ So / hackers may be able to break into systems / more easily.
그러므로   해커들이 시스템에 침입할 수 있을지도 모른다   더 쉽게

(110)

구문 해설

❶ seem like: ~처럼 보이다

❸ They also <u>show us books</u> [that we *might like*].
  ◆ show + 간접목적어 + 직접목적어: ~에게 …을 보여 주다   cf. 「show + 목적어 + to + 명사」 형태로 바꿔 쓸 수 있음
  ◆ [ ]는 books를 수식하는 목적격 관계대명사절
  ◆ might + 동사원형: ~할 수도 있다

❹ might + 동사원형: ~할 수도 있다 / ad = advertisement(광고)의 줄임말

❻ It's all *because of* <u>small data files</u> [called cookies].
  ◆ because of + 명사구: ~ 때문에
  ◆ [ ]는 small data files를 수식하는 과거분사구

문제 해설

1 이 글의 주제로 가장 적절한 것은?

    ① 쿠키(cookies)라는 용어의 유래

    ② 쿠키(cookies)를 활용하는 방법

    ③ 쿠키(cookies)가 수집하는 정보들

 ✓④ 쿠키(cookies)의 편리한 점과 문제점

    ⑤ 쿠키(cookies)의 강력한 보안 기능

1 웹 브라우저에서의 사용자의 정보를 저장하는 쿠키(cookies)의 편리한 점과 우려되는 점에 대해 이야기하고 있으므로 ④가 적절하다.

2 쿠키(cookies)가 사용된 경우에 해당하지 <u>않는</u> 사람은?

    ① 유준: 내가 검색했던 신발인데, 다른 웹사이트에 광고로 나오네!   ④번 문장

 ✓② 민서: 로그인할 때 비밀번호가 생각이 안 나서 다시 설정했어.

    ③ 은수: 온라인 서점에 로그인했는데, 3개월 만에 방문했다고 인사해 주더라.   ①,②번 문장

    ④ 소윤: 온라인 쇼핑몰은 내가 찾아본 것과 비슷한 옷을 보여 줘서 구매할 때 도움이 돼.

    ⑤ 영우: 게임하려고 접속할 때 아이디를 매번 치지 않아도 돼서 편해.   ⑧번 문장

                                                                       ③번 문장

2 ② 사용자가 비밀번호를 다시 설정할 때 쿠키(cookies)가 사용된다는 내용은 언급되지 않았다.

3 질문에 대한 답이 되도록 빈칸에 들어갈 말을 이 글에서 찾아 쓰시오.

   Q   What are two worries about cookies?

   A   They are (1) _____privacy_____ issues and (2) _____security_____ problems.

     Q: 쿠키(cookies)에 대한 두 가지 우려는 무엇인가?

     A: 그것들은 (1) 사생활 문제와 (2) 보안 문제이다.

3 마지막 단락에서 쿠키(cookies)는 '사생활 문제(privacy issues)'와 '보안 문제(security problems)'를 일으킬 수 있다고 했다.

(111)

---

⑧ <u>Thanks to cookies</u>, we <u>don't have to enter</u> our information <u>every time we shop</u> online.

   ◆ thanks to + 명사: ~ 덕분에

   ◆ don't have to + 동사원형: ~할 필요가 없다

   ◆ every time + 주어 + 동사: ~가 …할 때마다

⑪ allow + 목적어 + to부정사: ~가 …할 수 있도록 (허락)하다

⑬ make + 목적어 + 목적격보어(형용사): ~을 …하게 만들다 / less: little의 비교급 (덜 ~한)

⑭ ◆ may + be able to + 동사원형: ~할 수 있을지도 모른다 (be able to + 동사원형: ~할 수 있다)

   ◆ break into: ~에 (몰래) 침입하다

정답 확인

■ 읽기 전 **비문학 사고력 UP**   음성 인식 스피커, 길 안내 로봇
■ 읽은 후 **핵심 정리**   AI robots

본문 해석

❶ 인공지능 로봇과 일반적인 로봇 사이의 기본적인 차이점은 무엇일까? ❷ 인공지능 로봇은 결정을 내리고, 학습하고, 환경에 적응할 수 있다. ❸ 하지만 일반적인 로봇은 그렇게 할 수 없다.

❹ 일반적인 로봇은 오직 지시에 근거하여 일을 수행한다. ❺ 어떤 것이 일반적인 로봇의 진로를 막으면, 무슨 일이 일어날까? ❻ 그것은 지시를 따른다. ❼ 만약 지시가 왼쪽으로 돌아가야 한다고 하면, 그것은 그렇게 할 것이다. ❽ 그리고 어떤 것이 일반적인 로봇의 진로에 있을 때마다 이런 일이 항상 일어날 것이다.

❾ 반면에, 인공지능 로봇은 결정을 내리고 경험으로부터 배울 수 있다. ❿ 그것은 주변의 정보를 수집하기 위해 센서를 이용한다. ⓫ 그다음에 그것은 이 정보에 근거하여 환경에 적응한다. ⓬ 어떤 것이 인공지능 로봇의 진로를 막으면, 그것은 매번 다른 것들을 시도할지도 모른다. ⓭ 예를 들어, 인공지능 로봇은 그것을 옮기거나 새로운 진로를 찾으려고 노력할지도 모른다. ⓮ 그것은 심지어 목적지를 바꿀지도 모른다.

직독직해

❶ What is the basic difference / between AI robots and normal robots?
기본적인 차이점은 무엇일까   인공지능 로봇과 일반적인 로봇 사이의

❷ AI robots can make decisions, learn, and adapt to their environment.
인공지능 로봇은 결정을 내리고, 학습하고, 환경에 적응할 수 있다

❸ However, / normal robots can't.
하지만   일반적인 로봇은 그렇게 할 수 없다

❹ Normal robots perform tasks / based only on instructions. ❺ When
일반적인 로봇은 일을 수행한다   오직 지시에 근거하여   어떤 것이
something blocks the path of a normal robot, / what happens? ❻ It
일반적인 로봇의 진로를 막으면   무슨 일이 일어날까
follows its instructions. ❼ If the instructions say / it should turn left, / it
그것은 그것의 지시를 따른다   만약 지시가 말한다면   그것이 왼쪽으로 돌아가야 한다고
will do so. ❽ And this will always happen / whenever something is in its
그것은 그렇게 할 것이다 그리고 이것은 항상 일어날 것이다   어떤 것이 그것의 진로에 있을 때마다
path.

❾ On the other hand, / AI robots can make decisions / and learn
반면에   인공지능 로봇은 결정을 내릴 수 있다   그리고
from their experiences. ❿ They use sensors / to collect information
그것들의 경험으로부터 배울 수 있다   그것들은 센서들을 이용한다   그것들 주변의 정보를
around them. ⓫ Then they adapt to their environment / based on this
수집하기 위해   그다음에 그것들은 그것들의 환경에 적응한다   이 정보에 근거하여
information. ⓬ When something blocks an AI robot's path, / it may try
어떤 것이 인공지능 로봇의 진로를 막으면   그것은
different things each time. ⓭ For example, / it may try to move it or find
매번 다른 것을 시도할지도 모른다   예를 들어   그것은 그것을 옮기거나 새로운 진로를
a new path. ⓮ It may even change goals.
찾으려고 노력할지도 모른다   그것은 심지어 목적지를 바꿀지도 모른다

구문 해설

❶ the difference between A and B: A와 B 사이의 차이(점)

❷ AI robots can *make decisions*, learn, and *adapt* to their environment.
  ◆ can make, (can) learn, (can) adapt가 and로 연결된 병렬 구조
  ◆ make a decision: 결정을 내리다 / adapt to: ~에 적응하다

❸ However, normal robots can't (make decisions, learn, and adapt to their environment).
  ◆ can't 뒤에 앞 문장에서 언급된 make ~ environment가 반복되어 생략됨

❹ ⓫ based on: ~에 근거하여

❼ If the instructions say [(that) it should turn left, it will do so].
  ◆ if + 주어 + 동사: 만약 ~가 …한다면
  ◆ say의 목적어 명사절 [   ]에서 접속사 that이 생략됨 / should + 동사원형: ~해야 한다

문제 해설

1 이 글의 주제로 가장 적절한 것은?

① how robots solve problems 로봇은 어떻게 문제를 해결하는가

② why AI robots collect information 인공지능 로봇은 왜 정보를 수집하는가

③ the importance of finding new paths 새로운 진로를 찾는 것의 중요성

④ how AI robots are changing our world 인공지능 로봇이 우리의 세상을 어떻게 바꾸고 있는가

✓⑤ how AI robots are different from normal robots
인공지능 로봇은 일반적인 로봇과 어떻게 다른가

1 일반적인 로봇과 인공지능 로봇의 차이점에 대해 이야기하는 글이므로 ⑤가 적절하다.

2 AI robots에 관한 설명 중 이 글의 내용과 일치하지 <u>않는</u> 것은?

① 결정을 내릴 수 있다. ②, ⑨번 문장

② 경험으로부터 학습한다. ⑨번 문장

③ 정보를 수집하는 센서를 가지고 있다. ⑩번 문장

④ 주변 환경에 적응한다. ②, ⑪번 문장

✓⑤ 정해진 목적지만 고집한다.

2 ⑤ It may even change goals.에서 인공지능 로봇은 상황에 따라 목적지를 바꿀 수 있다고 했다.

3 빈칸에 알맞은 말을 이 글에서 찾아 쓰시오.

> Normal robots will always do the same thing based on their (1) ___instructions___, while AI robots may try (2) ___different things___ each time.

일반적인 로봇은 그것들의 (1) 지시에 근거하여 항상 같은 것을 할 것인 데 반해, 인공지능 로봇은 매번 (2) 다른 것들을 시도할지도 모른다.

3 일반적인 로봇은 지시에 근거하여 항상 같은 행동을 하지만, 반면에 인공지능 로봇은 주변 정보를 수집하고 환경에 적응하여 매번 다른 것들을 시도할지도 모른다고 했다.

(115)

❽ whenever + 주어 + 동사: ~가 …할 때마다

❾ learn from: ~로부터 배우다

❿ They use sensors <u>to collect</u> information [around them].

- to collect: 목적을 나타내는 to부정사 (부사적 용법: ~하기 위해)
- [ ]는 information을 수식하는 전치사구

⓭ For example, it may *try to move* it *or* <u>find</u> a new path.

- try + to부정사: ~하려고 노력하다   cf. try + 동명사: ~하는 것을 시도해 보다
- to move와 (to) find가 or로 연결된 병렬 구조

본문 해석

❶한 무리의 펭귄들이 물고기를 사냥하기 위해 모였다. ❷그것들은 물속으로 뛰어들기 전에 망설인다. ❸이것은 상어나 범고래가 그것들을 기다리고 있을지도 모르기 때문이다. ❹마침내, 펭귄 한 마리가 그 위험을 감수하고 첫 번째로 뛰어든다. ❺그 후에 나머지 펭귄들이 따라간다.

❻이 용감한 펭귄은 '퍼스트 펭귄'으로 알려져 있다. ❼Randy Pausch(랜디 파우쉬)라는 이름의 한 교수가 그 용어를 유명하게 만들었다. ❽그는 강의 동안 학생들에게 특별한 보상을 주었다. ❾만약 학생들이 용감하게 위험을 감수했지만 실패했다면, 그들은 '퍼스트 펭귄 상'을 받았다. ❿이것은 그의 학생들이 더 열심히 하도록 격려했다. ⓫우리는 종종 비즈니스 세계에서 '퍼스트 펭귄들'을 본다. ⓬그들은 위험을 감수하고 새로운 시장이나 상품을 개발한다.

⓭우리는 도전과 실패를 두려워하는 경향이 있다. ⓮하지만 그것들은 훌륭한 결과로 이어질 수 있다. ⓯만약 당신이 꿈이 있다면 두려워하지 마라. ⓰퍼스트 펭귄이 되어 위험을 감수해라!

직독직해

❶A group of penguins has gathered / to hunt for fish.
한 무리의 펭귄들이 모였다   물고기를 사냥하기 위해

❷They hesitate / before jumping into the water.
그것들은 망설인다   물속으로 뛰어들기 전에

❸This is / because sharks or killer whales may be waiting for them.
이것은 ~이다   상어나 범고래가   그것들을 기다리고 있을지도 모르기 때문

❹Finally, / one penguin takes the risk / and dives in first.
마침내,   펭귄 한 마리가 그 위험을 감수한다   그리고 첫 번째로 뛰어든다

❺After that, / the rest of them follow.
그 후에   그것들의 나머지가 따라간다

❻This brave penguin / is known as "the first penguin."
이 용감한 펭귄은   '퍼스트 펭귄'으로 알려져 있다

❼A professor / named Randy Pausch / made the term famous.
한 교수가   Randy Pausch라는 이름의   그 용어를 유명하게 만들었다

❽During his lectures, / he gave his students a special reward.
그의 강의 동안   그는 그의 학생들에게 특별한 보상을 주었다

❾If they bravely took a risk but failed, / they got a "First Penguin Award."
만약 그들이 용감하게 위험을 감수했지만 실패했다면   그들은 '퍼스트 펭귄 상'을 받았다

❿This encouraged / his students / to try harder.
이것은 격려했다   그의 학생들이   더 열심히 하도록

⓫We often see "first penguins" / in the business world.
우리는 종종 '퍼스트 펭귄들'을 본다   비즈니스 세계에서

⓬(a)They take a risk / and develop a new market or product.
그들은 위험을 감수한다   그리고 새로운 시장이나 상품을 개발한다

⓭We tend to fear / challenges and failure.
우리는 두려워하는 경향이 있다   도전과 실패를

⓮But (b)they can lead to great results.
하지만 그것들은 훌륭한 결과로 이어질 수 있다

⓯If you have a dream, / don't be afraid.
만약 당신이 꿈이 있다면   두려워하지 마라

⓰Be the first penguin / and take a risk!
퍼스트 펭귄이 되어라   그리고 위험을 감수해라

구문 해설

❶A group of penguins <u>has gathered</u> <u>to hunt</u> for fish.

 ◆ has gathered: has + gather의 과거분사 (현재완료: 모였다)

 ◆ to hunt: 목적을 나타내는 to부정사 (부사적 용법: ~하기 위해)

❸<u>This is because</u> sharks or killer whales <u>may be waiting</u> for them.

 ◆ This is because + 주어 + 동사 ~: 이것은 …가 ~하기 때문이다.

 ◆ may be waiting: may + be동사 + v-ing (조동사 + 현재진행형: 기다리고 있을지도 모른다) / wait for: ~을 기다리다

❹❾⓬⓰take a risk: 위험을 감수하다

❺the rest of: 나머지 ~

❻be known as: ~로 알려져 있다

∥정답 **1** ③   **2** he gave his students a special reward
3 (a) first penguins (in the business world) (b) challenges and failure

∥Self-Study 노트 핵심 구문 100% 이해하기 ∣ 직독직해 ❸. ❻. ❼. ❽. ❿. ⓭번 문장
글의 내용 100% 이해하기 ∣ 1. the first penguin 2. reward 3. encourage 4. develop 5. afraid 6. risk

문제 해설

1 이 글의 요지로 가장 적절한 것은?

① 새로운 도전은 실패하기 쉽다.

② 보상을 받기 위해서는 위험을 감수해야 한다.

✓③ 실패를 두려워하지 말고 용감하게 먼저 도전해야 한다.

④ 도전과 실패에는 적절한 보상이 이루어져야 한다.

⑤ 새로운 상품을 개발할 때는 주위 사람들의 격려가 필요하다.

1 위험을 기꺼이 감수하고 실패를 두려워하지 않으며 도전하는 사람을 의미하는 용어인 '퍼스트 펭귄'에 관한 글이므로 ③이 적절하다.

2 밑줄 친 우리말과 일치하도록 이 글의 괄호 안의 단어를 바르게 배열하시오.

> 그의 강의 중에, 그는 그의 학생들에게 특별한 보상을 주었다.

During his lectures, __he gave his students a special reward__ .

2 give + 간접목적어 + 직접목적어: ~에게 …을 주다

3 밑줄 친 (a), (b)가 가리키는 것을 각각 이 글에서 찾아 쓰시오.

(a) __first penguins (in the business world)__
(b) __challenges and failure__

3 (a) 앞 문장에 나온 first penguins (in the business world)((비즈니스 세계에서의) 퍼스트 펭귄들)를 가리킨다.
(b) 앞 문장에 나온 challenges and failure(도전과 실패)를 가리킨다.

(121)

❼ A professor [*named* Randy Pausch] made the term famous.
  ◆ [ ]는 A professor를 수식하는 과거분사구 / named: ~라는 이름의(~라고 이름 붙여진)
  ◆ make + 목적어 + 목적격보어(형용사): ~을 …하게 만들다

❽ give + 간접목적어 + 직접목적어: ~에게 …을 주다   cf. give + 목적어 + to + 명사: ~을 …에게 주다

❾ If they bravely took a risk *but* failed, they got a "First Penguin Award."
  ◆ took와 failed가 but으로 연결된 병렬 구조

❿ encourage + 목적어 + to부정사: ~가 …하도록 격려하다

⓭ tend + to부정사: ~하는 경향이 있다

⓮ lead to: ~로 이어지다

⓯ if + 주어 + 동사: 만약 ~가 …한다면 / don't be ~.: ~하지 마라. (be동사 부정 명령문)

정답 확인

■ 읽기 전 **비문학 사고력 UP**   서로 다른 시간대에 있다.

■ 읽은 후 **핵심 정리**   the Prime Meridian 또는 the Greenwich Meridian

본문 해석

❶ 서울이 오전 10시인데, 당신은 런던에 있는 친구에게 전화하고 싶다고 상상해 봐. ❷ 이것은 안 좋은 생각인가? ❸ 그렇다, 그곳은 새벽 1시다! ❹ 이것은 서울과 런던이 다른 시간대에 있기 때문이다.

❺ 전 세계에는 24개의 시간대가 있다. ❻ 지구는 제자리에서 한 바퀴 도는 데 24시간이 걸린다. ❼ 그래서 우리는 지구를 24등분했다. ❽ 각 시간대는 한 시간 간격으로 있다. ❾ 시간대는 본초 자오선으로 알려진 가상의 선에서 시작한다. ❿ 이것은 영국의 그리니치를 통과하기 때문에 그리니치 자오선이라고도 불린다.

⓫ 그리니치 자오선의 시간은 세계 시간의 기준이다. ⓬ 당신이 그리니치 자오선에서 동쪽으로 이동하면 시간을 얻는다. ⓭ 당신이 서쪽으로 이동하면 시간을 잃는다. ⓮ 예를 들어 그리니치가 정오라면 뉴욕은 겨우 오전 7시이다. ⓯ 그것은 뉴욕이 그리니치 자오선의 서쪽에 위치하기 때문이다.

직독직해

❶ Imagine / it's 10 a.m. in Seoul / and you want to call your friend
상상해 봐라   서울이 오전 10시라고   그리고 당신은 런던에 있는 당신의 친구에게 전화

in London. ❷ Is this a bad idea? ❸ Yes, / it's 1 a.m. there! ❹ This is /
하길 원한다고   이것은 안 좋은 생각인가   그렇다   그곳은 새벽 1시다   이것은 ~이다

because Seoul and London are in different time zones.
서울과 런던이 다른 시간대에 있기 때문

❺ There are 24 time zones / across the globe. ❻ The Earth takes
24개의 시간대가 있다   전 세계에   지구는 24시간이 걸린다

24 hours / to spin around once. ❼ So we divided the planet / into 24
            제자리에서 한 번 도는 데   그래서 우리는 지구를 나눴다   24개의

equal parts. ❽ Each zone is one hour apart. ❾ The time zones start at an
같은 부분들로   각 (시간)대는 한 시간 떨어져 있다   시간대는 가상의 선에서 시작한다

imaginary line / known as the Prime Meridian. ❿ It is also called the
            본초 자오선으로 알려진   이것은 또한 그리니치 자오선

Greenwich Meridian / because it passes through Greenwich, England.
이라고 불린다   이것이 영국의 그리니치를 통과하기 때문에

⓫ The time at the Greenwich Meridian / is the standard of world time.
     그리니치 자오선의 시간은   세계 시간의 기준이다

⓬ When you move east from the Greenwich Meridian, / you gain time.
당신이 그리니치 자오선에서 동쪽으로 이동할 때   당신은 시간을 얻는다

⓭ When you move west, / you lose time. ⓮ For example, / if it is noon
당신이 서쪽으로 이동할 때   당신은 시간을 잃는다   예를 들어   만약 그리니치가

in Greenwich, / it is only 7 a.m. in New York. ⓯ That's / because it is
정오라면   뉴욕은 겨우 오전 7시이다   그것은 ~이다 그곳이

located / west of the Greenwich Meridian.
위치하기 때문 그리니치 자오선의 서쪽에

구문 해설

❶ Imagine [(that) it's 10 a.m. in Seoul ~ in London].
  ◆ Imagine의 목적어 명사절 [   ]에서 접속사 that이 생략됨
  ◆ 시간을 나타내는 비인칭 주어 it: 해석하지 않음

❹ This is because + 주어 + 동사 ~.: 이것은 …가 ~하기 때문이다.

❺ there + be동사: ~이 있다 / across the globe: 전 세계에

❻ The Earth takes 24 hours to spin around once.
  ◆ take + 시간 + to부정사: ~하는 데 (…만큼의 시간)이 걸리다)

❼ divide A into B: A를 B로 나누다

정답	**1** ③ **2** ⑤ **3** ⓐ different time zones ⓑ noon ⓒ east
Self-Study 노트	핵심 구문 100% 이해하기	직독직해 ❻, ❼, ❾, ❿, ⓯번 문장
	글의 내용 100% 이해하기	1. 24개 2. 1시간 3. 본초 자오선 4. 기준 5. 동쪽 6. 서쪽

문제 해설

1 이 글의 제목으로 가장 적절한 것은?

① How to Save Time 시간을 절약하는 방법

② A Chance to Gain Time 시간을 얻을 수 있는 기회

✓③ Understanding Time Zones 시간대 이해하기

④ Where Is the Prime Meridian? 본초 자오선은 어디에 있는가?

⑤ The History of the Greenwich Meridian 그리니치 자오선의 역사

1 지구상의 위치에 따라 시간이 다른 이유와 24개의 시간대를 나누는 기준에 관해 설명하는 글이므로 ③이 적절하다.

2 이 글의 내용과 일치하지 <u>않는</u> 것은?

① 전 세계에는 24개의 시간대가 있다. ⑤번 문장

② Prime Meridian은 Greenwich Meridian이라고도 불린다. ⑩번 문장

③ 본초 자오선은 영국의 Greenwich 지역을 통과한다. ⑩번 문장

④ 런던과 뉴욕은 다른 시간대에 있다. ⑭번 문장

✓⑤ 뉴욕은 Greenwich Meridian의 동쪽에 위치한다.

2 ⑤ 뉴욕은 그리니치 자오선 (the Greenwich Meridian)의 서쪽에 위치한다고 했다.

3 이 글의 내용을 바탕으로 ⓐ~ⓒ에 들어갈 알맞은 말을 고르시오.

Seoul and London are in ⓐ the same time zone / different time zones .
If it's ⓑ noon / 6 a.m. in London, it's 9 p.m. in Seoul. That's because
Seoul is located ⓒ east / west of London.

서울과 런던은 ⓐ다른 시간대에 있다. 런던이 ⓑ정오이면, 서울은 저녁 9시이다. 그것은 서울이 런던의 ⓒ동쪽에 위치하기 때문이다.

3 ⓐ, ⓑ 첫 번째 단락에서 서울이 오전 10시일 때 런던은 새벽 1시라고 했으므로, 두 도시는 서로 다른 시간대에 있고 9시간의 시차가 나는 것을 알 수 있다.

ⓒ 런던보다 시간이 빠른 서울이 런던의 동쪽에 위치한다는 것을 유추할 수 있다.

❽ each + 단수명사: 각 ~ / be + 시간·거리 + apart: (시간·거리가) 떨어져 있다 (be one hour apart: 한 시간 간격으로 있다)

❾ The time zones start at <u>an imaginary line</u> [*known as* the Prime Meridian].

  ◆ [ ]는 an imaginary line을 수식하는 과거분사구 / known as: ~로 알려진

❿ be called: ~라고 불리다 / pass through: ~을 통과하다

⓮ 시간을 나타내는 비인칭 주어 it: 해석하지 않음

⓯ That's because + 주어 + 동사 ~.: 그것은 …가 ~하기 때문이다. / be located: 위치하다

본문 해석

❶ 신분증, 여권, 그리고 운전면허증에는 모두 인물 사진이 있다. ❷ 이 사진들은 사람들의 신원을 확인하는 데 유용하다. ❸ 이러한 이유로 경찰은 범죄자들의 인물 사진을 찍기 시작했다. ❹ 이 사진들은 '머그샷'이라고 불린다. ❺ '머그'는 '얼굴'을 나타내는 영어 속어이다.

❻ 경찰의 범죄자 구별용 사진은 1840년대에 시작됐다. ❼ 1880년대에 프랑스 경찰관인 Alphonse Bertillon(알퐁스 베르티옹)은 그 과정에 몇몇 변화를 주었다. ❽ Bertillon의 머그샷은 정면과 옆면의 얼굴 사진 두 장으로 이루어졌다. ❾ 그는 그 두 장의 사진을 시각 기록으로 사용했지만, 그것들이 충분하지 않다고 걱정했다. ❿ 그래서 그는 또한 머리, 귀, 그리고 발을 포함하여 아홉 가지 신체 부위를 측정했다. ⓫ 그런 다음 그는 이 세부 사항들을 머그샷에 포함시켰다. ⓬ 그는 또한 사람의 머리카락 색깔, 눈 색깔 그리고 주소와 같은 정보를 추가했다. ⓭ 그는 이 정보를 범죄자들의 신원을 확인하기 위해 사용하길 원했다.

⓮ 지문 채취가 더 흔해지면서, Bertillon의 이름은 잊혀졌다. ⓯ 하지만 경찰은 여전히 그의 머그샷 촬영 방식을 사용한다.

직독직해

❶ ID cards, passports, and driver's licenses / all have portrait
신분증, 여권, 그리고 운전면허증은   모두 인물 사진을 가지고 있다
photographs / on them. ❷ These photos are useful / for identifying
그것들 위에   이 사진들은 유용하다   사람들의 신원을
people. ❸ For this reason, / police started / taking portrait photos of
확인하는 데   이러한 이유로   경찰은 시작했다   범죄자들의 인물 사진을 찍기
criminals. ❹ These photos are called / "mug shots." ❺ "Mug" is English
          이 사진들은 불린다   '머그샷'이라고   '머그'는 영어 속어이다
slang / for "face."
      '얼굴'을 나타내는

❻ Police photographs began / in the 1840s. ❼ In the 1880s, / Alphonse
경찰(의 범죄자 구별용) 사진은 시작됐다 1840년대에   1880년대에   프랑스
Bertillon, a French police officer, / made some changes to the process.
경찰관인 Alphonse Bertillon은   그 과정에 몇몇 변화를 만들었다
❽ Bertillon's mug shot consisted of / two photos of the face, / a front
Bertillon의 머그샷은 이루어졌다   두 장의 얼굴 사진으로   정면과
view and a side view. ❾ He used the two photos as a visual record, /
옆면인   그는 그 두 장의 사진을 시각 기록으로 사용했다
but he worried / that they weren't enough. ❿ So he also measured nine
하지만 그는 걱정했다   그것들이 충분하지 않다고   그래서 그는 또한 아홉 가지 신체
body parts, / including the head, ears, and feet. ⓫ Then he included
부위를 측정했다   머리, 귀, 그리고 발을 포함하여   그런 다음 그는
these details / with the mug shot. ⓬ He also added information / such as
이 세부 사항들을 포함시켰다   머그샷에   그는 또한 정보를 추가했다
the person's hair color, eye color, and address. ⓭ He wanted to use this
사람의 머리카락 색깔, 눈 색깔 그리고 주소와 같은   그는 이 정보를 사용하길 원했다
information / to identify criminals.
              범죄자들의 신원을 확인하기 위해
⓮ As fingerprinting became more common, / Bertillon's name was
지문을 채취하는 것이 더 흔해지면서   Bertillon의 이름은
forgotten. ⓯ But police still use / his style of taking mug shots.
잊혀졌다   하지만 경찰은 여전히 사용한다   그의 머그샷을 찍는 방식을

구문 해설

❷ be useful for + 동명사: ~하는 데 유용하다

❸ start + 동명사: ~하기(하는 것을) 시작하다   cf. = start + to부정사: ~하기(하는 것을) 시작하다

❼ Alphonse Bertillon = a French police officer

❽ consist of: ~로 이루어지다 / two photos of the face = a front view and a side view

❾ He used the two photos as a visual record, but he worried [that they weren't enough].
  ◆ use A as B: A를 B로 사용하다
  ◆ [ ]는 worried의 목적어 that절

문제 해설

1 이 글의 제목으로 가장 적절한 것은?

① How to Get an ID card   신분증을 발급 받는 방법

✓② The History of Mug Shots   머그샷의 역사

③ The Life of Alphonse Bertillon   Alphonse Bertillon의 생애

④ Why Do Police Take Mug Shots?   경찰은 왜 머그샷을 찍는가?

⑤ Why Is Fingerprinting Important?   지문 채취는 왜 중요한가?

1 1840년대에 경찰의 범죄자 구별용 인물 사진 촬영이 시작된 이후로 머그샷이 어떻게 발전해 왔는지 이야기하는 글이므로 ②가 적절하다.

2 이 글의 내용과 일치하는 것은?

① 'mug'는 영어 속어로 '사진'이라는 의미이다.

② 경찰의 범죄자 구별용 사진은 1880년대에 시작됐다.

③ Bertillon은 머그샷으로 범죄자의 측면 사진만 찍었다.

✓④ Bertillon은 범죄자의 신체 치수를 머그샷과 함께 기록했다.   ⑩. ⑪번 문장

⑤ 현재 경찰은 더 이상 머그샷을 사용하지 않는다.

2 ① 'mug'는 '얼굴'이라는 의미의 영어 속어이다.
② 경찰의 범죄자 구별용 사진은 1840년대에 시작됐다.
③ Bertillon의 머그샷은 정면 사진과 측면 사진으로 이루어졌다.
⑤ 경찰은 여전히 머그샷을 사용한다.

3 빈칸에 들어갈 말로 가장 적절한 것은?

① help   돕기 (위해)

③ imagine   상상하기 (위해)

✓⑤ identify   (신원을) 확인하기 (위해)

② call   전화하기 (위해)

④ measure   측정하기 (위해)

3 Alphonse Bertillon은 추가로 기록한 여러 정보들이 범죄자들의 신원을 확인하는 데 사용되길 원했으므로 ⑤가 적절하다.

(129)

⑩ including: ~을 포함하여

⑪ include A with B: A를 B에 포함시키다

⑫ such as: ~와 같은

⑬ He wanted to use this information to identify criminals.
  ◆ want + to부정사: ~하길[~하는 것을] 원하다 (명사적 용법)
  ◆ to identify: 목적을 나타내는 to부정사 (부사적 용법: ~하기 위해)

⑭ 접속사 as: ~하면서 / was forgotten: be동사 과거형 + forget의 과거분사 (수동태: 잊혀졌다)

Reading 4

▮ 읽기 전 **비문학 사고력 UP** 콩고기 버거
▮ 읽은 후 **핵심 정리** vegetarian diets

본문 해석

❶ 요즘 채식주의 식단은 더 인기 있어지고 있다. ❷ 많은 젊은이들이 닭고기와 생선을 포함하여 모든 종류의 육류를 피하고 있다. ❸ 몇몇 전문가들은 잘 계획된 채식주의 식단은 건강에 좋고 심지어 특정 질병의 위험을 낮출 수 있다고 말한다. ❹ 그래서 우리는 젊은이들이 건강상의 이유만으로 채식주의자가 된다고 생각할지도 모른다.

❺ 그러나 다른 이유들도 가능하다. ❻ 어떤 사람들은 동물권에 관심을 가지기 때문에 이 선택을 한다. ❼ 일부 동물들이 좁은 공간에서 살아야 한다는 것을 알게 되면, 그들은 육류를 포기한다. ❽ 이것은 동물들의 열악한 생활 환경에 항의하는 방법이다. ❾ 다른 사람들은 환경을 돕기 위해 채식주의자가 되는 것을 선택한다. ❿ 육류를 얻기 위해 동물을 기르는 데는 엄청난 양의 물, 땅, 곡물, 그리고 에너지가 든다. ⓫ 또한, 동물의 배설물은 오염 문제를 일으킬 수 있다.

직독직해

❶ Vegetarian diets are becoming more popular / these days.
채식주의 식단이 더 인기 있어지고 있다   요즘
❷ Many young people are avoiding / all kinds of meat, / including chicken and fish.
많은 젊은이들이 피하고 있다   모든 종류의 육류를   닭고기와 생선을 포함하여
❸ Some experts say / that well-planned vegetarian diets are healthy / and can even lower the risk of certain diseases.
몇몇 전문가들은 말한다   잘 계획된 채식주의 식단은 건강에 좋다고   그리고 심지어 특정 질병들의 위험을 낮출 수 있다고
❹ So we might think / that young people become vegetarians / only for health reasons.
그래서 우리는 생각할지도 모른다   젊은이들이 채식주의자가 된다고   오직 건강상의 이유로

❺ However, / there are other possible reasons.
그러나   다른 가능한 이유들이 있다
❻ Some people make this choice / because they care about animal rights.
어떤 사람들은 이 선택을 한다   그들이 동물권에 관심을 가지기 때문에
❼ When they find out / that some animals have to live in small spaces, / they give up meat.
그들이 알게 될 때   몇몇 동물들이 작은 공간에서 살아야 한다는 것을   그들은 육류를 포기한다
❽ It is a way / of protesting the animals' poor living conditions.
이것은 방법이다   동물들의 열악한 생활 환경에 항의하는
❾ Other people choose / to become vegetarians / to help the environment.
다른   사람들은 선택한다   채식주의자가 되는 것을   환경을 돕기 위해
❿ It takes huge amounts of water, land, grain, and energy / to raise animals / for meat.
엄청난 양의 물, 땅, 곡물, 그리고 에너지가 든다   동물들을 기르는 데   육류를 위해
⓫ Also, / animal waste can cause pollution problems.
또한   동물의 배설물은 오염 문제를 일으킬 수 있다

구문 해설

❸ Some experts say [that well-planned vegetarian diets are healthy *and* can *even* lower the risk of certain diseases].
  ◆ [ ]는 say의 목적어 that절
  ◆ that절 주어: well-planned vegetarian diets / that절 동사: are와 can lower가 and로 연결된 병렬 구조
  ◆ even: 심지어(강조의 의미로 쓰인 부사)

❹ So we might think [that young people become vegetarians only for health reasons].
  ◆ [ ]는 think의 목적어 that절

❺ there + be동사: ~이 있다 / other + 복수명사: 다른 ~들

❼ When they find out [that some animals have to live in small spaces], they give up meat.
  ◆ [ ]는 find out의 목적어 that절 / have to + 동사원형: ~해야 한다
  ◆ give up: 포기하다

문제 해설

1 이 글의 주제로 가장 적절한 것은?

① 환경 문제가 발생하는 원인

② 채식주의 식단을 계획하는 방법

✓③ 채식주의 식단을 선택하는 이유

④ 채식주의 식단과 동물권의 연관성

⑤ 동물들의 생활 환경을 개선하는 방법

1 젊은이들이 채식주의 식단을 선택하는 다양한 이유에 대해 이야기하는 글이므로 ③이 적절하다.

2 빈칸에 들어갈 말로 가장 적절한 것은?

① Also　또한　　　　　　　　✓② However　그러나

③ Instead　대신에　　　　　　④ As a result　결과적으로

⑤ For example　예를 들면

2 빈칸 앞에는 젊은이들이 건강상의 이유로만 채식주의 식단을 선택한다고 생각할지도 모른다는 내용이 나오고, 빈칸 뒤에는 이에 반박하는 채식주의 식단을 선택하는 여러 다른 이유들이 이어지므로 ②가 적절하다.

3 이 글의 내용과 일치하지 않는 것은?

① 채식주의 식단은 질병의 위험을 낮추기도 한다.　③번 문장

✓② 많은 젊은이들이 전문가의 권유로 채식주의자가 된다.

③ 동물의 권리를 보장하려고 채식주의 식단을 하기도 한다.　⑥번 문장

④ 동물을 기르기 위해서는 많은 자원이 필요하다.　⑩번 문장

⑤ 동물의 배설물은 환경 오염을 일으킬 수 있다.　⑪번 문장

3 ② 전문가들이 말하는 채식주의 식단의 장점이 나오기는 하지만, 권유한다는 내용은 언급되지 않았다.

133

❽ a way of + 동명사: ~하는 방법

❾ Other people choose to become vegetarians to help the environment.

　◆ choose + to부정사: ~하는 것을 선택하다 (명사적 용법)

　◆ to help: 목적을 나타내는 to부정사 (부사적 용법: ~하기 위해)

❿ It takes *huge amounts of* water, land, grain, *and* energy [to raise animals for meat].

　◆ It은 가주어, to raise ~ meat는 진주어로 쓰임 (it takes A + to부정사: ~하는 데 A가 들다(필요하다))

　◆ huge amounts of: 엄청난 양의

　◆ water, land, grain, energy가 and로 연결된 병렬 구조

Reading 1

■ 읽기 전 **비문학 사고력 UP** 비닐 우산
■ 읽은 후 **핵심 정리** a fake Christmas tree

본문 해석

❶ 진짜 크리스마스트리 또는 가짜 크리스마스트리 중 어느 것이 환경에 더 나을까? ❷ 아마도 당신은 가짜 크리스마스트리가 더 낫다고 생각할 것이다. ❸ 다시 생각해 봐라!
❹ 무엇보다도 가짜 트리는 기후 변화를 더 심각하게 만들 수 있다. ❺ 그것들은 플라스틱이다. ❻ 그것들을 만드는 것은 많은 에너지를 사용하고, 이산화탄소와 같은 온실가스를 내뿜는다. ❼ 게다가, 가짜 트리는 보통 해외로부터 온다. ❽ 그래서 그것들을 수입하는 것은 훨씬 더 많은 탄소를 내뿜는다.
❾ 또한, 가짜 트리는 재활용하기 쉽지 않다. ❿ 그것들은 분해되지 않으며, 몇몇 부분만이 다시 사용될 수 있다. ⓫ 많은 재활용 업체들은 가짜 트리의 큰 크기 때문에 그것들을 가져가지 않으려 할 것이다. ⓬ 결국, 그것들은 종종 쓰레기장에 있게 된다.
⓭ 당신은 이미 가짜 크리스마스트리를 가지고 있는가? ⓮ 그렇다면 그것을 반복하여 사용해라. ⓯ 이것 또한 환경을 돕는 좋은 방법이다.

직독직해

❶ Which is better for the environment, / a real Christmas tree or fake
어느 것이 환경에 더 나을까   진짜 크리스마스트리 또는 가짜 크리스마스
one? ❷ Maybe you think / a fake Christmas tree is better. ❸ Please think
트리   아마도 당신은 생각한다   가짜 크리스마스트리가 더 낫다고   다시 생각해 봐라
again!

❹ First of all, / fake trees can make / climate change / worse. ❺ They
무엇보다도   가짜 트리는 만들 수 있다   기후 변화를   더 심각하게   그것들은
are plastic. ❻ Making them uses a lot of energy / and releases greenhouse
플라스틱이다   그것들을 만드는 것은 많은 에너지를 사용한다   그리고 온실가스를
gases / such as carbon dioxide. ❼ Furthermore, / fake trees usually come
내뿜는다   이산화탄소와 같은   게다가   가짜 트리는 보통 온다
/ from overseas. ❽ So / importing them / releases even more carbon.
해외로부터   그래서   그것들을 수입하는 것은   훨씬 더 많은 탄소를 내뿜는다

❾ Also, / fake trees are not easy to recycle. ❿ They don't break down,
또한   가짜 트리는 재활용하기 쉽지 않다   그것들은 분해되지 않는다
/ and only a few parts / can be used again. ⓫ Many recyclers won't take
그리고 몇몇 부분만이   다시 사용될 수 있다   많은 재활용 업체들은 가짜 트리를 가져가지
fake trees / because of their big size. ⓬ In the end, / they often end up in
않으려 할 것이다   그것들의 큰 크기 때문에   결국   그것들은 종종 쓰레기장에
the garbage.
있게 된다

⓭ Do you already have a fake Christmas tree? ⓮ Then use it again
당신은 이미 가짜 크리스마스트리를 가지고 있는가   그렇다면 그것을 반복하여
and again. ⓯ This is also a good way / to help the environment.
사용해라   이것은 또한 좋은 방법이다   환경을 돕는

(138)

구문 해설

❷ Maybe you think [(that) a fake Christmas tree is better].
 ◆ think의 목적어 명사절 [ ]에서 접속사 that이 생략됨

❹ make + 목적어 + 목적격보어(형용사): ~을 …하게 만들다 / worse: bad의 비교급 (더 심각한)

❻ [Making them] uses a lot of energy and releases greenhouse gases such as carbon dioxide.
 ◆ 주어: Making them (동명사구)
 ◆ uses와 releases가 and로 연결된 병렬 구조
 ◆ such as: ~와 같은

❽ So [importing them] releases even more carbon.
 ◆ 주어: importing them (동명사구)
 ◆ even: 비교급 more 강조 (훨씬)

문제 해설

1 이 글의 주제로 가장 적절한 것은?

　① 진짜 크리스마스트리의 장점
　② 수입 크리스마스트리의 단점
　③ 크리스마스트리를 구매하는 방법
　✓④ 가짜 크리스마스트리와 환경 오염
　⑤ 가짜 크리스마스트리를 재활용하는 방법

1 가짜 크리스마스트리가 기후 변화에 미칠 수 있는 악영향과 재활용하는 데 어려움이 있음을 이야기하고 있으므로 ④가 적절하다.

2 이 글의 내용과 일치하는 것은?

　① 진짜 크리스마스트리는 기후 변화에 나쁜 영향을 미칠 수 있다.
　② 가짜 크리스마스트리는 대부분 국내에서 만들어진다.
　③ 크리스마스트리는 수입품을 구매하는 것이 좋다.
　④ 작은 크리스마스트리가 재활용하기 더 쉽다.
　✓⑤ 가짜 크리스마스트리는 종종 쓰레기로 버려진다. ⓬번 문장

2 ① 가짜 크리스마스트리에 대한 설명이다.
② 가짜 크리스마스트리는 보통 해외로부터 온다고 했다.
③, ④ 이 글에서 언급되지 않았다.

3 질문에 대한 답이 되도록 빈칸에 들어갈 말을 이 글에서 찾아 쓰시오.

　Q　How do fake trees make climate change worse?
　A　Making them uses a lot of (1) ___energy___ and releases
　　(2) ___greenhouse_____gases___ , and (3) ___importing___ them
　　releases even more carbon.

Q: 가짜 트리가 어떻게 기후 변화를 더 심각하게 만드는가?
A: 그것들을 만드는 것은 많은 (1)에너지를 사용하고 (2)온실가스를 내뿜으며, 그것들을 (3)수입하는 것은 훨씬 더 많은 탄소를 내뿜는다.

3 두 번째 단락에서 가짜 크리스마스트리 생산에 드는 많은 에너지와 온실가스 방출, 또한 트리 수입으로 인해 증가하는 탄소 방출량이 기후 변화에 미치는 영향을 설명하고 있다.

❾ Also, fake trees are not <u>easy</u> [to recycle].
　◆ [ ]는 easy를 수식하는 to부정사 (부사적 용법: ~하기(에))

❿ can be used: can + be + use의 과거분사 (조동사 + 수동태: 사용될 수 있다)

⓫ won't = will not / because of + 명사: ~ 때문에

⓬ end up in + 장소: (결국) ~에 있게 되다

⓯ This is also <u>a good way</u> [to help the environment].
　◆ [ ]는 a good way를 수식하는 to부정사 (형용사적 용법: ~하는)

본문 해석

❶당신은 초콜릿, 옥수수, 혹은 바나나를 좋아하는가? ❷그렇다면, 몇 가지 나쁜 소식이 있다. ❸그것들은 지구 온난화 때문에 사라질지도 모른다.

❹초콜릿은 카카오빈으로 만들어진다. ❺그것들은 특정한 지역에서만 자란다. ❻날씨가 더 더워질수록, 이 지역들은 더 작아진다. ❼날씨 변화는 그것들의 수확에도 영향을 미친다. ❽옥수수 또한 곤경에 처해 있다. ❾날씨가 더 더워지면, 옥수수는 잘 자라지 않는다. ❿우리는 소와 돼지를 먹이기 위해 옥수수가 필요하다. ⓫만약 옥수수가 더 적어지면, 소와 돼지가 더 적어질 것이다. ⓬이것은 고깃값이 더 비싸질 거라는 것을 의미한다. ⓭바나나는 어떨까? ⓮바나나는 더운 날씨에서 잘 자란다. ⓯하지만 더 높은 온도는 또한 바나나나무에 영향을 미치는 질병을 퍼뜨린다. ⓰지금은 그것들을 치료할 방법이 없다.

⓱이 문제들은 그저 미래에 관한 것이 아니며, 지금 일어나고 있다. ⓲그리고 다른 식량들 또한 위험에 처해 있다. ⓳만약 우리가 지구를 소중히 하지 않으면, 우리는 식량 위기를 겪을지도 모른다.

직독직해

❶Do you like chocolate, corn, or bananas? ❷If so, / there's some bad
당신은 초콜릿, 옥수수, 혹은 바나나를 좋아하는가   그렇다면 몇 가지 나쁜 소식이 있다
news. ❸They might disappear / because of global warming.
그것들은 사라질지도 모른다   지구 온난화 때문에
❹Chocolate is made / from cacao beans. ❺They grow / only in
초콜릿은 만들어진다   카카오빈으로   그것들은 자란다   특정한
certain areas. ❻As it gets hotter, / these areas get smaller. ❼Weather
지역들에서만   (날씨가) 더 더워질수록   이 지역들은 더 작아진다   날씨 변화는
changes affect their harvest, too. ❽Corn is also in trouble. ❾When it
그것들의 수확에도 영향을 미친다   옥수수 또한 곤경에 처해 있다   (날씨가) 더
gets hotter, / corn does not grow well. ❿We need corn / to feed cows
더워질때   옥수수는 잘 자라지 않는다   우리는 옥수수가 필요하다   소와 돼지를
and pigs. ⓫If there is less corn, / there will be fewer cows and pigs.
먹이기 위해   만약 더 적은 옥수수가 있다면   더 적은 소와 돼지가 있을 것이다
⓬This means / meat will cost more. ⓭What about bananas? ⓮Bananas
이것은 의미한다   고깃값이 더 비싸질 거라는 것을   바나나는 어떨까   바나나는 잘
grow well / in hot weather. ⓯But higher temperatures / also spread
자란다   더운 날씨에서   하지만 더 높은 온도는   또한 질병을
diseases / that affect banana trees. ⓰There is no way / to cure them / at
퍼뜨린다   바나나나무에 영향을 미치는   방법이 없다   그것들을 치료할
the moment.
지금은
⓱These problems aren't just about the future / – they're happening
이 문제들은 그저 미래에 관한 것이 아니다   그것들은 지금 일어나고 있다
now. ⓲And / other foods are also at risk. ⓳If we don't take care of the
그리고   다른 식량들이 또한 위험에 처해 있다   만약 우리가 지구를 소중히 하지 않으면
Earth, / we may have a food crisis.
우리는 식량 위기를 겪을지도 모른다

142

구문 해설

❷there + be동사: ~이 있다

❸might + 동사원형: ~할지도 모른다 / because of + 명사: ~ 때문에

❹be made from: ~로 만들어지다

❻접속사 as: ~할수록 / 날씨를 나타내는 비인칭 주어 it / get + 비교급: (점점) 더 ~해지다

❿We need corn to feed cows and pigs.
  ◆ to feed: 목적을 나타내는 to부정사 (부사적 용법: ~하기 위해)

⓫If there is *less* corn, there will be *fewer* cows and pigs.
  ◆ if + 주어 + 동사(현재): 만약 ~가 …한다면 / less: little의 비교급 (양이 더 적은)
  ◆ there + will + be: ~이 있을 것이다 / fewer: few의 비교급 (수가 더 적은)

문제 해설

1 이 글의 제목으로 가장 적절한 것은?

① Global Warming Affects Animals 　지구 온난화는 동물에게 영향을 미친다

② Global Warming and Meat Prices 　지구 온난화와 고깃값

✓③ Global Warming and Food Crises 　지구 온난화와 식량 위기

④ Global Warming Kills Banana Trees 　지구 온난화가 바나나나무를 죽인다

⑤ Why Does Global Warming Happen? 　지구 온난화는 왜 일어나는가?

1 지구 온난화로 인해 여러 식량들이 사라질 수 있는 위기에 처한 상황을 설명하는 글이므로 ③이 적절하다.

2 글의 흐름으로 보아, 주어진 문장이 들어가기에 가장 적절한 곳은?

> Corn is also in trouble. 옥수수 또한 곤경에 처해 있다.

① 　　✓② 　　　③ 　　　④ 　　　⑤

2 주어진 문장은 옥수수가 곤경에 처한 이유를 설명하는 문장 앞인 ②에 들어가는 것이 적절하다.

3 밑줄 친 These problems에 해당하지 않는 것은?

① 카카오빈을 재배할 수 있는 지역이 줄어든다. 　❻번 문장

② 더운 날씨로 인해 옥수수가 잘 자라지 않는다. 　❾번 문장

③ 옥수수 수확이 줄어들어 고깃값이 오를 수 있다. 　❿, ⓫, ⓬번 문장

✓④ 더운 날씨에 바나나나무가 잘 자라지 않는다.

⑤ 너무 높은 온도는 바나나나무에 병이 퍼지게 한다. 　⓯번 문장

3 These problems는 지구 온난화로 인한 식량 위기 문제를 말한다. 바나나는 더운 날씨에도 잘 자란다고 했으므로, ④는 해당하지 않는다.

(143)

⓬ This means [(that) meat will cost *more*].

　◆ means의 목적어 명사절 [　]에서 접속사 that이 생략됨

　◆ more: much의 비교급 (더 (많이))

⓯ But higher temperatures also spread <u>diseases</u> [that affect banana trees].

　◆ [　]는 선행사 diseases를 수식하는 주격 관계대명사절

⓰ There is no <u>way</u> [to cure them] *at the moment*.

　◆ there + be동사 + no + 명사: ~이 없다

　◆ [　]는 way를 수식하는 to부정사 (형용사적 용법: ~할)

　◆ at the moment: 지금은, 현재는

⓲ be at risk: 위험에 처하다

본문 해석

❶ 아이스크림, 피자, 그리고 비누에는 어떤 재료가 들어 있을까? ❷ 그것은 팜유다! ❸ 슈퍼마켓 제품의 거의 절반에 팜유가 들어 있다. ❹ 팜유는 기름야자나무의 열매로 만들어진다. ❺ 그것은 저렴하기 때문에 인기가 있다. ❻ 하지만 그것은 환경에 좋지 않을 수 있다.

❼ 대부분의 팜유는 인도네시아와 말레이시아에 있는 큰 농장들에서 나온다. ❽ 사람들은 이 농장들을 만들기 위해 열대 우림을 태워 버린다. ❾ 열대 우림이 없으면, 더 많은 이산화탄소가 대기로 들어온다. (하지만 여전히 열대 우림에는 야자나무가 많다.) ❿ 그래서 지구 온난화는 더 심각해진다. ⓫ 농장들은 또한 멸종 위기종의 서식지를 파괴한다. ⓬ 몇몇 오랑우탄들과 호랑이들은 곧 사라질지도 모른다.

⓭ 그렇다면 그냥 팜유 사용을 중단하는 게 어떨까? ⓮ 불행하게도 팜유가 매우 많은 것들에 들어 있기 때문에 이것은 어렵다. ⓯ 대신에 우리는 팜유를 만들 더 나은 방법을 찾아야 한다.

직독직해

❶ What ingredient is / in ice cream, pizza, and soap? ❷ It's palm oil!
   어떤 재료가 있을까   아이스크림, 피자, 그리고 비누 속에는   그것은 팜유다
❸ Almost half of supermarket products / have palm oil in them. ❹ Palm
   슈퍼마켓 제품의 거의 절반이   그것들 속에 팜유를 가지고 있다   팜유는
oil is made / from the fruit of oil palm trees. ❺ It is popular / because it's
만들어진다   기름야자나무의 열매로   그것은 인기가 있다   그것이 저렴하기
cheap. ❻ But / it can be bad for the environment.
때문에   하지만   그것은 환경에 좋지 않을 수 있다
      ❼ Most palm oil comes / from big plantations / in Indonesia and
         대부분의 팜유는 나온다   큰 농장들에서   인도네시아와 말레이시아에
Malaysia. ❽ People burn down rainforests / to make these plantations.
있는   사람들은 열대 우림을 태워 버린다   이 농장들을 만들기 위해
❾ Without rainforests, / more carbon dioxide / enters the atmosphere. (But
   열대 우림이 없으면   더 많은 이산화탄소가   대기로 들어온다   하지만
/ there are still many palm trees / in rainforests.) ❿ So / global warming
여전히 많은 야자나무가 있다   열대 우림에는   그래서 지구 온난화는
gets worse. ⓫ Plantations also destroy / the homes of endangered species.
더 심각해진다   농장들은 또한 파괴한다   멸종 위기종의 서식지를
⓬ Some orangutans and tigers / may disappear soon.
   몇몇 오랑우탄들과 호랑이들은   곧 사라질지도 모른다
      ⓭ So / why don't we just stop / using palm oil? ⓮ Unfortunately, / this
         그렇다면 (우리가) 그냥 중단하는 게 어떨까   팜유를 사용하는 것을   불행하게도   이것은
is hard / because it is in so many things. ⓯ Instead, / we need to find a
어렵다   그것이 매우 많은 것들 속에 들어 있기 때문에   대신에   우리는 더 나은 방법을
better way / to make palm oil.
찾아야 한다   팜유를 만들

(146)

구문 해설

❸ almost half of + 명사: ~의 거의 절반

❹ be made from: ~로 만들어지다

❺ because + 주어 + 동사: ~가 …하기 때문에

❽ People burn down rainforests to make these plantations.
   ◆ to make: 목적을 나타내는 to부정사 (부사적 용법: ~하기 위해)

❾ without + 명사: ~이 없으면 / more: much의 비교급 (더 많은)

❿ get + 비교급: (점점) 더 ~해지다 / worse: bad의 비교급 (더 심각한)

Self-Study 노트   핵심 구문 100% 이해하기 | 직독직해 ③, ⑧, ⑨, ⑩, ⑬, ⑮번 문장

글의 내용 100% 이해하기 | 1. 열매 2. 저렴함 3. 열대 우림 4. 이산화탄소 5. 지구 온난화 6. 멸종 위기종

문제 해설

1 이 글의 요지로 가장 적절한 것은?

① 열대 우림에 사는 멸종 위기종 보호가 시급하다.

② 열대 우림을 보호하기 위해 야자나무 농장을 줄여야 한다.

③ 지구 온난화를 막기 위해 팜유 사용을 완전히 멈춰야 한다.

✓④ 환경 보호를 위해 팜유 생산을 위한 새로운 방법을 모색해야 한다.

⑤ 팜유를 사용하는 것은 환경뿐만 아니라 우리의 건강에도 좋지 않다.

1 팜유 생산을 위한 열대 우림의 파괴가 여러 환경 문제를 일으키며, 이에 대한 해결책으로 더 나은 팜유 생산 방법을 찾아야 한다고 했으므로 ④가 적절하다.

2 이 글에서 전체 흐름과 관계 <u>없는</u> 문장은?

① ⑦번 문장   ② ⑧번 문장   ③ ⑨번 문장   ✓④   ⑤ ⑩번 문장

2 ④ But ~ rainforests.(여전히 열대 우림에는 야자나무가 많다.)는 팜유 생산으로 인한 열대 우림 파괴 문제를 설명하는 글의 흐름과 관계가 없다.

3 이 글의 내용과 일치하지 <u>않는</u> 것은?

① 비누를 포함한 많은 제품에는 팜유가 들어 있다. ①, ②, ③번 문장

② 대부분의 팜유는 동남아시아 국가의 대규모 농장에서 나온다. ⑦번 문장

③ 야자나무 농장을 짓기 위해 열대 우림을 불태우기도 한다. ⑧번 문장

④ 열대 우림이 사라지면 지구 온난화는 더욱 심해질 수 있다. ⑨, ⑩번 문장

✓⑤ 야자나무 농장은 멸종 위기종이 사는 곳이기도 하다.

3 ⑤ 야자나무 농장은 멸종 위기종의 서식지를 파괴시킨다.

(147)

⑪ home: (동·식물의) 서식지 / endangered species: 멸종 위기종

⑫ may + 동사원형: ~할지도 모른다

⑬ So <u>why don't we</u> just *stop using* palm oil?

◆ Why don't we + 동사원형 ~ ?: (우리가) ~하는 게 어떨까(어때)?

cf. Why don't you + 동사원형 ~ ?: (네가) ~하는 게 어떨까(어때)?

◆ stop + 동명사: ~하는 것을 멈추다   cf. stop + to부정사: ~하기 위해 멈추다

⑮ Instead, we *need to find* <u>a better way</u> [to make palm oil].

◆ need + to부정사: ~해야 한다

◆ [   ]는 a better way를 수식하는 to부정사 (형용사적 용법: ~할)

정답 확인

■ 읽기 전 비문학 사고력 **UP**   유리병
■ 읽은 후 **핵심 정리**   tiny pieces

본문 해석

❶ 플라스틱은 어디에나 있다. ❷ 그것은 심지어 바닷속에서도 발견된다. ❸ 그것은 쉽게 분해되지 않으며 물 위에 뜰 수 있다. ❹ 그래서 바다 플라스틱은 멀리 이동할 수 있다. ❺ 햇빛이 그것에 닿으면 그것은 미세 플라스틱이라고 불리는 아주 작은 여러 조각으로 부서질 수 있다.

❻ 미세 플라스틱은 바다 생물과 먹이 사슬에 영향을 미칠 수 있다. ❼ 하지만 많은 사람들이 이 큰 문제를 알지 못한다. ❽ 바다 동물들은 미세 플라스틱이 먹이라고 생각한다. ❾ 그 동물들이 미세 플라스틱을 먹을 때, 그것들은 먹이 사슬에 들어간다. ❿ 이것은 인간에게도 영향을 미칠 수 있다. ⓫ 예를 들어, 플랑크톤들이 미세 플라스틱을 먹고 그 다음에 물고기들이 그 플랑크톤들을 먹는다. ⓬ 결국 우리가 그 물고기들을 먹을지도 모른다.

⓭ 불행하게도, 크기 때문에 우리는 바닷속의 모든 미세 플라스틱을 치울 수 없다. ⓮ 그러나 만약 우리가 플라스틱을 더 적게 사용한다면, 그것은 애초에 바다에 들어가지 않을지도 모른다.

직독직해

❶ Plastic is everywhere. ❷ It is even found / in the ocean. ❸ It
플라스틱은 어디에나 있다   그것은 심지어 발견된다   바닷속에서도   그것은
doesn't break down easily / and can float. ❹ So ocean plastic can travel
쉽게 분해되지 않는다   그리고 (물 위에) 뜰 수 있다   그래서 바다 플라스틱은 멀리 이동할 수 있다
far. ❺ When sunlight hits it, / it can break into tiny pieces / called
          햇빛이 그것에 닿을 때   그것은 아주 작은 여러 조각으로 부서질 수 있다
microplastics.
미세 플라스틱이라고 불리는

❻ Microplastics can affect / marine life and the food chain. ❼ But /
미세 플라스틱은 영향을 미칠 수 있다   바다 생물과 먹이 사슬에   하지만
many people are not aware / of this big problem. ❽ Marine animals think
많은 사람들이 알지 못한다   이 큰 문제를   바다 동물들은 생각한다
/ that microplastics are food. ❾ When the animals eat them, / they get
미세 플라스틱이 먹이라고   그 동물들이 그것들을 먹을 때   그것들은
into the food chain. ❿ This can affect humans / as well. ⓫ For example, /
먹이 사슬에 들어간다   이것은 인간들에게 영향을 미칠 수 있다   또한   예를 들어
plankton eat microplastics, / and then fish eat the plankton. ⓬ In the end,
플랑크톤들이 미세 플라스틱을 먹는다   그리고 그 다음에 물고기들이 그 플랑크톤들을 먹는다   결국
/ we may eat the fish.
우리가 그 물고기들을 먹을지도 모른다

⓭ Unfortunately, / we can't clean up / all the microplastics in the
불행하게도   우리는 치울 수 없다   바닷속의 모든 미세 플라스틱을
ocean / because of their size. ⓮ But if we use less plastic, / it might not
        그것들의 크기 때문에   그러나 만약 우리가 더 적은 플라스틱을 사용한다면
get into the ocean / in the first place.
그것은 바다에 들어가지 않을지도 모른다   애초에

150

구문 해설

❷ is found: be동사 현재형 + find의 과거분사 (수동태: 발견되다) / even: 심지어

❸ It doesn't break down easily *and* can float.
   ◆ doesn't break down과 can float가 and로 연결된 병렬 구조

❺ When sunlight hits it, it can *break into* tiny *pieces* [*called* microplastics].
   ◆ break into pieces: 여러 조각으로 부서지다
   ◆ [ ]는 tiny pieces를 수식하는 과거분사구 (called: ∼라고 불리는)

❼ be aware of: ∼을 알다(알아채다)

글의 내용 100% 이해하기 | 1. 햇빛 2. 바다 생물(동물) 3. 플랑크톤(들) 4. 물고기(들) 5. 인간(들)

문제 해설

1 빈칸에 들어갈 말로 가장 적절한 것은?

① fish prices 생선 가격
② the climate 기후
✓③ the food chain 먹이 사슬
④ the color of water 물의 색깔
⑤ ocean temperatures 바다의 온도(해수 온도)

1 이어지는 내용에서 바다 동물들이 미세 플라스틱을 먹음으로써 그것이 먹이 사슬에 들어가고 인간에게도 영향을 미칠 수 있다고 했으므로 ③이 적절하다.

2 이 글의 내용과 일치하면 T, 일치하지 않으면 F를 쓰시오.

(1) 플라스틱은 바닷물의 염도 때문에 잘게 부서진다. _____F_____
(2) 플랑크톤이 바닷속 미세 플라스틱을 먹는 경우가 있다. _____T_____ ⑪번 문장
(3) 미세 플라스틱은 인간에게도 영향을 미칠 수 있다. _____T_____ ⑩번 문장

2 (1) 플라스틱은 바닷물의 염도가 아닌 햇빛 때문에 여러 조각으로 부서진다고 했다.

3 질문에 대한 답이 되도록 빈칸에 들어갈 말을 이 글에서 찾아 쓰시오.

Q Why can't we clean up all the microplastics in the ocean?
A It's because _____their_____ _____size_____ is tiny.

Q: 우리는 왜 바닷속의 모든 미세 플라스틱을 치울 수 없는가?
A: 그것들의 크기가 아주 작기 때문이다.

3 Unfortunately, ~ size.에서 바닷속의 모든 미세 플라스틱을 치울 수 없는 이유는 미세 플라스틱의 크기 때문이라고 했다.

(151)

❽ Marine animals think [that microplastics are food].
  ◆ [ ]는 think의 목적어 that절

⑪ For example, plankton *eat* microplastics, and then fish *eat* the plankton.
  ◆ plankton: 복수 취급 (플랑크톤들) / fish: 단수와 복수의 형태가 같으며, 여기에서는 복수로 쓰임 (물고기들)

⑬ Unfortunately, we can't clean up all the microplastics [in the ocean] *because of* their size.
  ◆ [ ]는 all the microplastics를 수식하는 전치사구
  ◆ because of + 명사: ~ 때문에

⑭ But if we use less plastic, it might not get into the ocean *in the first place*.
  ◆ if + 주어 + 동사(현재): 만약 ~가 …한다면
  ◆ might not + 동사원형 ~: ~하지 않을지도 모른다 (약한 추측)
  ◆ in the first place: 애초에, 맨 처음에

Memo

Memo

Memo